语言生活皮书

中国语言政策研究报告
（2021）

国家语言文字工作委员会　组编

审　　订	戴庆厦　周庆生　潘文国　张浩明
名誉主编	李宇明

编委会

主　　编	张日培
副 主 编	杜宜阳
委　　员	（按音序排列）

戴曼纯　方小兵　郭　熙　侯　敏　李　强
潘文国　苏新春　王建勤　王　敏　王　奇
王意如　文秋芳　杨尔弘　易　军　余桂林
张日培　张治国　赵蓉晖　赵世举　周洪波
周庆生

作　　者	（按音序排列）

杜宜阳　樊小玲　景飞龙　李　佳　刘　慧
刘思静　倪　兰　庞超伟　饶高琦　苏新春
唐培兰　田　静　王海兰　王　玲　王宇波
徐欣路　严小香　张日培　张天伟　张振达

栏目主持	庞超伟　王海兰　张振达　刘思静
策　　划	教育部语言文字信息管理司
执　　行	国家语委国家语言文字政策研究中心（上海市教育科学研究院） 国家语委中国语言资源开发应用中心（商务印书馆）
学术指导	中国语言学会语言政策与规划研究会

"语言生活皮书"说明

"语言生活皮书"由国家语言文字工作委员会组织编写，旨在贯彻落实《国家通用语言文字法》，提倡"语言服务"理念，贯彻"大语言文字工作"发展新思路，为语言文字事业更好服务国家发展需求做贡献。

"语言生活皮书"分A、B、C、D、E五个系列，各自连续编号发布出版。其中，A系列为《中国语言文字事业发展报告》（"白皮书"），B系列为《中国语言生活状况报告》（"绿皮书"），C系列为《中国语言政策研究报告》（"蓝皮书"），D系列为《世界语言生活状况报告》（"黄皮书"），E系列为语言文字规范草案（"规范类"）。

《中国语言生活状况报告》（"绿皮书"），2004年筹编，2006年出版，是国家语委最早组编的语言生活皮书，目前还出版了相应的英文版、韩文版、日文版和俄文版，并附带编纂了具有资政功能的《中国语言生活要况》。2016年，《中国语言文字政策研究发展报告》（后更名为《中国语言政策研究报告》，"蓝皮书"）出版。2016年，《世界语言生活状况》和《世界语言生活报告》（后合并更名为《世界语言生活状况报告》，"黄皮书"）出版。2017年，《中国语言文字事业发展报告》（"白皮书"）的出版，标志着国家语委的"白、绿、蓝、黄"皮书系列最终形成。

这些皮书各有侧重，相互配合，相得益彰。"绿皮书"主要反映我国语言生活的重大事件、热点问题及各种调查报告和实态数据，为语言研究和语言决策提供参考和服务。它还是其他皮书的"底盘"，在人才、资源、观念等方面为其他皮书提供支撑。"白皮书"主要宣传国家语言文字方针政策，以数据为支撑，记录、展示国家语言文字事业的发展成就。"蓝皮书"主要反映中国语言规划及相关学术研究的实际状况，并对该领域的研究进行评论和引导。"黄皮书"主要介绍世界各国和国际组织的语言生活状况，为我国的语言文字治理和语言政策研究提供参考借鉴，并努力在国际语言生活中发出中国声音。

"语言生活皮书"是开放的，发布的内容不仅局限于工作层面，也吸纳社会优秀成果。许嘉璐先生为"语言生活绿皮书"题字。国家语委历任领导都很关心"语言生活皮书"的编辑出版工作。相关课题组为皮书做出了贡献，一些出版单位和社会人士也给予了支持与关心。在此特致谢忱！

国家语言文字工作委员会

前 言

本报告通过分专题的研究综述，介绍反映2020年国内关于当代中国语言政策的研究情况。当代中国语言政策内涵丰富，70多年来逐渐形成了针对特有语言国情、服务国家语言需求、面向社会语言生活、坚持问题导向、统筹兼顾、与时俱进的鲜明特色，是中国特色社会主义制度体系的重要方面；国外语言政策与规划理论难以充分解释，"语文现代化""（和谐）语言生活""语言战略""国家语言能力"等具有本土特色的理论提出有年，不断丰富、深刻与完善。当代中国语言政策的外延不断延展，涉及国家通用语言文字推广普及、语言文字规范化标准化信息化建设、语言资源科学保护、中华语言文化传承传播、语言服务、语言教育等方方面面。

当代中国语言政策的研究话题多样，本报告选取了2020年研究中的16个热点话题。2020年是新中国历史上极不平凡的一年，对语言政策研究而言，也是具有特殊意义的一年。新冠肺炎疫情期间遇到的语言问题和相关语言服务实践、大规模成建制线上语言教学引发的讨论、应对"污名化""甩锅论"的外交话语构建等，新时代第一次全国语言文字会议对"坚定不移推广普及国家通用语言文字"的重申、对各级各类学校加强国家通用语言文字教育的强调、对语言规范和网络语言文明问题的关注、对国际中文教育的重视、对语言文字工作治理体系和治理能力现代化的要求等，以及决战决胜脱贫攻坚、全面实施《粤港澳大湾区发展规划纲要》等国家重大战略中的语言需求，构成本报告确定选题的重要背景。此外，国务院办公厅颁布《关于切实解决老年人运用智能技术困难的实施方案》，教育部发布《新文科建设宣言》，国家语委召开语言扶贫成果发布会、修订《普通话水平测试实施纲要》、审定通过《国际中文教育中文水平等级标准》等，也影响并决定了本报告的选题方向。这16个专题展现了学界在"问题驱动、服务国家、人民中心"理念下和在2020年极其特殊的时代背景下关于当代中国语言政策的思考和建言，也为观察、勾勒2020年的中国语言生活图景提供了一个独特的学术视角。

"国家通用语言文字推广"专题在论证新时代继续坚定不移推广普及国家

通用语言文字的重要意义的同时，针对当前还存在的不足与问题，从完善治理体系与教育体系、创新推普模式、提升培训质量等方面提出对策建议。"语言文字规范标准建设"专题总结新中国成立以来语言文字规范标准建设的成就与经验，探讨新时代语言文字规范标准建设的任务与方略，推出关于常用汉字分级、普通话轻声儿化词、字母词等的表集式整理研究成果，为相关规范标准的制定打下坚实基础。"语言扶贫"专题聚焦推普助力脱贫实践中的成效经验和问题不足，进一步深入探讨语言扶贫的理论与方略，同时关注到了语言扶贫的效果评价和"推普助力脱贫攻坚行动"收官后的语言扶贫长效机制建设等问题。"语言治理"专题从理论建构的角度，较为系统地探讨了语言治理的内涵、内容、模式、体系、能力等问题。"语言文明建设"和"新媒体语言"两个专题梳理的研究情况显示，语言粗鄙化、语言暴力、阴阳话术、标题党等问题迫切需要加强治理，而相关支撑性研究还有待深入。在新冠肺炎疫情蔓延、中美博弈加剧背景下，"国家话语能力建设"专题聚焦应急话语能力建设、对外话语能力建设、国际话语权构建能力建设进行了探讨，语言学、政治学、传播学等多领域学者共同关注。"粤港澳大湾区语言建设"专题揭示了大湾区语言政策多元、语言使用多样的语言生活现状，提出促进多语和谐、推动沟通联通融通等语言建设理念，并从加强港澳地区国家通用语言教育、完善大湾区语言服务、提升大湾区区域语言能力等方面深入开展策论研究。"应急语言服务"是年度第一大热点话题，该专题下既有辨析"应急语言服务"概念内涵与外延的理论探讨，也有宏观层面关于国家应急语言服务制度建设、资源建设和队伍建设的政策建言，还有微观层面关于术语命名与翻译、语用规范、抗疫话语等具体问题的研究。"社群语言服务"和"语言障碍与语言康复"两个专题关注探讨了流动人口、城乡居民、少数民族群众、在华外籍人士、语言障碍人士等语言弱势群体的语言需求、语言服务、语言康复等问题。"中小学语文知识教学"专题指出中小学语文教育中"弱化语文知识教学"倾向带来的系列问题，提出"重建语文知识体系"的思路、原则与方略，并就改进语文知识教学策略、用好统编教材、落实新课标关于汉字教学的要求、完善词汇教学的规范标准、发挥好权威辞书功能、注重培养学生的语言文字规范意识与能力等提出一系列对策建议。"线上语言教学"专题不仅集中总结与反思了疫情期间线上语言教学的经验成果与暴露出的问题，也从信息技术在语言教学中的应用、线上线下混合式语言教学转型升级、线上教学资源开发等方面深入探究未来线上教学发展的路径与方略。"中文水平测试"专题针对普通话水平测试（PSC）、汉语水平考试（HSK）和华文水平测试（HSC）分别探讨了考试体系设计、标准研制与修订、测试效度验证、计算机辅助测试等问题。在"国际中文教育"领域，2019年底"孔子学院大会"改名引发关于"国际中文教育"概念内涵的讨论，疫情影响下国际中文教育发展趋势、汉语国际教育一流本科专业建设等成为年度热点，提升中文的国际功能、推动中文国际教育本土化发展、孔子学院建设与管理等继续受到学界关注，围绕这些话题，学界多视角探讨了国际中文教育的发展形势和转型发展方略。"新文科背景下的高校外语教育"专题思考解析"新文科"的概念与特征，提出高校外语教育创新发展的基本思路，并深入探讨了新文科背景下的外语教育跨学科发展、外语人才培养和公共外语教育改革等问题。

此外，本报告还对2020年其他一些重要研究提出的新观点、新思想进行了摘编，对2020年结项"优秀"的15项国家语委科研规划课题的研究内容与主要成果进行了简介，对2020年国家哲学社会科学基金、教育部哲学（人文）社会科学研究和国家语委科研规划语言学课题立项情况进行了实证分析，对2020年语言政策研究主要学术会议和学术著作等进行了梳理盘点，从更多角度展现2020年国内关于语言政策的研究情况。

本报告由国家语言文字工作委员会组编，由国家语委国家语言文字政策研究中心（上海市教育科学研究院）执编，在编委会指导下，组织来自全国、特别是相关国家语委科研机构的中青年学者共同编写。编写组秉持"向时贤致敬"的态度，广泛阅读、深入思考、精心提炼，在编制报告的过程中开阔了学术视野，得到了学术滋养，加深了学术积累。编制过程中，得到了李宇明、周庆生、文秋芳、赵世举、苏新春、侯敏、周洪波、郭熙、余桂林、杨尔弘、王春辉、方小兵等专家的指导与支持，特此鸣谢！

本报告是教育部哲学社会科学研究重大课题攻关项目"新时代国家语言文字事业的新使命与发展方略研究"（18JZD015）之子课题六"面向未来的语言文字规范化标准化研究"，国家语委"十三五"科研规划2020年度重点项目"新中国语言规划术语研究"（ZDI135-120）、"智能时代的公共语言服务需求与资源建设研究"（ZDI135-108），上海市教育科学研究项目"城市语言规划视角下上海市语言文字监测与评估体系构建研究"（C2021204）的阶段性成果。

由于水平有限，疏漏和不当之处，敬请方家批评指正。

目 录

国家通用语言文字推广 ································· 001
    一　时代意义 ····································· 001
    二　问题困难 ····································· 004
    三　方略举措 ····································· 005

语言文字规范标准建设 ································· 012
    一　成就经验 ····································· 012
    二　任务方略 ····································· 014
    三　热点问题 ····································· 017
    四　表集式成果 ··································· 019

语言扶贫 ··· 023
    一　语言扶贫理论 ································· 023
    二　语言扶贫方略 ································· 026
    三　语言扶贫长效机制建设 ························· 029

语言治理 ··· 035
    一　语言治理内涵 ································· 035
    二　语言治理内容 ································· 038
    三　语言治理模式 ································· 040
    四　语言治理体系 ································· 041
    五　语言治理能力 ································· 042

语言文明建设 ······································· 046
    一　语言文明建设的重要意义 ······················· 046
    二　语言文明建设的基本路径 ······················· 048
    三　语言文明建设的主要举措 ······················· 050

新媒体语言 ··· 055
    一　新媒体语言特点 ······························· 055

目 录

  二 新媒体语言价值 ·············· 057
  三 新媒体语言问题 ·············· 058
  四 新媒体语言治理 ·············· 060

国家话语能力建设 ·············· 065
  一 应急话语能力建设 ·············· 065
  二 对外话语能力建设 ·············· 067
  三 国际话语权构建能力建设 ·············· 071

粤港澳大湾区语言建设 ·············· 078
  一 现状与需求 ·············· 078
  二 理念与原则 ·············· 081
  三 任务与方略 ·············· 084

应急语言服务 ·············· 090
  一 应急语言服务理论建构 ·············· 090
  二 应急语言服务能力建设 ·············· 093
  三 抗疫应急语言服务实践与思考 ·············· 096
  四 抗疫期间的语言学术服务 ·············· 100

社群语言服务 ·············· 109
  一 流动人口语言服务 ·············· 109
  二 城乡居民语言服务 ·············· 112
  三 少数民族群众语言服务 ·············· 114
  四 在华外籍人士语言服务 ·············· 118

语言障碍与语言康复 ·············· 122
  一 儿童语言障碍与语言康复 ·············· 122
  二 老年语言障碍与语言康复 ·············· 125
  三 其他语言障碍与语言康复 ·············· 128

中小学语文知识教学 ·············· 134
  一 语文知识教学的重要意义 ·············· 134
  二 语文知识体系的科学构建 ·············· 136
  三 语文知识教学的优化提升 ·············· 138

线上语言教学 ·············· 143
  一 线上语言教学的发展历程与成效 ·············· 143

| 二 线上语言教学面临的主要问题 | 145 |
| 三 线上语言教学的发展方略 | 146 |

中文水平测试 — 155
    一 普通话水平测试 — 155
    二 汉语水平考试 — 157
    三 华文水平测试 — 160

国际中文教育 — 165
    一 国际中文教育概念解读 — 165
    二 国际中文教育发展形势 — 166
    三 国际中文教育转型发展方略 — 169

新文科背景下的高校外语教育 — 180
    一 大外语发展方略 — 180
    二 跨学科发展路径 — 183
    三 专业外语人才培养 — 185
    四 公共外语教育改革 — 187

论点摘编 — 191
    推动新时代语言文字事业转型发展 — 191
    面向两个共同体建设提升国家语言能力 — 192
    密切关注语言国情 — 192
    我国语言保护工作令世界刮目相看 — 193
    海外华语资源的整理和保护意义重大 — 194
    建构中小学语文教材话语体系 — 194
    重视听障儿童的家庭语言规划 — 195
    社会语言问题是语言学发展的本源问题 — 196
    语言本体研究应走数字化之路 — 196
    加速我国应用语言学国际化进程 — 197
    语言规划要重视语言经济学角度的检视 — 197
    语言能力在区域国别研究能力体系中具有重要地位 — 198
    语言韧力研究大有可为 — 198

目 录

附 录 …………………………………………………………… 200
  国家语委科研规划优秀项目成果简介 ……………………… 200
  三大科研基金语言学课题立项情况 ………………………… 212
  语言政策研究主要学术会议 ………………………………… 226
  语言政策相关学术著作选目 ………………………………… 229

Contents

Promotion of National Common Language ········· 001
   I. Significance ········· 001
   II. Challenges ········· 004
   III. Strategies ········· 005

Construction of Norms and Standards for Languages and Writing Systems ········· 012
   I. Achievements and Experiences ········· 012
   II. Missions and Strategies ········· 014
   III. Hot Issues ········· 017
   IV. Highlighted Research Products ········· 019

Language-Driven Poverty Alleviation ········· 023
   I. Theoretical Studies ········· 023
   II. Practical Strategies ········· 026
   III. Construction of Long-Term Mechanism ········· 029

Language Governance ········· 035
   I. Conceptual Connotation ········· 035
   II. Core Contents ········· 038
   III. Language Governance Models ········· 040
   IV. Language Governance System ········· 041
   V. Language Governance Capacity ········· 042

Construction of Linguistic Civilization ········· 046
   I. Significance ········· 046
   II. Approaches ········· 048

III. Main Strategies ··· 050

New Media Language Study ································· 055
　　I. Features of New Media Language ···················· 055
　　II. Values of New Media Language ···················· 057
　　III. Problems of New Media Language ···················· 058
　　IV. Governance of New Media Language ···················· 060

Construction of National Discourse Capacity ···················· 065
　　I. Construction of Emergency Discourse Capacity ···················· 065
　　II. Construction of International Discourse Capacity ···················· 067
　　III. Capacity Building for International Discourse Power ···················· 071

Language Construction of Guangdong-Hong Kong-Macao Greater Bay Area ···················· 078
　　I. Current Situations and Language Demands ···················· 078
　　II. Philosophy and Principles ···················· 081
　　III. Missions and Strategies ···················· 084

Emergency Language Services ···················· 090
　　I. Theoretical Construction ···················· 090
　　II. Capacity Building ···················· 093
　　III. Language Services in COVID-19 Pandemic: Practices and Reflections ···················· 096
　　IV. Academic Language Services in COVID-19 Pandemic ···················· 100

Community-Based Language Services ···················· 109
　　I. Language Service for Internal Migrants ···················· 109
　　II. Language Service for Urban and Rural Residents ···················· 112
　　III. Language Service for Minority Ethnic Groups ···················· 114
　　IV. Language Service for International Migrants and Expatriates in China ···················· 118

Language Disorders and Rehabilitation ···················· 122
　　I. Language Disorders and Rehabilitation for Children ···················· 122

II. Language Disorders and Rehabilitation for Aging Group ············ 125

III. Language Disorders and Rehabilitation for Other Groups ·········· 128

Teaching of Chinese Language in Elementary and Secondary Education ·· 134

I. Significance ·· 134

II. Scientific Construction of Knowledge Framework of Chinese Language ··· 136

III. Efficiency Optimization of Chinese Language Teaching ············ 138

Online Language Teaching ·· 143

I. Development and Achievements ·· 143

II. Existing Challenges ·· 145

III. Strategies for Further Development ······································ 146

Proficiency Tests of Chinese Language ···································· 155

I. Studies on Putonghua Proficiency Test ··································· 155

II. Studies on HSK ·· 157

III. Studies on Heritage Chinese Language Proficiency Test ············ 160

International Chinese Language Education ································· 165

I. Conceptual Inquiry ·· 165

II. Current Situation ··· 166

III. Strategies for Transformative Development ··························· 169

Foreign Language Education in Higher Education in the Context of New Liberal Arts ·· 180

I. The "Macro Foreign Language" Strategy ································· 180

II. Interdisciplinary Approach ·· 183

III. Professional Foreign Language Talent Training ······················· 185

IV. Teaching Reform for Non-Foreign Language Majors ················ 187

Argument Extracts and Compilations ······································· 191

Promoting Transformative Development of Language Affairs in the New Era ··· 191

Promoting National Language Capacity for a Chinese National
    Community and a Global Community of Shared Future ············ 192
Paying Close Attention to National Language Situations ··············· 192
Practices of Language Protection in China Impress the World ·········· 193
Collection and Protection of Overseas Chinese Language Resources
    Bears Significance ··· 194
Constructing Textbook Discourse Framework for Chinese Language
    Teaching ··· 194
Emphasis on Family Language Planning for Hearing Impaired
    Children ·· 195
Language Issues in Society as the Primitive Impetus for
    Development of Linguistics ··· 196
Taking Digital Approach for Language Ontology Research ············ 196
Enhancing the Internationalization Level of Applied Linguistics
    Study in China ··· 197
Highlighting the Value of Scrutinizing Language Policy and
    Planning from Economic Perspective ······························· 197
Highlighting the Role of Language Capability in the Framework of
    Area Studies ··· 198
Language Resilience as a Promising Research Direction ··············· 198

Appendices ··· 200
  Introduction to Selected Research Projects Funded by State
      Language Commission ·· 200
  Research Projects of Linguistics Funded by Three Major Science
      Funds in China (2020) ·· 212
  Major Domestic Academic Conferences on Language Policy and
      Planning (2020) ·· 226
  Bibliography of Chinese Academic Works on Language Policy and
      Planning (2020) ·· 229

国家通用语言文字推广

2020年关于国家通用语言文字推广的研究有几个重要背景:《中华人民共和国国家通用语言文字法》颁布20周年,"十三五"期初启动的国家通用语言文字普及攻坚工程和推普助力脱贫攻坚行动进入收官阶段,国家语委宣布全国普通话普及率达到80.72%,全国语言文字会议强调"新时代要继续坚定不移推广普及国家通用语言文字"。在这些背景下,相关研究面向新时代,探讨了国家通用语言文字推广的时代意义、问题困难和方略举措。

一 时代意义

相关研究指出,新时代进一步推广普及国家通用语言文字对铸牢中华民族共同体意识、增强文化自觉和文化自信、落实依法治国战略、助推经济社会发展、促进更高水平对外开放等都具有重要意义。

(一)铸牢中华民族共同体意识

王晨(2020)指出,推广普及国家通用语言文字,是做好民族工作、增进民族团结、维护国家安全和统一的长久之策、固本之举。巴特尔(2020)指出,各民族语言文字的相互影响、相互借鉴是通用语言文字形成的重要条件,随着中华民族共同体不断发展壮大,各民族会越来越自觉参与到传承、使用、发展国家通用语言文字中;随着国家通用语言文字的普及,中华民族必将成为包容性更强、凝聚力更大的命运共同体。李宇明(2020)认为,民族共同体需要信息畅通,需要形成共同的文化、共同的集体记忆和民族共同体意识,只有国家通用语言文字能肩此伟任。姚喜双(2020)指出,大力推广和规范使用国家通用语言文字,消除交际障碍、促进各民族经济文化交流,是培育中华民族共同体意识、体现国家核心利益和文化安全的基石,有利于增进整个中华民族的国家认同,弘扬以爱国主义为核心的民族精神。文秋芳、杨佳(2020)认为,近年来中国积极开展推普助力脱贫攻坚行动，赋予国家通用语言文字推广工作促进民族交流交往交融、实现共同富裕的使命，国家通用语言文字成为新时期促进中华民族繁荣发展、深化中华文化认同的共同"根脉"，为构筑中华民族共同体打下了更为坚实牢固的语言文化基础。刘志刚、杜敏（2020）认为，国家通用语言是主权国家的标志之一，它能够唤起国民的国家身份意识，而国民对其的高度认同则是对国家高度认同的体现；我国的国家通用语言是中华民族悠久历史文化的载体和中华儿女的精神家园，是增强民族凝聚力、向心力和维系民族团结的纽带；普及国家通用语言有助于形成中华民族的强大凝聚力，对维护国家主权、提升国家凝聚力具有重要作用。朱碧波（2020）指出，国家通用语言文字是建构边疆民众国家认同的工具，表现出远超特定民族共同语和特定区域族际共通语的实践效用，是各民族跨区域远距离大流动中最为经济也最为可行的语言工具；它不但可以打通全国范围内各民族跨语言交流的壁垒，而且还能积极地促进各民族社会交往、经济交换、文化交融、情感交流和能量置换；国家通用语言文字在建构各民族的国家认同和促进各民族的融合上具有独特而难以替代的作用。郎玉鸽（2020）指出，中华民族和中国各民族是辩证统一的关系，中华民族是国家层面的民族，是"一体"，强调共同性；中国各民族是"多元"，突出历史、文化的多样性，二者辩证统一、不可分离；国家通用语言文字是各民族交往交流交融的工具，各民族只有掌握了国家通用语言文字，才能铸牢中华民族共同体意识。

（二）增强文化自觉和文化自信

姚喜双等（2020）指出，国家通用语言文字的推广力度、普及程度和应用规范水平，是中华民族具有高度的文化自觉和文化自信的重要体现；促进语言文字的国际传播和网络传播，有利于向全世界展示自尊自信、自强自立的中华民族精神。刘志刚、杜敏（2020）认为，提升文化自信和文化软实力必须建立在对中华民族优秀文化认同的基础之上，提升国民语言能力、全面普及国家通用语言是文化自信建设的重要途径。

（三）落实全面依法治国战略

王晨（2020）指出，大力推广国家通用语言文字有利于落实全面依法治国战略举措，推动宪法实施，推进国家治理体系和治理能力现代化；进一步贯彻实施国家通用语言文字法，全面推广普及国家通用语言文字，是落实宪法规定的重大举措，有利于进一步深化依法治国实践、推进实现国家治理体系和治理能力现代化，加快建设社会主义法治国家。

（四）助推边疆和贫困地区经济社会发展

改善边疆人民生存境遇。朱碧波（2020）指出，较好地掌握国家通用语言文字的民族群体，在很大程度上拥有国家通用语言文字能力差的群体所不曾具有的优势。边疆地区多元市场要素流动的加快将进一步拉大是否掌握国家通用语言能力群体之间的收入差距，客观上决定了当前我国边疆多元民族群体必须强化国家通用语言文字的学习，更好地迎合时代变迁和社会发展的趋势，实现成长空间的拓展和发展机遇的增加。

助力贫困地区经济发展。刘志刚、杜敏（2020）指出，全面普及国家通用语言能够有效消除贫困地区群众外出语言交流的障碍，有效提升个人素质，增加其社会参与度，为贫困人群的发展不断增加机遇。只有实现贫困地区和少数民族地区的发展，才可全面建成小康社会。当前，国家通用语言普及和使用能力存在地区间的一些差异，城乡普及率不太平衡，只有立足服务于国家战略、加快国家通用语言的全面普及，才能从根本上提高国民通用语言文字能力，不断缩小地区差距，实现全面发展。

助推西部现代化产业体系建立。郎玉鸽（2020）指出，新时代西部大开发要促进农牧业全产业链、价值链转型升级，要发展大数据和"智能+"产业及工业互联网，要推动"互联网+教育""互联网+医疗""互联网+旅游"等新业态发展，都需要掌握现代科学文化知识的人才，西部地区各族群众只有不断提高国家通用语言文字水平，掌握现代科学文化知识，才能使西部地区建立现代化产业体系。

（五）促进更高水平对外开放

王晨（2020）指出，大力推广国家通用语言文字有利于适应信息化时代发展要求，促进我国与国际社会的文明交流互鉴，实现更高水平对外开放。在经济全球化、社会信息化的背景下，我国通用语言文字作为联合国六种主要工作语言之一，已被广泛应用到世界政治、经济、科技、文化等多领域，成为外国人了解中国、进入中国的必要工具，得到国际社会的广泛重视。要把贯彻实施国家通用语言文字法与国家一系列重大战略紧密联系起来，充分发挥国家通用语言文字作为文化资源、经济资源、战略资源的重要作用，及时确立我国通用语言文字的信息化技术发展标准，为国际社会提供汉语交流的法定范本，稳定国际交流预期，促进新技术发展和经贸合作，深化对外开放。

朱碧波（2020）认为，"一带一路"倡议改变了边疆地区的战略地位，边疆地区正在由我国语言文字工作的"短板"转型为我国语言战略的"跳板"；加强边疆地区的国家通用语言文字推广普及，有利于我国语言战略立足边疆区位特点，依靠边疆联通内外的天然优势，推动中文成为"一带一路"倡议沿线国的区域共同语，甚至国际社会的通用语。

二 问题困难

国家通用语言文字推广虽然取得了令人瞩目的成就，但全面普及的目标还未实现，区域发展不平衡现象比较突出。2020年的相关研究主要针对边疆民族地区和贫困地区的国家通用语言文字推广，探讨了目前面临的问题与困难。

（一）社会认识不足

陈荟、桑尔璇、李晓贺（2020）指出，目前还存在将国家通用语言文字等同于汉族语言文字、将规范汉字等同于汉族文字、认为普及国家通用语言文字与双语教育冲突等观念；部分少数民族地区过分强调民族语言使用者的权利，忽略了他们作为中华人民共和国公民学习和使用国家通用语言文字的义务和责任；另外，随着语言保护意识的觉醒，部分人面对方言、母语衰退的现象时，表现出对国家通用语言文字较低的认同度和消极的态度。张华娜、张雁军（2020）在对西藏某高校藏族大学生的随机调查中发现，知道《中华人民共和国国家通用语言文字法》、了解国家通用语言法理地位的学生均为少数，法律意识有待提升；基于语言功能与语言价值和作用的调查发现，藏族群众对于普通话的认识多限于语言的沟通功能方面，其语言水平和语言能力表现出了区域与经济差异，使用程度和交流效果也参差不齐。

（二）边疆地缘束缚

朱碧波（2020）指出，边疆交通体系通达程度的不足使得一些边疆地区

（尤其是边疆乡村地区）依然存在不同程度的闭合性和保守性，在这种相对传统的社会样态中，民族语言系统成为边疆社会交往交流的主要工具，使得边疆民众（尤其是中老年群体）缺乏学习国家通用语言文字的内在驱动力量，部分边疆民众学习国家通用语言文字的成本偏高，所获得的即时收益却相对不足；同时，边疆地区条件相对艰苦，人才吸纳力相对欠缺，"双语"人才总量匮乏，"双语"水平亦有待提升，这客观上难免影响国家通用语言文字在边疆地区的传授与传播。郎玉鸽（2020）也指出，西部地区区域封闭，人口流动性小，缺乏学习国家通用语言文字的良好环境和氛围，这是在西部地区推广国家通用语言文字过程中存在的主要问题之一。张华娜、张雁军（2020）分析了在西藏推广普通话面临的困难，即普通话只在学校教育、办公场所等场合下使用，其推广的空间较为狭小，加之西藏特殊的自然地理环境，影响了普通话普及范围的扩展和普及质量的提升。

（三）国家通用语言文字培训工作存在问题与不足

郎玉鸽（2020）认为主要体现在三个方面：其一，培训对象、培训内容及方法针对性不强，参培学员相对缺乏语言实践与实训机会，导致西部地区群众学习国家通用语言文字的积极性不够高、效果不够好；其二，双语教师紧缺；其三，长效管理机制不健全，部门协作不足，管理低效，责权不明、落实不到位，一些地方还未建立县、乡（镇）、村三级培训网络，学校作为国家通用语言文字培训的主要阵地目前尚未充分发挥作用，国家通用语言文字培训实施中的监督、考核、巩固及提高、验收等环节都还存在一些问题。

三　方略举措

新时代继续坚定不移推广普及国家通用语言文字，需要突出时代特色，不断创新工作思路和方法，强弱项、补短板、抓关键。2020年的相关研究从健全法律法规、坚持"主体多样"的基本语言政策、创新推广模式、完善教育体系、提升培训质量、增强民族互嵌、加强宣传推广等方面提出对策建议。

（一）健全法律法规

多种措施保障国家通用语言文字法贯彻实施。王晨（2020）提出四项举措：

一是各级人大要认真行使好立法权、监督权，保证国家法律的有效实施；二是各级政府及其相关部门要坚持依法行政，认真履行法定职责，不断开创法律实施新局面；三是做好法律的宣传普及教育工作，为全民守法营造良好氛围；四是做好语言文字科学研究工作，促进语言文字创新发展，为法律政策的制定实施奠定基础。

树立和强调国家通用语言文字的法理优先性。朱碧波（2020）建议，当前我国语言文字工作在法理层面要倡导国家通用语言文字相对于民族语言文字的优先性，在法律文本的表述上要实现国家通用语言文字相对于民族语言文字排序的前置性；在政策层面，要分阶段、分区域、分领域地在全国范围（特别是边疆民族地区）实现国家通用语言文字的优先使用，即在教育领域、公务领域和公共服务领域逐步渐进地实现国家通用语言文字的优先使用。张华娜、张雁军（2020）也认为，在西藏地方语言政策建设中，应进一步明确普通话的地位，使推普工作具有更加坚实的政策支撑。

增强法规体系的时代特色。王敏（2020）指出，要顺应时代发展和科技进步要求，与时俱进地健全完善国家通用语言文字推广普及政策法规制度，不断优化完善国家通用语言文字规范标准，大力推进国家通用语言文字信息化智能化建设，加强互联网和人工智能应用的语言文字监测管理，推动语言文字依法治理和社会共建共治。

（二）坚持"主体多样"的基本语言政策

"主体多样"是我国的基本语言政策（周庆生，2013）。王敏（2020）提出，坚持语言文字主体性与多样性的辩证统一，统筹规划国家通用语言文字推广普及、民族语文教育、国际中文教育和外语教育，鼓励各族群众学习提升双语、多语能力，加强中国语言资源保护开发利用。袁伟（2020）认为，在我国"主体多样"的语言政策格局中，主体优先于多样，多样依赖于主体。文秋芳、杨佳（2020）认为，政府部门首先要充分保障各类人群国家通用语言文字的学习需求，这是保护语言多样性的基本前提。朱碧波（2020）指出，为了确保"国家通用语言文字推广"和"民族语言文字传承"的一举两得，我国语言文字工作理应逐渐实现"国家通用语言文字"与"民族语言文字"的"公私两分"，即国家通用语言文字是我国法定的各民族的共同语，是国家形象在语言层面的典型代表，我国边疆地区在行政、立法、司法、教育等公共领域和公共服务领域都要倡导并逐步实现国家通用语言文字的主导性;在边疆各民族的私人领域和社会交往领域则强调语言使用的自主性或民族语言的多元性。

落实新时代"主体性"语言政策,要在"三个统筹"视角下推广普及国家通用语言文字。袁伟(2020)提出:一是统筹好国内和国际两个大局,既要围绕构建国内大循环的新格局和区域协调发展、军民融合发展等战略,充分发挥国家通用语言文字的基础性作用,又要积极推动国际中文教育和海外华文教育加快发展,提高中文的全球服务能力;二是统筹好普及程度提高和普及质量提升两个关键,既要围绕乡村振兴战略,在民族地区、农村地区继续实施国家通用语言文字普及攻坚工程,又要在普通话普及程度较高的地区大力提高国家通用语言文字普及质量,还要支持和服务港澳地区开展普通话教育,增强国家认同和中华文化认同;三是统筹好现实和网络两个空间,同时做好两个空间的国家通用语言文字规范管理工作。

落实新时代"多样性"语言政策,要科学保护各民族语言文字。文秋芳、杨佳(2020)提出,一方面要重视各类语言文字所具有的独特价值,将其作为中华民族共同体文化的有机成分予以传承或保护;另一方面,为刻意保护语言多样性而牺牲讲话人的权益,"惜语不惜人""重母语轻通用语"等问题应予以重视和反思。对于已经丧失语言活力,即将消亡的少数民族语言与方言,应主要做好记录、描写和研究工作;对于一些具有战略发展意义的濒危语言,政府则可依托高等院校培养专业语言人才,以满足国家语言需求。

(三)创新推广模式

深化和拓展"双推"模式。赵世举(2020)认为,常规的推广普通话和推行规范字的工作已经广见成效,除了偏远地区,不宜再仅仅关注发音和字形,而应深化和拓展,将"双推"与国民语言能力提升和人文素质教育、社会文明建设、文化传播传承、经贸发展、职业能力培训等有机结合起来,以充分发挥"双推"在相关领域的基础作用和综合作用,为科教兴国、粤港澳大湾区建设、人类命运共同体构建等国家重大战略提供支持。

构建推普新模式。刘朋建(2020)从实践角度论述了新时期推广普及国家通用语言文字的新模式:一是把握着力点,促进国家通用语言文字推广普及城乡、区域平衡协调发展,不断提高普及程度,全面提高普及质量;二是扩展"提高普及质量"的内涵,要从"提高普通话标准程度"扩展到"提高国家通用语言文字应用能力",再扩展到"提升语言文化素养";三是坚持精准施策,聚焦"短板"地区,聚焦重点人群,聚焦供给能力,控增量、减存量、提质量,充分发挥学校的主渠道作用,大力开展学龄前儿童普通话教育;四是坚持多措并举,加强对基本普及后的阶段性特点、规律的研究和认识,加强宣传阐释,引导各族群众树立科学的语言观,激发内生学习动力,自觉自愿地学习和使用国家通用语言文字。

构建量化与质性相结合的新发展模式。言实、周祥(2020)提出,下一步工作中,第一阶段可基于《规划纲要》中"到2020年,普通话在全国范围内基本普及"和"普通话在国内范围内普及率已经达到80.72%"的发展现状,提出全国普通话普及率达到85%这一具体量化指标;第二阶段2035年发展目标则可从普及程度、普及质量两个维度提出原则性目标,民族地区、农村地区等短板地区和重点区域普及程度显著提高,全国范围内推广普及更全面、更充分,普及质量大幅提升。

(四)完善教育体系

强化学校国家通用语言文字教育教学。朱碧波(2020)指出,当前边疆地区应该着意于三个方面的努力:一是加快拓展国家通用语言文字教育的范围,实现边疆地区国家通用语言文字教育的全覆盖;二是强化边疆"双语"人才队伍建设,不断提升"双语"教师的国家通用语言文字能力,通过内部挖潜与外部引进、实地传授与网络培训、政府购买与对口支援等多种形式,不断强化"双语"人才体系和人才梯队建设;三是扩大推进民汉合校、混合编班,培养学生学习与运用国家通用语言文字的环境。

加强教师队伍建设。郎玉鸽(2020)指出,要树立双语教师正确的国家通用语言文字观,提高双语教师的国家通用语言文字应用能力,解决双语教师队伍的人员数量和素质问题。刘志刚、杜敏(2020)建议,少数民族地区和边远贫困地区的政府部门及各级学校应更加重视教育质量和国家通用语言的普及,继续加强对教师国家通用语言能力的培训和提升。

遵循语言文字学习的规律和特点。陈荟等(2020)提出,推广国家通用语言文字要以语言学习规律为出发点:一是在学校教育中,教师要抓住儿童发展和语言习得的最佳时期,设计符合儿童身心发展特征的语言教学内容和活动;二是要在学校教学过程中充分利用双语教学;三是针对一般少数民族群众的国家通用语言文字需要分类指导，采取针对性的措施。

加强认同感教育。刘志刚、杜敏（2020）指出，地方各级人民政府及其有关部门应当以国家通用语言普及为契机，推动国民语言能力和综合素质提升，重视公民正确世界观和价值的引导和培养，尤其要重视青少年学生对国家通用语言的认同感。

（五）提升培训质量

健全国家通用语言文字培训长效管理机制。郎玉鸽（2020）提出三点建议：一是充分发挥各级各类有语言培训条件的正规学校和职业学校的作用，加大农牧民、进城务工人员的国家通用语言文字培训力度，提高他们的就业和创业能力；二是加大对西部地区特别是边远地区的农村、牧区的国家通用语言文字培训经费投入，支持西部地区多渠道筹措国家通用语言文字培训资金；三是加强各级政府责任和监督验收。

精准定位培训对象。巴特尔（2020），刘志刚、杜敏（2020），郎玉鸽（2020）等指出，培训普及的重点对象主要包括不具备普通话沟通能力的外出务工人员、贫困群众、青壮年和学生、西部地区农牧民和进城务工人员等，要变"要我学"为"我要学"，形成说普通话、使用规范汉字的习惯和风尚。

加强引领示范。巴特尔（2020），刘志刚、杜敏（2020），张华娜、张雁军（2020）等提出，要充分发挥各族干部特别是少数民族干部的引领和示范作用，带动各族群众自觉学习使用好国家通用语言文字，不断增强民族和文化认同，政府机关、企事业单位和各社会团体的工作人员在正式场合应首先使用国家通用语言；要推进医疗、银行、餐饮、网络信息等行业领域的语言规范化工作，制定规章制度，推进国家通用语言文字普及。

（六）增强民族互嵌

朱碧波（2020）指出，当前我国边疆地区推广国家通用语言文字要着意于各民族相互嵌入式居住格局和社区环境的经营，充分借助"一带一路"倡议的契机，强化边疆开发和开放，有序引导边疆区域和核心区域、边疆区域内部之间的交往交流；部分情况比较特殊的边疆地区，还要进一步借助各种落户政策、住房政策和扶助政策，妥善引导各民族的社会流动和相互嵌入，竭力避免形成基于族裔身份的平行社会结构，为国家通用语言文字的推广和各民族交往交流交融奠定坚实的基础。

（七）加强宣传推广

综合发挥媒体作用。郎玉鸽（2020）针对西部地区国家通用语言文字普及率偏低的情况，提出充分发挥电视和广播等传统媒体和微信、微博、腾讯即时通信软件（QQ）等新媒体的功能，让人们在日常交流和休闲娱乐中轻松愉快地接受国家通用语言文字教育。

科学设计宣传体系。张华娜、张雁军（2020）针对西藏具体情况提出，建立省（区）—市—县—乡（镇）—村"五级一体"同步推普的宣传方针，利用"推普周"活动，覆盖基础较弱的农牧区群众；编写符合西藏实际情况的普通话推广宣传学习教材；进一步强化与凸显学校与主流媒体的语言传播功能，紧跟媒体融合发展脚步，创建具有时代特色的普通话传播学习平台。

加强传媒基础设施建设。刘志刚、杜敏（2020）指出，要继续重视广播电视、网络媒介等传媒工具在边远贫困和少数民族地区对国家通用语言普及的作用，加快"网络村村通工程"，努力为边远贫困地区民众提供信息便利，促进他们交流和发展。

结　语

新时代国家通用语言文字推广普及工作需求迫切、任务艰巨，2020年相关研究涉及政策、理论和实践各个方面，其中实践层面方略对策的研究成果尤显突出。未来，在理论层面加强面向不同区域统筹平衡发展、语言文字主体性和多样性辩证统一的学理论证，在实践层面更有效地回应实际需求和不断出现的新问题，从而推进语言文字治理体系和治理能力现代化，是语言文字政策研究的重要任务。

【本年度研究文献】

［1］巴特尔.学习使用好国家通用语言文字是各民族的共同责任［J］.中国民族，2020（09）：18—19.

［2］陈荟，桑尔璇，李晓贺.民族地区普及国家通用语言文字的教育公平

之义［J］．民族教育研究，2020，31（03）：79—85．

［3］郎玉鸽．新时代加强西部地区国家通用语言文字培训路径探析［J］．北方民族大学学报，2020（06）：20—26．

［4］李宇明，姚喜双，张世平，洒强．"新时代语言文字事业"多人谈［J］．语言战略研究，2020，5（06）：37—40．

［5］刘朋建．新中国语言文字事业发展的成就和经验［J］．语言文字应用，2020（04）：2—6．

［6］刘志刚，杜敏．新时代国民语言能力提升与国家通用语言的普及［J］．新疆大学学报（哲学·人文社会科学版），2020，48（02）：46—54．

［7］王晨．进一步贯彻实施国家通用语言文字法 铸牢中华民族共同体意识［N］．人民日报，2020-11-11（06）．

［8］王敏．坚定不移推广普及国家通用语言文字［N］．光明日报，2020-10-17（12）．

［9］文秋芳，杨佳．提升国家语言能力，助推两个共同体建设［J］．语言文字应用，2020（04）：7—15．

［10］言实，周祥．新时代语言文字事业的新使命［J］．语言战略研究，2020，5（06）：6—16．

［11］姚喜双．新时代语言文字事业发展的根本指针［N］．中国教育报，2020-10-14（5）．

［12］袁伟．我国主体多样的语言政策［N］．中国教育报，2020-10-10（3）．

［13］张华娜，张雁军．精准扶贫视角下西藏普及国家通用语言文字存在的问题及对策研究［J］．西藏研究，2020（01）：115—122．

［14］赵世举．新时代我国语言文字事业转型发展刍议［J］．社会科学家，2020（10）：10—16．

［15］朱碧波．论我国边疆推广国家通用语言文字的困境与突破路径［J］．湖北民族大学学报（哲学社会科学版），2020，38（06）：27—33．

【以往参考文献】

［1］周庆生．中国"主体多样"语言政策的发展［J］．新疆师范大学学报（哲学社会科学版），2013，34（02）：32—44+4．

语言文字规范标准建设

语言文字规范标准建设是指语言文字规范标准的制定、修订及相关基础性研究工作。2020年是"十三五"收官之年,适逢全国语言文字会议召开,学界回顾总结新中国成立以来语言文字规范标准建设取得的成就与经验,深入探讨新时代语言文字规范标准建设的任务与方略,为国家继往开来做好语言文字规范标准制修订工作提供了学术支持。同时,学界关于汉字部件规范、成语中的轻声词规范、字母词规范、语文辞书与语言文字规范标准的关系等的具体研究,以及关于常用汉字分级、普通话轻声词、普通话儿化词、字母词的表集式整理研究成果,为相关规范标准的制定打下了坚实基础。

一 成就经验

新中国成立70多年来,语言文字规范标准建设取得重要成就,形成重要经验。2020年的相关研究对此进行了总结梳理。

(一)主要成就

刘宏、徐欣路(2020)指出,目前我国"基本形成了相互补充、系统较为完整的规范标准体系","建成了涵盖国家通用语言文字、少数民族语言文字和专用领域的语言文字规范标准体系",这些语言文字规范标准惠及社会方方面面,为国家的发展做出了重要贡献。具体来说,我国语言文字规范标准建设的主要成就体现在四个方面。

一是消除语言交际障碍。汉语拼音、汉字等方面的基础规范标准极大提升了语言文字学习的效率,一系列语法规范成果的面世促进了现代汉语语法规范的形成,而改革开放以来逐渐形成的国家通用语言文字规范标准体系更是极大满足了各方面语言交际的需求。

二是维护国家语言形象。在我国政府和学者的努力下,《汉语拼音方案》走向国际应用，国际影响力迅速上升，展现了我国对全球中文拼写规范的主导作用。在国内语言生活中，公共服务领域多个语种的译写规范有效纠正了公共服务领域外文使用中的不规范现象，提升了国家的语言形象。

三是科学保护各民族语言文字。我国为多个少数民族创立了标准音、标准文字以及名词术语、人名地名等规范，推动少数民族文字进入字符编码标准。而中国语言资源保护工程也坚持"标准先行"，保证了调查技术的科学性、规范性和一致性。

四是支撑语言文字信息化发展。一系列汉字编码标准和汉字字型标准得以公布，实现了汉字在计算机中的存储、交换和输出。通过加强与境外相关标准的协调，实现了中日韩汉字的统一编码，使国际统一的汉字编码成为现实。而《汉语拼音方案》和《通用规范汉字表》作为基础规范标准，则为语言文字信息化打下了坚实基础。

（二）主要经验

刘宏、徐欣路（2020）认为，我国的语言文字规范标准建设是在政府统筹规划下动员各方面力量共同完成的，主要有三条经验：一是政府主导。在规范标准研制过程中，政府统筹兼顾各领域语言文字应用的需求，确保规范标准的权威性和规范标准贯彻实施的有效性。二是学界引领。在坚持政府主导的前提下，发挥学术界的专业作用，确保规范标准的科学性，政府和学界协同工作的模式在新中国成立之初便形成和固定下来，并一直延续至今。三是群众参与。在规范标准制定过程中，充分征求广大群众的意见，吸收合理建议，确保规范标准的适用性。

刘朋建（2020）认为，新中国语言文字事业改革发展积累了六条宝贵的经验：一是坚持党的领导；二是坚持以人民为中心；三是坚持从实际出发，遵循发展规律；四是坚持发挥标准先导、科研支撑作用；五是坚持依法治理，改革创新；六是坚持围绕中心，服务大局。作者特别指出："语言文字规范化、标准化的过程，本质上就是语言文字规范标准形成和推广应用的过程。我国语言文字事业始终坚持顺应时代发展和社会应用需求，与时俱进，固本强基，不断优化完善语言文字规范标准并发挥其先导作用，推动语言文字的规范化、标准化及其健康发展，减少应用混乱，提高学习使用的效率与质量，提升语言文字承载和传播信息的能力，促进语言文字信息化建设，使语言文字在生产生活中更好地发挥作用。"

这些经验与新中国成立之前的语言文字规范标准建设形成鲜明对比。杨佳（2020）指出了中国古代和近代的通用语推广与汉字规范化工作的三个局限性：一是过于重视规范的"正统性"，缺乏语言文字改革意识，无法真实、全面地反映社会大众的实际语言生活；二是语言规划活动覆盖人群范围极为有限，主要面向的是官吏、知识分子和商人等群体，而非占人口绝大多数的普通民众；三是语言规范标准不够明确，规范标准的制定较为随意，科学性不强。这些局限性与新中国语言文字事业和语言文字规范标准建设以人民为中心、广泛吸纳群众参与、发挥学术界专业作用、从实际出发遵循发展规律等特点，形成鲜明对比。

二 任务方略

相关研究分析了语言文字规范标准建设面临的时代特征，提出了新时代语言文字规范标准建设的主要任务和原则方略。

（一）时代特征

李宇明（2020）分析了五个方面的特征。（1）国家高度重视文化发展。语言文字和文化的关系十分密切，二者互为依托，互相渗透。语言文字作为文化最重要、最基本的载体，事关历史文化认同和传承；语言文字本身也是一种文化现象，语言文字的管理规范和传承应用是文化事业的重要组成部分。（2）双言双语（多言多语）的语言生活初步形成。普通话与汉语方言"共存共用"的局面已经形成，原来只讲本族语的少数民族也随着普通话的推广发展为双语民族，而百余年来的外语教育也培养了大批能够使用外语的人。（3）现实与虚拟两个空间的语言生活紧密程度前所未有。人类的语言交际形式发生了巨大的变化，这要求我们应当以积极的态度看待虚拟语言生活，实现虚、实语言生活的相互促进，并建立语言资源的理念。（4）语言生活的国际化趋势日益明显。不少地区汉语成为仅次于英语的第二大商务用语，因此要加大汉语的规范化与传播的国际化，要科学推进汉语国际传播，协调与海外华语的关系，重视我国少数民族语言的国际传播。（5）社会缺乏语言意识。这是当前语言文字规范的基础性问题，目前语言意识问题较少引起关注，社会治理层面语言意识较为淡漠，公民语言意识也较为淡薄。

（二）主要任务

刘宏、徐欣路（2020）主要从语言文字规范标准制定和研究的角度提出五个方面的任务。（1）提升领域语言服务能力。应面向教育、行政、新闻出版、广播影视等语言文字应用重点领域的需求，加强调研评估，完善具备多领域服务能力的语言文字规范标准体系。要加紧推动适用于应急相关领域的语言规范研制，为应急语言能力的提升提供可靠保障。（2）促进中华优秀语言文化传承。应围绕中华优秀语言文化的传承发展，加强需求分析，着重推进古籍印刷中的繁体字规范、竖排古籍标点符号规范、古诗文诵读字音规范等相关研究，以及汉语方言保护工作中的方言用字用词规范等方面的研究。（3）助力人类命运共同体的构建。应围绕推进"一带一路"建设、构建人类命运共同体、向世界讲好"中国故事"中语言能力建设等需求，国际中文教育和我国语言文字国际影响力提升的需求，少数民族同胞的语言文字需求，加强规范标准建设。（4）推动语言智能的深化发展。应支持和推动汉语句法、语义、篇章处理等技术规范相关研究，促进国家通用语言文字规范标准在语音识别、机器翻译等前沿技术中的应用，还应开展信息化中文学习平台相关规范、语言资源库建设规范的研制。（5）强化规范标准体制机制保障。应进一步健全体制，深化规范标准的理论和应用研究，加大宣传推广力度，加强规范标准工作相关学科的人才培养。

李宇明（2020）从更为宏观的语言文字规范化工作的角度提出五个方面的任务。（1）提高语言服务能力和规范意识，引导语言生活和谐发展。规范化应以社会应用为第一原则。语言文字规范化要服务语言生活，注重解决问题。（2）完善语言文字规范标准体系。弥合规范标准的不一致之处，使修订工作具备系统性、稳定性、科学性，使规范标准适应语言生活。（3）提高国家和公民语言能力。语言文字规范化是国家为每个成员提供的基础语言服务，通用语言文字的规范化要为公民通用语言能力的培养提供基础。（4）加强语言文字规范化研究。语言文字规范化研究的理论更新，要综合社会语言学、应用语言学、语言政策语言规划研究、公共政策研究、评估学等多领域的具体分析方法。（5）完善语言文字规范化工作机制。要协调行政主体和学术主体的责任，注意规范对象的多层次，调整和丰富规范化的实现方式，引入社会评估方法。

(三)原则方略

李宇明、王敏(2020)指出,语言文字规范化工作应着重处理好五对关系。(1)强制性与示范性的关系。语言规范最本质的特点是示范性,强制性则是相对的。语言规范的特点就是刚中带柔,柔中带刚,刚柔并济。语言规范化工作就是要重视示范性,用好示范性,巧用强制性。(2)"自下而上"与"自上而下"的关系。语言规范都是"自下而上"和"自上而下"的结合。"自下而上"反映的是语言生活的实际,是规范的基础。语言规范的制定和实施过程是"自上而下"的,"自上而下"要重视语言生活的已然基础,但也不能是"自然主义"甚至是"追认主义",要有所引导,有所预判,有些实施举措。(3)稳定性与发展性的关系。语言规范的发展,要侧重那些原来规范空缺、薄弱的领域,侧重语言生活变化迅速且较为需要的领域,侧重语言的异变领域。对于已经形成固定语言习惯的领域,对于已经制定过规范的领域,规范化工作要持"异常谨慎"的态度。特别是对已有规范的修订,"能不动者不动,能小动者不大动",否则会带来更多的混乱。(4)工具性与人文性的关系。在继续关注语言工具职能的同时,要更多关注语言的文化职能。在语言矛盾多发频发的形势下,应该认识到多语言矛盾的背后其实是文化冲突。要通过全面而科学的语言规划,研究语言冲突发生机理,重视语言的人文性,不断促进语言生活的和谐。(5)通用性与领域性的关系。以往的语言规范化工作,主要关注点基本是通用的规范。领域语言问题,无论是语言研究还是语言规范工作,目前都还是薄弱环节。要做好领域的语言文字规范,加强对领域语言生活的研究,发展领域语言学。

钮葆(2020)提出关于语言文字规范标准建设的六点思考。一是要全面、深入地了解新中国语文规范标准建设的历史进程;二是要顺势而为,用字、读音等方面的规范,大多数人希望保持稳定,不是切实必需的,不要对既定规范标准做颠覆性改变;三是要在历时和共时两个维度上做好衔接,历时上务必科学审慎地研判以往的规范标准是否需要修改或另行起草,共时上各份规范标准之间务必相互协调;四是规范标准文本要在规范使用国家通用语言文字方面做出表率;五是规范型语文辞书在规范标准建设中具有战略意义,建议对规范型语文辞书建设投入更多的精力,给予更大力度的扶持;六是规范标准的语文知识含量很高,举办知识竞赛有利于语文规范意识的养成和普及。

三 热点问题

相关研究深入探讨汉字部件规范、成语中的轻声词规范、字母词规范、语文辞书与语言文字规范标准的关系等问题，提出了很多有价值的思考，为相关规范标准制修订和推广应用提供了重要参考。

（一）汉字部件规范问题

孙园园（2020）指出，《现代常用字部件及部件名称规范》（以下简称《部件规范》）为汉字教育、辞书编纂、汉字信息处理等提供了重要参照依据。语言文字规范应根据语言文字发展变化及使用需求加以修订，汉字标准及信息化程度的提高也对各相关规范间的照应性提出更高要求。《部件规范》在部件的设立、命名以及与《汉字部首表》的照应性上尚存不足，主要表现为主附形的设立不够合理，部件拆分粗细不一，缺少必要部件，"按部位命名"的定义存在歧义，个别名称不够精准，主附形的设立与《部首表》不相匹配。针对上述问题，应对《部件规范》及相关规范进行改进、完善。

（二）成语中的轻声词规范问题

朱宏一（2020）通过对辞书的考察，发现含轻声的成语数目远远低于含轻声的复音词数目，而且有不少现代汉语中的轻声词在各成语词典中的标音是摇摆不定的，有的被标为轻声，有的则被标为本字调。一些轻声词在成语中读本字调，应该跟以下几个因素有关：轻声在语音上是附着于前一个字的，语义上一般比较虚，与成语的特性不符；成语是对称性、节律性很强的四字格，语音上二二相承，前两个字和后两个字音量大体相同；受到成语"平仄交替和对立"优势韵律的类推的影响；部分辨义轻声组中，非轻声的罕用使轻声失去对立；受成语一字一音及成语韵律的影响，一些原本比较模糊的轻声字字义变得比较清晰；成语多来源于古代文史典籍，庄重、典雅，书面性强，而轻声则口语性强，与成语书面性、典雅性这一特性不符；可以读轻声也可以不读轻声的"可轻声词"，多数词典选择标为非轻声，但也有的词典选择标为轻声；"普通话注音，不注变调"的原则没有彻底贯彻。对于成语中的轻声词，应做到不主观地认为轻声词在成语中也一定读轻声,将轻声的历史研究(特别是何时产生轻声)与轻声的普通话读音区别开来,对"可轻声词"一律处理为非轻声,并且通过语言调查获取用以判断是否处理为轻声的语言事实。

(三)字母词规范问题

对待字母词的态度。常文斐(2020a)通过舆情监测平台追踪了近15年来有关字母词的讨论情况,发现讨论的核心问题就是汉语中是否可以接受和使用字母词。支持者与反对者各执一词,支持者认为,字母词是语言发展的正常现象,是语言接触的产物,填补了汉语表达的空缺,符合语言运用的经济原则;反对者认为,字母词的使用违反语言相关法律法规,影响文化的传播和繁荣,侵犯大众的语言知情权,不利于语言安全。张荻(2020)通过对媒体从业人员字母词使用态度进行的调查发现:媒体从业者具备较好的语言规范意识,但仍需加强;网络成为字母词认知的主要渠道;英语水平对字母词使用频率有一定影响;从业者对国家管理语言规范表示支持,但具体规范知识不足。

对字母词规范的建议。常文斐(2020a)提出,对待字母词不能一禁了之,而应以科学的态度分领域、分类型进行规范。从使用领域看,语言文字工作的四大领域分别是党政机关、学校、新闻媒体和公共服务行业,对字母词的规范可先从这四大领域开始。应对通用领域中字母词的使用加以限制,减少人为设置的沟通障碍。从类型看,相比于由汉语拼音构成的拼音词和由西文字母与汉字、数字混合而成的混合字母词,应先着重做好纯西文字母词的规范工作。针对媒体从业人员的字母词使用规范,张荻(2020)提出如下建议:健全行业法规、完善规范标准;强化监管机制,推动媒体自律;提升从业人员素质,强化语言规范意识;加强语言服务,探索多样化渠道。常文斐(2020b)则通过对媒体中字母"E"使用和流行动因的考察,提出了关于字母词规范的两个层面的建议。研究层面,要着重关注具有构词能力的字母,保证汉语发展的主动性;要加强术语缩略规律的研究,压缩字母词的扩张空间。使用层面,要做好特殊领域字母词的规范工作,保持汉语健康发展;要加强已有中文译名的宣传和推广应用,保障大众信息知情权。

(四)语文辞书与语言文字规范标准的关系问题

杜翔(2020)认为,语文辞书的基本职能是提供与辞书内容相关的语言文字规范,包括规范文件所定的规范和将语言自身的规范转化为辞书规范,同时记录相关的语言文字现象;因此,辞书编纂者和规范文件制定者应该密切沟通,最好在学术上融为一体;辞书编纂也要处理好落实语言规范与反映语言生活实际的关系,《现代汉语词典》作为规范性词典,随着语言生活实际的变化而不断修订,在新旧语言规范交替之际,起到了沟通新旧规范的津梁作用。张永伟(2020)以含有非规范汉字的异形词为例,把《现代汉语词典》对这44组异形词的处理概括为三种类型,认为这些不同的处理方式是辞书语言文字规范功能的体现;《现代汉语词典》积极遵循语言文字规范,同时对规范做了更为合理的呈现,为规范的修订提供了依据和参考。

四 表集式成果

2020年,学界还基于长期研究形成了关于常用汉字分级、普通话轻声词、普通话儿化词、字母词的表集式整理研究成果,为相关规范标准的制定打下了坚实基础。[①]

(一)《现代汉字分级字表》

该字表由王立军主持研制。《通用规范汉字表》公布之后,相关配套规范的研制随即提上日程。该字表即是对《通用规范汉字表》一级字表的再分级,其目的是为了更好地服务于基础教育和对外汉语教学的实际需求。全表共分三个等级:A级1000字为最常用字,B级1500字为次常用字,C级1000字为较常用字,分别适用于语文基础教育低年级段、中年级段和高年级段的教学。三个等级的划分形成了一个合理的分布,既能客观反映汉字系统内部的分布规律,又可以充分体现汉字规范和汉字教学的层次性。该字表主要依据国家语委现代汉语平衡语料库和北京语言大学DCC动态流通语料库中的汉字出现频率和汉字教学需要,并参考《通用规范汉字表》制定的分级原则进行调整确定。字表中的汉字按降频序排列,即按使用频率由高到低排序。

---

① 这些成果载于《新时期语言文字规范化问题研究》(李宇明,2020),这是作者担任负责人的同名国家社科基金重大项目的核心成果。其中关于新时期语言文字规范标准建设的形势、任务、方略等的研究结果,本专题第二部分进行了简要介绍。

(二)《普通话轻声常用词表》和《普通话儿化常用词表》

此二词表由沈明主持研制。词表的审音依据与《普通话异读词审音表》保持一致，即：以北京语音系统为审音依据；充分考虑北京语音发展趋势，同时适当参考在官话及其他方言区中的通行程度；以往审音确定的为普通话使用者所广泛接受的读音，保持稳定。词表在选条时，充分考虑了普通话轻声和儿化的三个特点：第一，轻声、儿化超出了音类的演变系统，属于共时变异；第二，轻声、儿化是词音而不是字音，两字组的轻声、儿化都在后字位置，也就是词的界限，与语义、语法功能关系密切；第三，轻声、儿化具有口语属性，轻声指称的名称多是北京人生活里原有的，常用的儿化词也多是当地原本就有的名物。研制该词表时，建立了普通话轻声数据库和普通话儿化数据库，并据此整理出调查词表，再根据被调查者认为必读轻声、儿化的百分比从高到低选取成词表。《普通话轻声常用词表》收词 869 条，分为 3 个表。表 1 是轻声词表（共 236 条），表 2 是轻声类后缀词表（共 486 条），表 3 是重叠或联绵词表（共 147 条）。《普通话儿化常用词表》收词 998 条，包括核心条目 266 条、扩展条目 732 条。

(三)《字母词常用词表》

该词表由侯敏主持研制。研制工作以 1946—2016 年共 71 年《人民日报》语料库为语料范围，并利用了中国传媒大学国家语言资源监测与研究有声媒体中心开发的字母词监测系统 CUCLems。研制工作采用计量的方法，以科学分类的词典群为基础，充分运用了语言信息处理技术，利用 Access 搭建了汉语字母词使用动态数据库，在此基础上研制出词表。词表共收 400 个字母词，包括一级常用字母词 50 个，二级常用字母词 150 个，三级常用字母词 200 个。

结　语

在"十三五"收官、全国语言文字会议召开的重要历史节点上，2020 年的相关研究，不论是宏观层面的历史回顾和未来规划，还是涉及基础理论问题的原则方略探讨，以及微观层面对若干具体语言文字规范标准问题的研究与整理，对新时代语言文字规范标准建设都具有重要意义和价值。语言文字规范标准建设与国家综合实力提升和国民语言生活质量提升的关系日益紧密，并不断向纵深发展。全国语言文字会议指出，要不断完善语言文字规范标准体系，要牢牢掌握中国语言文字国际标准主导权。面对新形势、新要求，未来宏观层面的语言规范政策理论研究还有待进一步深入探讨，微观层面涉及的具体规范问题，不论是历史遗留问题还是经济社会发展中不断遇到的新问题，都有待逐一攻坚克难。

【本年度研究文献】

［1］常文斐.基于舆情的字母词使用问题思考［J］.语文建设，2020a（09）：70—72.

［2］常文斐.媒体中字母"E"的使用、流行动因及规范思考［J］.语言文字应用，2020b（03）：80—88.

［3］杜翔.新中国汉语规范化与《现代汉语词典》［J］.辞书研究，2020（06）：9—17.

［4］李宇明.新时期语言文字规范化问题研究［M］.北京：语文出版社，2020.

［5］李宇明，王敏.语言规范化的时代必要性及须重视的若干关系［J］.辞书研究，2020（05）：1—10+125.

［6］刘宏，徐欣路.服务国家发展需要大力推进语言文字规范标准建设［J］.语言文字应用，2020（03）：2—8.

［7］刘朋建.新中国语言文字事业发展的成就和经验［J］.语言文字应用，2020（04）：2—6.

［8］孙园园.《现代常用字部件及部件名称规范》的问题及改进建议［J］.学术探索，2020（07）：127—133.

［9］杨佳.新中国成立前国家语言能力建设历程考察分析——以通用语推广与汉字规范化为例［J］.中国语言战略，2020（01）：60—67.

［10］张荻.媒体从业人员字母词使用态度调查［J］.语言文字应用，2020（03）：89—96.

［11］张永伟.语文辞书在异形词规范中的作用——以含有非规范汉字的异

形词处理为例［J］.辞书研究，2020（06）：26—33+125—126.

［12］朱宏一.轻声词在成语中读不读轻声？［J］.语文建设，2020（08）：71—74.

【以往参考文献】

［1］钮葆.关于语言文字规范标准建设的几点思考［J］.语言规划学研究，2019（01）：3—9.

语言扶贫

2018年以来,学界在探讨贫困地区推普方略的同时,深入研究语言与贫困的基础理论问题和重大实践问题,推动"语言扶贫"成为近年来语言政策研究的重要话题。[①]2020年,脱贫攻坚战取得全面胜利,"推普助力脱贫攻坚行动"也进入收官阶段,学界聚焦推普助力脱贫实践中的成效经验和问题不足,进一步深入探讨语言扶贫的理论与方略,同时关注到了语言扶贫的效果评价和"推普助力脱贫攻坚行动"收官后的语言扶贫长效机制建设等问题,语言扶贫研究取得新进展。

一 语言扶贫理论

2018—2019年间,我国学者以推普助力脱贫实践为核心,展开了集中的语言扶贫理论研究,讨论了中国语言与贫困关系的复杂性与特殊性、语言的扶贫减贫效应以及扶贫视角下的语言政策等问题。[②]2020年的相关研究进一步丰富和发展了语言扶贫的内涵,详细地阐释了语言的减贫效应,探讨了语言扶贫效果的界定评估原则与评估体系。

(一)语言扶贫内涵

自2011年起,在我国政策文件中,"语言障碍""不通语"开始逐渐与"扶贫""脱贫"等关键词共同出现。2019年4月,《教育部关于做好新时期直属高校定点扶贫工作的意见》中提出要"推进语言扶贫","语言扶贫"作为一个整体概念正式出现在政策文件中。

陈丽湘(2020)在已有研究[③]基础上,进一步将语言扶贫界定为"以消除

---

① 参见《语言扶贫问题研究》(第一辑)。
② 参见《中国语言政策研究报告(2020)》"推普助力脱贫攻坚"专题。
③ 在学界,王海兰(2018)、王春辉(2019)等都尝试定义了"语言扶贫"。

语言交际障碍、提升交际效能为目的，为贫困个体或群体的语言学习提供扶助，提高个体语言能力实现赋能增值，优化区域语言环境促进经济社会发展，帮助个体或群体摆脱贫困的措施与行动"。饶高琦、魏晖（2020）从语言资源观角度，将语言扶贫界定为"利用语言资源相对优势获取个体或区域语言能力，进而增加个体收入或促进区域经济社会发展的一种扶贫方式"。苏剑（2020）侧重经济发展，认为语言扶贫的总体内涵是指通过提升语言能力，开发、利用语言资源，制定、优化语言制度，从而促进经济增长和提高人均产出，实现减贫、脱贫。杜敏、刘志刚（2020）基于乡村振兴背景，指出广义的语言扶贫还包括扶志与扶智，即分对象、分阶段提升各类人员的语言能力，克服语言因素对他们全面发展和现代化所产生的阻碍。

语言扶贫的核心任务是在贫困地区和针对贫困人口加强国家通用语言文字推广普及，通过提升贫困人口的国家通用语言文字能力水平，帮助其摆脱贫困。在此前提下，也有学者关注到发展贫困人口以普通话为基础的多语能力与减贫脱贫的关系问题，如冯智文、原一川（2020），饶高琦、魏晖（2020），赫琳（2020）等。

（二）语言减贫效应

语言减贫效应是语言扶贫研究的重点，尤其关注语言能力与经济收入之间的相关性。2020年相关实证研究进一步探讨了普通话能力水平对不同群体经济收入的影响。

普通话技能的减贫效应。谢治菊、李强（2020）基于G省723家贫困户的调查发现，贫困户的普通话技能对其收入有重要影响。在控制其他影响家庭收入因素的情况下，贫困户中会普通话的家庭年收入比不会普通话的家庭稳健地高出了60%以上；会普通话的贫困户2018年的打工收入比不会普通话的贫困户高32.8%；按照国家3747元农村家庭人均年收入的精准扶贫标准统计，会普通话家庭的脱贫率增加了20%左右。作者认为，普通话技能之所以可以提高脱贫率，主要是因为其可以增加贫困户的收入，增强其人力资本与社会资本积累，提高贫困户的信息获取能力、资源利用能力与政策理解能力，转变贫困户的思维与认知。

普通话技能减贫效应的性别差异。马静、刘金林（2020）调查指出，男性普通话水平对劳动者收入的影响大于女性，但受年龄因素影响，普通话推广对18～28岁人群的劳动收入并没有显著的积极影响；从事农业的居民的普通话提升带来的劳动者收入效应低于其他职业人群。何洋（2020）分析国情数据发现，对于农村女性劳动力来说，第三产业的发展增强了普通话在促进其非农就业上的作用。

民族地区的推普减贫效应。黄少安、王麓淙（2020）指出，民族语言能力对民族地区发展具有"天花板效应"，通用语言是更具价值的人力资本，在民族地区推广普及普通话是劳动者从低技能劳动向高技能劳动转变的基础。范晓玲等（2020）调查发现，在南疆少数民族地区，工作、学习和生活中更多使用普通话的劳动者收入水平较高；普通话能力达到"能听会说"水平，对少数民族群体收入提高作用明显；语言语种数与收入呈现如下关系，学习使用两种语言的劳动者收入＞学习使用单一语言的劳动者收入＞学习使用三种语言的劳动者收入＞学习使用四种语言的劳动者收入。

多语技能的减贫效应。刘金林、马静（2020）对广西靖西市距离越南边境3公里以内的7个乡镇（37个村）居民进行全样本调研，结合语言经济学理论对居民普通话、外语、方言及多语能力等语言技能与职业选择、收入之相关性开展实证分析，结果显示，普通话技能、越南语技能的掌握与居民收入水平呈相关关系，多语能力的提升也有利于居民收入水平的提高。

此外，张卫国（2020），刘国辉等（2020），刘国辉、张卫国（2020）等研究认为，普通话能力可以通过促进劳动力非农就业减少经济贫困，提高人们社会经济地位，从而有利于身体与精神健康。

（三）语言扶贫效果评估

饶高琦、魏晖（2020）重点论述了语言扶贫成效的界定、评价的原则及方法。作者指出，语言扶贫成效可视作语言功能的实现，主要体现为两类：一是增强就业能力，二是利用区域语言资源相对优势发展边境贸易、数据加工与标注、特色旅游等产业。语言扶贫成效评价原则包括：结构性评价与功能性评价结合；客观评价与主观评价结合；总体评价与转向评价结合；实施封层评价。评价方法主要为：采取第三方机构开展评估；专家与基层扶贫人员结合，专家在评价中发挥主体作用，把握评价的理论性、科学性和整体性，基层扶贫人员掌握与提供丰富的一手数据；把城乡作为有机整体，避免单纯评价农村语言扶贫成效；考察语言资源利用情况；利用最新科技成果。

王春辉（2020a）依据语言的性质和功能明确了推普助力脱贫的机理，并在此基础上构建了推普助力脱贫攻坚效果评估的指标体系。作者指出，该评估体系主要涉及四个方面：第一，推普助力脱贫攻坚行动计划工作本身的评估；第二，经济层面的效果评估；第三，政治层面的效果评估；第四，社会层面的效果评估。每个方面应至少包括三级评估指标与评估项目。而效果评估过程实施应涉及三个步骤：第一，评估前的准备工作，包括系统调研、科学论证、充分动员、制订计划、确定评估指标体系和方法以及设立评估原则；第二，评估中的正式实施，包括实地调研、收集数据，建立效果评估数据库，整合数据、深入分析以及查缺补漏；第三，评估后的开发应用，包括经验总结、做好宣传以及成果开发和应用。

二 语言扶贫方略

新中国的语言扶贫以其覆盖范围之广、受惠国民之众、组织动员之强以及成效之显著，创造了人类历史上语言扶贫的成功典范。我国语言扶贫之所以取得如此巨大的成就得益于充分发挥了中国制度优势，坚持服务民生根本导向，国家语言政策与扶贫减贫战略高度契合，语言扶贫与扶智扶志有机融合，注重机制完善与精准施策（刘朋建、陈丽湘，2020）。同时，我国语言扶贫也面临问题与挑战，2020年相关研究在总结经验问题的基础上重点探讨了我国的语言扶贫方略，即以精准推普为主，兼顾语言资源保护开发，关注外语教育与外语能力提升。

（一）着力推进精准推普

目前有些贫困地区普通话普及率还比较低，一些群体的普通话水平一般，国家通用语言文字推广普及依旧面临发展不平衡、不充分的问题（王春辉，2020b；付义荣、胡萍，2020）。为解决贫困地区国家通用语言文字的推广普及问题，相关研究指出应发挥宏观、微观推普作用，立足区域、群体实际情况，继续实施精准推普。

从语言扶贫实践整体来讲，宏观、微观结合的精准推普方式有助于实现精准扶贫。雷明等（2020）指出，"宏观推普"是面向区域的普通话推广活动，"微观推普"是通过创设贫困地区人口使用国家通用语言的家庭和社区，在家庭内部切断语言贫困的代际传递。两者结合有利于"精准扶贫、精准脱贫"的实现。其中，在微观推普方面，推普干部可以采取"三个精准"方式予以开展：一是

"精准登记";二是"精准送教";三是"精准验收"。

从不同区域、不同群体的实际情况出发,精准推普应具有针对性。杨亦鸣(2020)指出,面对深度贫困地区的不懂普通话的青壮年群体,推普的本质是针对汉语零基础且本身是文盲者的第二语言教学,必须研制适用的教材教法。李月、刘义兵(2020)提出少数民族成人国家通用语教育应做好精准定位,增强推普内容实操性与针对性。张华娜、张雁军(2020)指出,根据西藏精准扶贫战略部署,推普工作应从六个方面着手:构建和谐语言生态环境;营造推普活动宣传氛围;明确推普工作主体责任;发挥窗口单位辐射作用;构建普通话培训体系;发挥学校推普主阵地作用。苏剑(2020)指出,推广普通话应结合年龄等影响因素,提高普通话的普及率与熟练度;在少数民族地区推广普通话,应细致测度少数民族语言与汉语言之间的语言距离,因材施教,提高推广效率。谢治菊、李强(2020)针对"最后一公里"难题的破解提出七点建议:一是重视语言规划,将推普助力脱贫攻坚工作纳入绩效考核的范畴,明确考核要求,理清考核内容,制定指标考核体系,强化对推普助力脱贫攻坚工作的指导和督查;二是通过多种途径,开展青壮年劳动力的普通话培训;三是积极动员多方力量参与到推普助力脱贫攻坚工作中;四是切实发挥老师和公务人员的带头作用;五是加强普通话学习资源建设;六是打破贫困地区与外界的信息沟通和语言屏障,提高贫困地区普通话的整体推广率,促进贫困地区的人口流动、市场协同、政策移植与技术扩散,缩小区域经济差距与语言差异,提高贫困地区的经济竞争力;七是要加强对语言扶贫的研究。

建设完善普通话学习资源。谷新矿(2020)结合《普通话1000句》学习资源开发实践指出,普通话学习资源建设要充分调动各方力量,要兼顾通用性与实用性,要注重科学性和规范性。同时就"推普脱贫攻坚中普通话学习效果的评估"指出,要坚持学习资源开发与学习效果测评相结合,要针对特定对象研制学习效果测评标准和试题,要充分利用数字技术促进普通话学习和测评。

(二)兼顾语言资源保护与开发

唐贤清等(2020)指出,在少数民族贫困地区,做好推广国家通用语言文字与民族语言传承,对推普脱贫攻坚目标的顺利实施以及促进各民族交往交流交融的民族团结关系有着重要意义。作者以居住在云南省广南县那洒镇的彝族花倮人为研究对象,探讨了少数民族语言传承在助力推普脱贫攻坚中的重要价值。它不仅有助于民族语言文化的保存,有助于将民族语言文化资源转化为经济资源,还有助于良好民族关系的建立,能促进民族团结与社会和谐,对加强彝族花倮人中华民族的认同以及铸牢中华民族共同体意识有着积极的作用。

谢治菊、李强(2020)认为,学习普通话,也要注意保护方言和少数民族传统文化,方言和少数民族语言也是一种语言资源,是重要的地方文化遗产。语言扶贫,就是要把各种语言资源转化为生产要素,激发语言的经济价值。所以,在向贫困人口推广普通话的同时,也应加强对地方方言和少数民族语言文化的保护、开发和利用。同时,也要鼓励基层公务员学习本地方言或少数民族语言,这对于他们与贫困户的沟通、增进与贫困户的感情、获得本地居民的认可具有重要的价值。

苏剑(2020)认为,方言、民族语言等语言资源开发是语言扶贫实施的有效路径,应在各地经济建设过程中树立语言资源意识、经济意识和产业意识,为语言产业制定合理的科技扶持、税收与财政扶持政策,结合当地语言资源凝练文化品牌,鼓励贫困户成为语言产业从业人员,帮助其开发地域方言、民族语言文化艺术产品或特色旅游项目。

刘金林、马静(2020)基于"多语技能与经济收入正相关"的实证调查结果认为,在推广普通话以实现普通话扶贫效应的同时,兼顾当地少数民族语言的保护和传承,应是下一步语言扶贫需要考虑和解决的核心问题。建议在开展普通话推广时,注重青壮年劳动力普通话水平的提升,而对于无劳动能力的老年人及儿童则侧重于少数民族语言的保护和教育,根据居民的实际及少数民族语言文化保护的需求,构建"分类施策"的兼顾普通话推广和少数民族语言文化保护的模式。

(三)重视外语教育与外语能力提升

王文斌(2020)指出,外语也是打破地域区隔、传播信息和先进技术的工具,是高考必考科目,外语教育是少数民族语言扶贫的有机组成部分和重要途径,是阻断贫困代际传递的重要基础。冯智文、原一川(2020)指出,扶贫先扶智,边疆各族人民要彻底摆脱贫困,必须从思想上认识到语言教育的重要性,认识到基础外语教育对孩子们未来成长的深远意义。

王文斌(2020)和冯智文、原一川(2020)的研究显示,我国少数民族地区基础外语教育存在社会重视程度不够、思想自觉性不高、师资队伍不足、教育资源匮乏、外语教育规划缺失等问题。针对这些问题，王文斌（2020）提出六点建议：开源节流，筹措经费；完善基础外语教育设施，配齐外语教育基本条件；从政策层面坚持政府宏观调控与地方自主创新相结合；从技术层面加强现代教育技术的义务性、可及性、兼容性、多样性、共享性和开放性；促进社会资本投入，扶植多元办学主体；提高外语教师入职和转岗门槛，加快少数民族本族外语教师培养、培训，提高教师待遇。冯智文、原一川（2020）提出七点建议：出台和实施更好的就业政策；教育行政部门应开展专项调研，出台指导性文件，加强教学督查，落实主体责任；高度重视教师专业发展，通过线上、线下开展师资培训；引入线上课程、图书等优质教育资源；学校要了解英语学习动机缺失原因，找出激发学习动机的策略与措施；教育行政部门应组织外语专家制定合理的短期和中长期教育规划；加强语言扶贫思想教育。

三　语言扶贫长效机制建设

2020年12月，中央政治局常委会会议、中央农村工作会议召开，对脱贫攻坚任务完成后的工作做出部署，明确脱贫攻坚行动后的语言扶贫工作仍将持续。为建设语言扶贫的长效机制，2020年相关研究重点就语言扶贫融入贫困治理体系、构建语言扶贫常态化制度体系、对接乡村振兴战略以及语言教育与语言能力发展等问题进行了探讨。

（一）融入相对贫困治理体系

语言扶贫是贫困治理的重要内容，也是贫困治理的重要方式（向德平、张坤，2020），需要将语言扶贫放在贫困状况变化与贫困治理体系中来展望和思考，而随着中国绝对贫困的消失，贫困问题将会以相对贫困为主，相应地，扶贫开发工作也将进入相对贫困问题的有效治理阶段（王春辉2020b，2020c）。

关于语言扶贫与相对贫困治理的关系，陈丽湘（2020）指出，我国语言扶贫与相对贫困治理之间是一种契合关系：以重视发展能力为主的语言扶贫与现代扶贫理念相契合，能够真正缓解相对贫困问题；语言扶贫与相对贫困治理的扶助对象具有一致性；因"信息不对称"产生的相对贫困问题与语言关系密切。

为解决今后将长期存在的相对贫困问题，需要将语言扶贫融入相对贫困治理体系。王春辉（2020c）指出，在相对贫困治理阶段，语言扶贫的对象应由绝对贫困人口转向相对贫困人口，改变推普方式与力度，探索以不平衡不充分问题为重心、以相对贫困人口为主要对象的推普体系。同时，需要合理回应贫困者的实际需求和发展意愿，综合考量市场、资本、劳动力、人才、技术、信息以及文化、观念、心理等多重发展要素和资源，语言能力是上述综合考量的重要构成要素，语言扶贫仍将是整个贫困治理体系中的有机组成部分与基础性因素。

围绕后脱贫时期的语言扶贫助力贫困治理实践，王春辉（2020b）还指出，应处理好六种关系：普通话普及与提升的关系；普通话与其他语言的关系；乡村和城市的关系；东部和西部的关系；短期和长期的关系；扶智和扶志的关系。

（二）构建语言扶贫常态化制度体系

在治理相对贫困阶段，建立合理有效的扶贫开发常态化机制是当务之急，语言扶贫长效机制建设应推动短期攻坚与常态化推进之间的对接、转型（陈丽湘，2020；王春辉，2020c）。

在宏观政策制定上，陈丽湘（2020）指出，应尽量避免推普助力脱贫攻坚工作完成后的低谷期，防止"运动式""突击式"的语言帮扶。一方面，要在语言文字能力帮扶上严格实施"摘帽不摘责任、摘帽不摘政策、摘帽不摘帮扶、摘帽不摘监管"，保持政策相对稳定；另一方面，应重视功能性语言扶贫，聚焦实际需求，融入实际功用性语言技能培训，促进学习内生动力形成。

在具体举措上，王春辉（2020c）指出，应该健全完善各级语言文字工作体制和机制；建立普通话推广情况监督检查机制；各级党委、政府应将推广普通话列入精神文明建设内容并有效落实；学校定期开展推普活动，日常开展中华经典诵写讲活动；在推普周期间开展集中宣传活动等。邢向东（2020）就高校助力西部开发指出，应发挥西部高校的作用，与帮扶地区有关部门建立常态化联系，推动当地幼儿园、中小学教师语言培训的常态化、定期化；同时，应推动语言扶贫工作的常态化、定期化，将重心下沉，在优化工作流程的同时，组织语言专业研究生、大学生定期到贫困地区开展支教培训与语言调研。

（三）对接乡村振兴战略

2020年12月，全国扶贫开发工作会议召开，会议强调2021年是实现脱贫攻坚同乡村振兴有效衔接的起步之年。从乡村振兴战略与语言扶贫的关系来看，

一方面，后脱贫攻坚时代的语言扶贫需要系统有机地融入乡村振兴的大战略中继续发挥作用；另一方面，语言扶贫也有助于乡村振兴战略实施落地，助力乡村振兴发展（王春辉，2020a；陈丽湘，2020）。

关于如何对接，王春辉（2020c）提出了语言扶贫工作与乡村振兴战略衔接过程中应遵循的三项原则：继续坚持精准语言扶贫思想；坚持语言扶贫的分类型统筹推进；坚持语言扶贫的分地区逐步推进。杜敏、刘志刚（2020）指出，乡村振兴战略背景下的语言扶贫应该以"推普脱贫"为要务，消除各种再生贫困；以人的培养为导向，着力提升其语言应用能力；以振兴乡村文化为要旨，注重多样化语言文化的保护；以挖掘为方式，注重语言资源的产业再开发。

此外，王春辉（2020a）还指出，将服务乡村振兴战略纳入语言扶贫效果评价体系也有助于推进二者衔接，并将配合乡村振兴战略实施列为推普助力脱贫攻坚效果评估的一级指标。饶高琦、魏晖（2020）认为开发语言资源，实施产业扶贫、旅游扶贫、文化扶贫可在乡村振兴战略实施中着力谋划，语言扶贫成效评价重点也应迁移至此。

（四）重视语言教育与语言能力发展

以语言能力为基础的教育水平提升是阻断贫困文化代际传递的核心环节。语言扶贫的重心在于语言教育与语言能力发展，是建立长效脱贫机制、防止出现返贫的有效途径。

开展系统规划，统筹各阶段语言教育。陈丽湘（2020）指出，语言扶贫长效机制建设须结合《中国教育现代化2035》的远景目标系统规划，以解决我国语言文字发展的"不平衡不充分"问题；须根据语言能力发展的不同阶段，建立覆盖全生命周期的语言扶贫机制，遵循"适时"原则，科学制定语言文字学习策略，有效保障个体语言能力的获得。

完善管理制度，保障语言教育扶贫长效化。李月、刘义兵（2020）指出，在民族地区应建立长效管理帮扶机制，弥补国家通用语教育培训管理中的缺失环节，包括前期的调研、识别、摸底及统筹规划，实施过程中的监督、培训、管理、帮扶以及后期的考核、审查、巩固提高，尤其需要做好脱贫县域的"回头看"工作。李霄垅、徐明昊、范梓幸（2020）也指出语言教育扶贫监督机制是语言教育扶贫工作有序化、常态化开展的关键。

丰富教育内容，全面提升语言能力与文化水平。杨亦鸣（2020）指出，推普助力脱贫攻坚后续工作应进一步提升贫困地区少数民族青壮年的语言能力和文化水平，要真正掌握好普通话，不仅要学会口语，还必须识认汉字，能够使用汉语书面语，从而真正掌握国家通用语言文字，以便了解党的方针政策，融入现代社会生活；不仅要掌握各种职业技能，还要接受文化艺术熏陶、增强文化认同感和铸牢中华民族共同体意识，最终在经济和精神上彻底摆脱贫困、迈向富裕。

结　语

与世界减贫、脱贫实践相比，语言扶贫带有显著的中国特色，其实践举措、经验问题与研究结论也具有重要的参考价值。但是，在该研究领域，还应关注以下问题：第一，语言扶贫研究中仍存在诸如单语与多语的关系、个人与社会层面语言扶贫的区分等学理问题，需要进一步夯实理论基础，补充研究案例；第二，语言扶贫实证研究的调查数据还有待进一步开发利用，调研反映出的问题需要跟进研究以找寻解决方案；第三，所提出的评估方式、路径举措、政策建议等也有待细化、落地与验证。因此，虽然推普助力脱贫攻坚行动已经收官，但语言扶贫实践与研究仍应继续，须结合脱贫攻坚后的新型贫困问题及国家战略发展需求，推动语言扶贫由扶智、扶志向扶制的发展升级，为世界扶贫减贫事业提供科学有效的中国方案。

【本年度研究文献】

［1］陈丽湘.略论建立语言扶贫的长效机制［J］.语言文字应用，2020（04）：60—70.

［2］杜敏，刘志刚.论语言扶贫在乡村振兴战略实施中的可持续性［J］.陕西师范大学学报（哲学社会科学版），2020，49（02）：95—105.

［3］范晓玲，吕君奎，古力阿伊木·亚克甫.脱贫攻坚背景下新疆南疆地区推普与少数民族扶贫效应研究［J］.语言文字应用，2020（04）：52—59.

［4］冯智文，原一川.语言扶贫背景下云南边疆民族地区基础外语教育调查研究［J］.云南师范大学学报（哲学社会科学版），2020，52（05）：31—40.

［5］付义荣，胡萍.闽南农村语言状况调查——兼谈推普脱贫的对象问题

［J］.语言战略研究，2020，5（06）：58—68.

［6］谷新矿.推普脱贫攻坚中普通话学习资源建设的思考——以《普通话1000句》为例［J］.语言文字应用，2020（02）：62—68.

［7］何洋.普通话水平与农村劳动力非农就业——基于CFPS 2016年的实证分析［J］.西安财经大学学报，2020，33（05）：106—113.

［8］赫琳.着眼能力开发 探索语言扶贫新路径［N］.光明日报，2020-01-20（16）.

［9］黄少安，王麓淙.民族地区语言扶贫的经济理论基础和实证分析［J］.语言文字应用，2020（04）：26—36.

［10］雷明，赵耀，刘曦绯，邹培.中国语言扶贫进程70年聚焦：模式、机理、路径及前瞻［J］.江汉学术，2020，39（05）：5—20.

［11］李霄垅，徐明昊，范梓幸.后精准扶贫时代的语言教育：价值取向、框架构成与发展路径［J］.江苏科技大学学报（社会科学版），2020，20（02）：30—37.

［12］李月，刘义兵.推普扶贫视域下少数民族成人国家通用语言教育培训的困境与突围［J］.中国成人教育，2020（07）：92—96.

［13］刘国辉，单宝刚，张卫国.普通话能力对流动人口健康的影响：来自CGSS的经验证据［J］.山东大学学报（哲学社会科学版），2020（03）：149—159.

［14］刘国辉，张卫国.普通话能力与进城农民工心理健康——基于中国综合社会调查的实证研究［J］.语言文字应用，2020（01）：40—49.

［15］刘金林，马静.边境少数民族地区语言助力脱贫攻坚实证研究——以广西靖西市为例［J］.广西民族研究，2020（03）：136—143.

［16］刘朋建，陈丽湘.中国语言扶贫的实践路径和经验［N］.语言文字报，2020-10-28（001）.

［17］马静，刘金林.少数民族地区推普助力脱贫攻坚的内在机理及实证分析：基于人力资本视角——语言与国家治理系列研究之一［J］.民族教育研究，2020，31（05）：57—69.

［18］饶高琦，魏晖.语言扶贫成效评价的原则和方法［J］.语言战略研究，2020，5（06）：50—57.

［19］苏剑.语言扶贫的理论逻辑、经验支持与实现路径［J］.学术月刊，

2020，52（09）：67—73.

［20］唐贤清，赵姣，晏明宇.推普脱贫攻坚下民族语言传承价值探析——以云南省广南县那洒镇彝族布赓语为个案［J］.贵州民族研究，2020，41（08）：192—196.

［21］王春辉.推普助力脱贫攻坚效果评估体系的建构及实施［J］.江汉学术，2020a，39（05）：21—28.

［22］王春辉.语言扶贫助力相对贫困治理［N］.光明日报，2020b-10-24（12）.

［23］王春辉.后脱贫攻坚时期的中国语言扶贫［J］.语言文字应用，2020c（03）：9—16.

［24］王文斌.少数民族基础外语教育的思想自觉和自觉行为［J］.云南师范大学学报（哲学社会科学版），2020，52（05）：22—30.

［25］向德平，张坤.语言扶贫的理论逻辑与治理效用［J］.语言战略研究，2020，5（06）：42—49.

［26］谢治菊，李强.语言扶贫与普通话技能的减贫效应［J］.广西民族大学学报（哲学社会科学版），2020，42（01）：167—174.

［27］邢向东.发掘语言学科服务西部大开发的潜力［N］.中国社会科学报，2020-06-23（003）.

［28］杨亦鸣.在语言能力提升上精准扶贫［N］.光明日报，2020-10-24（12）.

［29］张华娜，张雁军.精准扶贫视角下西藏普及国家通用语言文字存在的问题及对策研究［J］.西藏研究，2020（01）：115—122.

［30］张卫国.普通话能力的减贫效应：基于经济、健康和精神维度的经验分析［J］.语言文字应用，2020（04）：37—51.

【以往参考文献】

［1］李宇明.语言扶贫问题研究（第一辑）.北京：商务印书馆，2019.

［2］王春辉.中华人民共和国语言扶贫事业七十年［J］.云南师范大学学报（哲学社会科学版），2019，51（04）：33—39.

［3］王海兰.深化语言扶贫　助力脱贫攻坚［N］.中国社会科学报，2018-09-11（003）.

语言治理

国内关于语言文字领域治理问题的研究早在20世纪就已出现。2013年党的十八届三中全会提出"推进国家治理体系和治理能力现代化",2016年《国家语言文字事业"十三五"发展规划》将"完善语言文字工作治理体系"列为五大任务之一以来,语言治理问题进一步受到学界关注。2019年党的十九届四中全会通过并发布《中共中央关于坚持和完善中国特色社会主义制度 推进国家治理体系和治理能力现代化若干重大问题的决定》,推动语言治理在2020年成为语言政策研究的重要话题。在已有研究基础上,相关研究围绕"什么是语言治理""语言治理做什么""语言治理怎么做""语言治理体系如何架构""语言治理能力如何建设",较为系统地探讨了语言治理的内涵、内容、模式、体系、能力等问题。

一 语言治理内涵

什么是语言治理?2020年的相关研究在尝试给出概念定义的同时,就语言治理的治理目标、治理对象、治理价值等形成讨论,就语言治理与语言规划的关系进行了探讨。此外,与语言治理理念相通的语言管理研究也对语言治理问题予以了关注。

(一)语言治理概念

王春辉(2020a)和沈骑、康铭浩(2020)主要基于治理理论给出相关定义。治理理论强调多元主体共同参与,民主化、参与式、互动式管理,而不是单一主体管理、命令式强制性管理。基于此,王春辉(2020a)将语言治理定义为"政府、社会组织、企事业单位、社区以及个人等多种主体通过平等的合作、对话、协商、沟通等方式,依法对语言事务、语言组织和语言生活进行引导和规范,最终实现公共事务有效处理、公共利益最大化的过程";沈骑、康铭浩

（2020）将语言治理定义为"政府与社会为了共同价值，多方互动、参与和合作，共同推动语言的演化和发展来实现社会有序发展的努力与追求"。张治国（2020a）的观点则与他们有明显差异，"语言治理是指社会行为主体的权威人物或机构对所辖领域的语言现象（如语言学习、语言推广和语言使用等）予以研究、规划、指导和管理的过程，其核心还是语言政策或语言管理条则的制定与实施"，总体上认为语言治理与语言规划或语言管理大致相当，强调治理主体的权威性，管理者与被管理者的合作互动不凸显。

除了上述综合性的概念定义，相关研究还在以下方面形成讨论。

关于语言治理的目标。王春辉（2020a）提出四个方面的内容：保障语言权利，解决语言问题，构建和谐语言生活，助力国家治理。王玲、陈新仁（2020）强调，语言治理的最终目标是构建和谐语言生活。作者认为，语言治理观的兴起是我国城市化进程发展到一定时期的特定产物，是社会语言生活发展的需要。城市化中频繁的人口流动，导致各地区居民杂居成为常态；社会居民构成的改变，带来语言生活的三大变化：多语码化、语言功能和语言使用空间分化、社区和居民语言需求分化。语言生活的这些变化，带来许多语言应用方面的问题，如何解决和满足居民的多元化需求，如何确保多样变体和谐并存，成为需要研究和解决的现实问题。治理理论兴起的社会现实前提之一是社会需求呈现多元化特征，其追求的目标是建设和谐社会。当前的语言治理观正符合当前语言生活现实的需求，其最终的治理目标是确保多元异质语言生活的和谐。

关于语言治理的对象。王春辉（2020a）提出三个方面的内容：语言事务、语言组织和语言生活。李宇明（2020a）强调，语言治理的对象是语言生活，"'语言治理'准确地讲，应是'语言生活治理'，国家主要对语言生活负有责任；至于语言本身，只有当它影响了语言生活时，才把它纳入治理对象，放在语言本体规划中去处理"。

关于语言治理的价值。王春辉（2020a）认为，现代善治的基本价值构成语言治理的核心价值体系，即合法性、法治、透明性、责任性、回应、有效、参与、稳定、廉洁、公正。言实、周祥（2020）提出新时代语言文字工作治理的价值体系，包括：坚持服务人民，体现民主价值取向；坚持依法治理，体现语言文字工作依法治国理念和治理规则法治化的价值取向；秉承科学精神，坚持以科学原则为指导，重视语言科学研究，坚持科学发展价值取向。

（二）语言治理与语言规划

语言治理是语言规划的新发展。李宇明（2020a）指出，国家的语言事务，社会的语言生活，当然也在国家行政之职域；过去将其称为"语言管理"，而今也须相应发展为"语言治理"；"管理""治理"一字之差，却反映着两种行政理念，也反映着时代进步；从"语言管理"走向"语言治理"，既是国家治理体系、治理能力现代化的要求，也是语言规划学的时代课题。沈骑、康铭浩（2020）分析了语言治理与语言规划产生的历史背景和先后关系，认为语言治理的产生与发展，实质是顺应了人类语言发展的客观规律，也体现出语言规划进入全球治理时代的必然趋势，语言治理是对语言规划的一种超越，其概念的提出，符合全球治理时代社会语言问题需要协商共治的实际需要。

语言治理与语言规划基于不同的语言观理论基础。王玲、陈新仁（2020）比较了宏观语言规划与语言治理两个概念的差异。宏观语言规划以同质有序的语言观为理论基础，一般有一套系统化和全面化的原则，用以确保通过正确的执行而达成最终的目标，以规范化、统一性、静态化为主要特征。而语言治理以异质有序的语言观为理论基础，其主要特征包括三个方面：一是特殊性，结合社区和居民现实需求的差异，实行微观化、本地化的对策，确保将宏观语言规划的目标落实到位，确保将事情做对；二是差异性，以差异多样作为策略选择的基础，增强针对性；三是动态化，随着语言生活的变化，结合语言应用的需求及时调整和完善。语言治理理念与宏观语言规划最大的差异在于，它强调自下而上的治理模式，强调多元主体参与。

（三）语言治理与作为语言规划理论流派的"语言管理"

作为语言规划的一个理论流派，"语言管理"在多中心化、多层次性、去强制性等方面，与治理理论有相通之处。在 2005 年前后引入我国时就译作"语言治理"，目前仍有学者使用该译名，同时也有不少学者使用"语言管理"。

关于语言管理理论。徐大明（2020）总结了三个特点：语言管理是多层次的和多领域的，这一点对应过去认为语言规划只是国家层面的或政府工作的观点；语言管理既可以是自上而下的政策的实施，也可以是自下而上的行动产生的效应，这一点结合了早期的话语层次的"语言管理"和国家层次的"语言规划"的研究；语言管理是多主体的社会行为的相互制衡，这一点可以说是对于只强调权威机构的政策目标的语言规划的重要补充。张治国（2020b）则认为，在广义上"语言管理"与语言规划和语言政策被视为同义词，它们之间可以相互替代和混用；语言管理的内容具有分类性，发展具有过程性，影响因素具有层级性，利益具有多重性，执行具有领域性。

关于语言管理和语言治理的关系。王世凯（2020a，2020b）主张构建中国特色的语言管理理论，通过对语言资源和语言生活的管理实践，达到构建和谐语言生活、保持多样语言生态、保障语言发展活力、提升语言资源效能、提供优质语言服务的目的；而"语言治理"则是当代语言管理实践的一种模式，认为"我国语言管理实践历经几千年，形成了先秦时期的礼制型模式、秦至清代的管制型模式、民国时期至《中华人民共和国国家通用语言文字法》发布这一历史时期的管理型模式、《中华人民共和国国家通用语言文字法》发布以来的治理型模式四个不同的管理模式"。

二 语言治理内容

语言治理做什么？即语言治理解决什么问题，哪些问题需要通过治理来解决，这些问题分布在哪些领域，解决这些问题的基本思路是什么？2020年的相关研究在提出问题、分析问题的基础上，探讨语言治理的主要领域，提出语言治理的主要任务。

（一）语言治理问题

王玲、陈新仁（2020）指出，语言治理以"问题"为导向，侧重研究两个方面的语言问题。一方面是语言作为一种社会现象在使用过程中产生的问题，相关问题主要涉及新时代我国语言生活的不同层面在语言应用中出现的各类语言不文明或失范问题；另一方面是语言作为一种资源或工具在社会治理中出现的问题。主要包括语言在促进社会经济发展、为社会提供服务、传播中华文化、构建国家认同、民族关系等过程中出现的一系列问题或冲突。

沈骑（2020）从全球治理的角度出发，认为语言治理问题包含三个方面：一是人类语言自身演化与发展中的问题，如语言濒危与语言生态危机；二是由语言所引发的社会语言问题，如语言能力、语言权利和语言矛盾等问题；三是语言的使用和功能所引发的社会问题,如语言服务、语言智能和话语权等现实问题。

(二)语言治理领域

李宇明(2020a)探讨了四个领域的语言治理问题。(1)城市与农村的语言治理。关注语言在新老市民沟通、文化风韵保存、信息传递共享、智慧城市发展等方面的重要作用,精心进行城市语言规划和城市语言治理。同时,必须有守护农村的良策,保存戏曲、歌谣、传说、故事、谚语等传统文化,进行语言生态的调查保护。(2)世界语言治理。研究世界7000余种语言,了解世界200多个国家和地区的语言政策与语言生活,了解各国际组织、地区组织的语言主张及语言使用状况;加强"语言外交",与国际社会一同做好国际语言规划,为世界语言治理做出应有贡献。(3)信息空间的语言治理。制定合适的规范标准来实现语言资源的共建共享,让语言资源发挥最大作用;防止语言数据的污染、泄露、窃取及非法删除等;保证公民和社会单位依法获取信息、利用信息的权利。(4)应急状态的语言治理。用于反恐、缉毒、维和、救灾等活动,包括制定"国家突发公共事件语言应急机制和预案",使语言应急有法律保障;设立"国家语言志愿服务团",使语言应急有人员保障;建立语言应急研究基地,发展"应急语言学",使语言应急有专业学术保障。

(三)语言治理任务

王春辉(2020a)认为语言治理包括本体治理和应用治理。本体治理指的是针对语言文字各子系统的治理,包括语音、词汇、语义、语法、文字等子系统的创制改革、规范化、标准化、现代化等工作,比如正字法、文字简化、辞典编纂、术语统一、标准语建构等,相当于语言政策与规划研究中的本体规划一类。应用治理指的是针对语言文字在使用和应用中各类现象和问题的治理,比如语言文字的地位问题、领域语言问题、语言的声望问题、语言与社会的界面问题、语言的传播与国际化、语言技术、语言文字的法制化和信息化等。

王春辉(2020b)进一步提出语言治理助力国家治理的五项任务。一是立足中国国情,进行既符合客观规律又契合中国特色的理论和实践探索,加快形成以国内语言文字治理为主体、国内国际双循环相互促进的新发展格局。二是瞄准国家战略和国家安全,重点领域重点突破,围绕国家统一进程、两个共同体建构、"一带一路"倡议、乡村振兴战略、区域发展战略、语言文化传承、国际中文教育等国家重大战略布局,系统谋划、重点治理。三是夯实语言文字基础能力,提升语言文字服务能力。四是处理好几对语言关系,着力解决主要问题。五是关注语言生活新现象,加大语言文明治理力度。

李宇明(2020a)强调,要加强语言能力与话语能力建设。在进一步发展语种能力、向世界"讲好中国故事"的基础上,还需提出话语能力建设的命题,以便把握各种话语权。国家的话语能力主要体现在行政、外事、军事安全、新闻舆论、科技教育、经济贸易等六大领域,关键能力在于设置话题,在于说话令人信服。话题设置本质上需要有思想,有独到见解,能够把握人类社会的进步规律、客观世界的运行规律、信息空间的发展规律,凝练出社会所关心、能够解决社会问题、引领社会进步的前沿话题。这需要对有关话题进行长期的内涵研究和表达研究,发展话语语言学和领域语言学。

三 语言治理模式

语言治理怎么做?作为一个动态过程,语言治理的运动方向和运动方式是怎样的?2020年的相关研究探讨了语言治理的路向和范式。

(一)语言治理的路向

李宇明(2020b)指出,"语言治理"的路向是"双向"的,既有传统的"自上而下",也有"自下而上"。所谓"自上而下",就是国家制定语言政策,做出语言规划,地方来执行和实施。所谓"自下而上",就是地方、家庭乃至个人都可以做相关的语言规划,并将其上行到有关部门乃至国家,融入部门的语言规划之中,甚至国家的语言政策之中。两种路向是相辅相成的,也是来复互动的。通过"来复式"的双向语言规划,可以使国家语言政策、语言规划更加符合复杂多变的语言国情;可以使地方的创造得到尊重,使地方的创造力更好地发挥;可以减少语言矛盾、减缓语言冲突,处理语言矛盾和语言冲突有了更多的协商因素、协商手段和协商途径,从而使国家的语言决策更科学,语言政策的调整更及时,语言生活更和谐,语言能力更强大。

(二)语言治理的范式

王玲、陈新仁(2020)从自下而上的语言治理观出发,提出以立足事实、基层参与为原则的语言治理的实践范式。语言治理观的实践范式包括两个层面：第一，实践层面。首先，立足事实，深入语言生活，进行实地调查，搜集事实数据，定量和定性相结合，分析掌握语言生活各个层级中的语言问题。其次，基层参与。这一原则要求实地调查的对象要多元化，要将地方管理部门、企事业部门、不同社区以及社区中的语言使用者等最大限度地纳入调查范围。确保发现的问题真实可靠，制定的语言治理方案更具针对性。第二，治理层面。这一层面主要是根据事实数据对涉及的语言问题，分层次、分类别、分区域探讨语言治理的举措和方法。这种循环互动过程，可以确保语言治理在社会、城市社区获得最大的发展空间和规模效应。具体见图1。

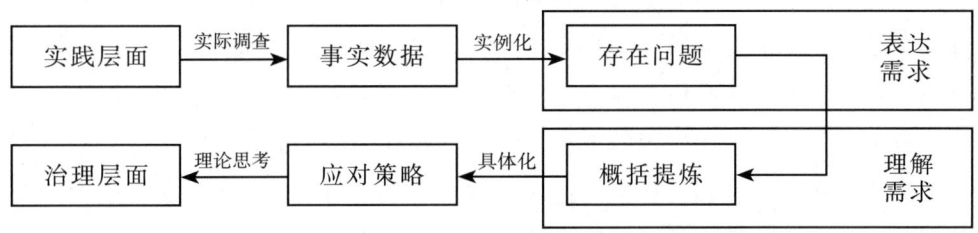

图1　语言治理观的实践范式（王玲、陈新仁，2020）

四　语言治理体系

国家治理体系是在党领导下管理国家的制度体系，包括经济、政治、文化、社会、生态文明和党的建设等各领域体制机制、法律法规安排，也就是一整套紧密相连、相互协调的国家制度。据此，语言治理体系应如何架构？2020年的相关研究对新时代语言文字工作的制度体系和支撑体系进行了构想。

（一）制度体系

王春辉（2020a）认为，语言治理体系是在执政党领导下治理国家语言及语言生活的制度体系。语言制度体系主要由执政党、政府部门、司法机关、社群团体、企业、媒体、个体公民等七大类治理主体以及塑造它们行为的规则和程序等七根制度支柱组成，它们共同支撑着国家治理目标体系，共同完成着国家治理的目标任务，应当均衡发展。

言实、周祥（2020）指出，新时代语言文字事业发展应在管理体制、工作机制上系统创新，提升制度效能。管理体制方面，在体现"政府主导、语委统筹、部门支持、社会参与"多元治理主体的基础上，应凸显党的领导的核心地位，形成新时代语言文字工作管理体制新的完整表述，即"党委领导，政府主导，语委统筹，部门支持，社会参与"，新时代必须加强党对语言文字工作的领导，把坚持加强党的全面领导贯穿语言文字工作全过程，这是推进语言文字事业改革发展的根本保证。在工作机制方面，包括统筹机制、议事机制、监督检查机制、社会参与机制、经费投入机制等。

（二）支撑体系

言实、周祥（2020）指出，制度体系本身是最重要的支撑，除此之外，支撑体系还应包括资源支撑、动力支撑、科研和人才队伍支撑等要素。一是资源支撑。新时代要强化政府主体责任，切实加强对语言文字工作人力、财力、物力、权力、信息等各种资源的支撑；同时创新社会参与语言文字事业机制，探索多元化、多渠道、多层次经费投入机制。二是动力支撑。语言文字工作治理体系需要新动力支撑。创新是驱动发展的第一动力，涉及宏观层面的体制机制创新、方式方法和手段创新，也涉及具体工作领域的语言科技创新、语言服务创新、宣传工作创新、语言文化传承创新和传播创新。三是科研和人才队伍支撑。科学研究和人才队伍是语言文字工作治理体系的基础性支撑。新时代历史背景下，建立和发展具有现代意义的语言科学学科体系，加强语言文字科研机构和新型智库建设，提高科学研究质量，不仅对人文社会科学具有重要意义，而且对自然科学、思维科学尤其是信息科学和人工智能等领域有着广泛影响。

五 语言治理能力

国家治理能力是运用国家制度管理社会各方面事务的能力，包括改革发展稳定、内政外交国防、治党治国治军等各个方面。据此，语言治理能力的内涵和建设路径是什么？2020年的相关研究提出语言治理能力内涵的新见解，从不同角度建构语言治理能力规划，并探讨了语言治理能力现代化的主要维度。

（一）语言治理能力框架

言实、周祥（2020）构建了语言文字工作范式下的语言治理能力框架。不

同于文秋芳（2019）将国家语言能力分为国家语言治理能力、国家语言核心能力、国家语言战略能力的理论框架，该框架将"语言文字工作治理能力"视为国家语言能力建设的总目标，并赋予其全局性和统领性地位，其他能力视为子能力。也就是说，这里所指的"国家语言文字工作治理能力"与文秋芳提出的"国家语言能力"同义。国家语言文字工作治理能力包括五个方面的内容：国家通用语言文字能力、语言文字基础能力、语言文字服务能力、语言文化传承发展能力、中文国际发展能力。国家语言文字工作治理能力是一个体系，具有系统性、整体性、层次性，每一种子能力都具有相对性、动态性和开放性。

（二）面向重大突发公共卫生事件的语言治理能力规划

沈骑、康铭浩（2020）从治理行为体、治理内容与治理过程三个维度构建了面向重大突发公共卫生事件的语言治理能力规划框架。具体见图2。

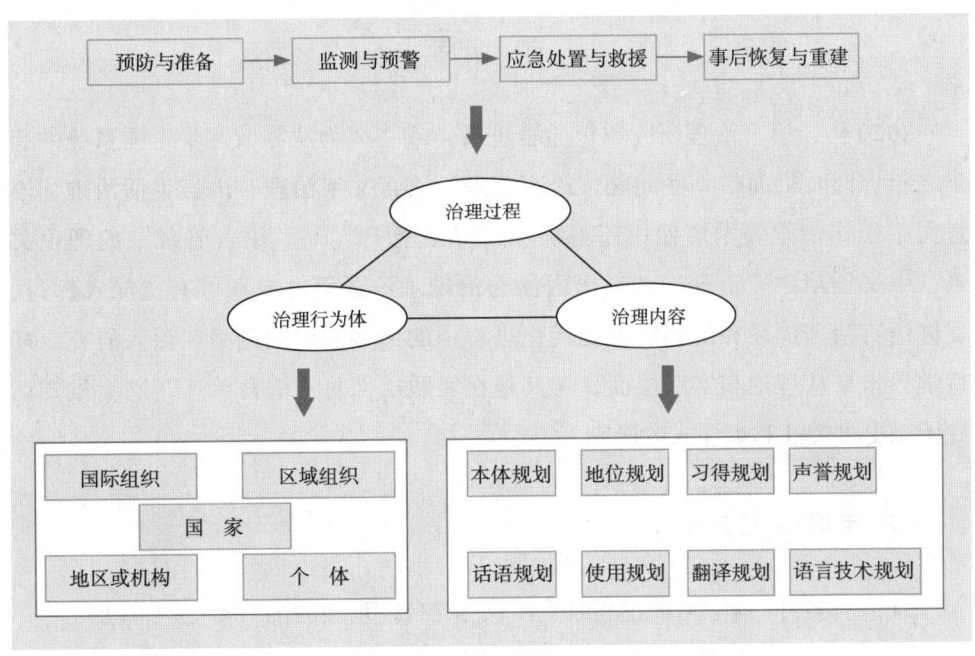

图2 面向重大突发公共卫生事件的语言治理能力规划框架（沈骑、康铭浩，2020）

（三）全球治理视域下的国家语言能力规划

沈骑、赵丹（2020）通过分析语言规划与全球治理的互动关系，探讨了国家语言能力规划的资源范式。作者从语言资源观出发，将语言看作一种重要的，具有智识、文化、政治、社会和权利等多元价值的社会资源，并认为国家语言能力规划的实质就是一项重要的国家人力资源规划。国家语言能力规划的资源范式有四大任务：国家语言资源的语种和类型规划；国家语言资源的质量与标准规划；国家语言资源的专业与领域规划；国家语言资源的话语规划。

（四）语言治理能力现代化

王春辉（2020c）指出，语言治理能力就是运用国家语言制度治理语言及语言生活各方面事务的能力。语言治理七大主体的治理能力构成了语言治理能力的整体。语言文字治理现代化首先是体系和能力的现代化。推进语言治理现代化涉及领导力、发展格局、理念、制度、科技、智库、队伍与学科等七个维度的现代化。

结　语

2020年，语言治理研究取得显著进展，或将成为从零散逐步走向系统的起步之年。同时仍面临一些问题，语言治理、语言文字治理、语言生活治理、语言文字工作治理等术语使用还不统一，"语言治理"与"语言管理"的理论关系、中文语境中"治理"的话语内涵与治理理论话语的差别等有待深入探讨，促进语言治理体系和治理能力现代化进程中的诸多实践问题亟须深入研究。期待学界未来从理论和实践层面，尤其是在实践层面对"语言治理"这个重要话题予以更多关注和更深入的研究。

【本年度研究文献】

［1］李宇明.语言治理正当时［N］.光明日报，2020a-04-25（012）.

［2］李宇明.语言治理的现实路向（代主持人语）［J］.云南师范大学学报（哲学社会科学版），2020b，52（03）：28.

［3］沈骑.语言在全球治理中的安全价值［J］.当代外语研究，2020（02）：7—13.

［4］沈骑，康铭浩.面向重大突发公共卫生事件的语言治理能力规划［J］.新疆师范大学学报（哲学社会科学版），2020，41（05）：64—74+2.

［5］沈骑，赵丹．全球治理视域下的国家语言能力规划［J］．云南师范大学学报（哲学社会科学版），2020，52（03）：47—53.

［6］王春辉．论语言与国家治理［J］．云南师范大学学报（哲学社会科学版），2020a，52（03）：29—37.

［7］王春辉．语言治理助力国家治理［N］．光明日报，2020b-08-22（12）．

［8］王春辉．关于语言文字治理现代化的若干思考［J］．语言战略研究，2020c，5（06）：29—36.

［9］王玲，陈新仁．语言治理观及其实践范式［J］．陕西师范大学学报（哲学社会科学版），2020，49（05）：82—90.

［10］王世凯．建构中国特色语管论 服务国家治理现代化［N］．中国社会科学报，2020a-01-21（003）．

［11］王世凯．新时代呼唤中国特色语言管理理论［N］．语言文字周报，2020b-01-01（002）．

［12］徐大明．城市语言管理与城市语言文明建设［J］．云南师范大学学报（哲学社会科学版），2020，52（03）：38—46.

［13］言实，周祥．新时代语言文字事业的新使命［J］．语言战略研究，2020，5（06）：6—16.

［14］张治国．政治家的语言生活和语言治理——以新加坡李光耀为例［J］．陕西师范大学学报（哲学社会科学版），2020a，49（05）：72—81.

［15］张治国．对语言管理中几个问题的思考［J］．外语学刊，2020b（03）：92—98.

【以往参考文献】

［1］文秋芳．国家语言治理能力建设70年：回顾与展望［J］．云南师范大学学报（哲学社会科学版），2019，51（05）：30—40.

语言文明建设

语言文明关乎社会和谐与国家形象,加强语言文明建设是当前我国语言文字工作的重要任务。在党和国家的高度重视和社会各界的广泛关注下,社会语用和网络空间中的语言不文明现象及其治理,成为语言政策研究的热点话题。2019年以来,学界就语言文明建设的重要意义、基本路径、主要举措等问题进行了探讨。

一 语言文明建设的重要意义

语言文明是精神文明的一部分,是人类所取得的一种进步成就、社会进步的标志以及语言文化中积极、健康、进步的成分。① 从其具体表现来看,语言文明主要是指社会用语的文明。② 相关研究以社会用语为重点,论证了语言文明建设的重要性与紧迫性。

(一)语言文明建设的重要性

赵世举、邓毕娟(2020)指出,语言是人性和社会的一面镜子,语言文明是一个社会文明程度的折射。陈新仁(Chen,2020)指出,文明社会用语对人们道德素质的提高和正确价值观与人生观的确立具有积极促进作用。徐大明(2020)指出,城市语言文明建设是社会主义精神文明建设的题中应有之义。覃剑(2020)指出,文明城市当有文明语言,语言文明是衡量一个社会进步的标尺,也是一个人综合素质的反映,"良言一句三冬暖,恶语伤人六月寒",每个人的语言、说话方式,不仅影响个人形象,而且直接影响社会风貌。孙小春、何自然(2019)认为,公共场所用语是展现国家语言景观的窗口以及构建和谐语言生态的重要手段,如果公共场所用语能做到尊重受众面子和情感,给人带来一

---

① 参见:于根元(1996)、戴昭铭(1996)、陈汝东(1996)等。
② 参见:郭熙(2013)。

种"舒适感",一方面在无形中能构建良好的社会语言生态,另一方面可以树立管理者的良好形象,让整个社会感受到语言的温馨和文明。李现乐等(2020)认为,乡村语言生态建设是乡风文明建设的重要组成部分,加强乡村语言生态建设对缩小城乡差距、融合城乡发展、展现乡村生活文明和谐的新面貌具有重要意义。

(二)语言文明建设的紧迫性

随着语言生活的不断变化,社会交际中言语行为的低俗化、粗鄙化以及公共领域用语文法、文体错误等问题日益凸显,对个人与社会产生危害,拖累社会发展进步。语言"不文明"现象治理迫在眉睫,语言文明建设刻不容缓。

用词粗鄙低俗,话语风格倾向亟待引导。孙小春、何自然(2019)的研究显示,当前公共场所中有诸多公示语或宣传语违反了文明原则、文雅原则和礼貌原则,很不得体。王玲、陈新仁(2019)指出,现实公共空间中的语言粗鄙化是在公共空间存在的一种话语风格倾向,不仅包括用词粗鄙,也包括粗鄙的格调、内容和形式等,整个话语风格体现出低俗不雅、价值观和精神品格低下等特征,既违背社会公共空间话语表述的规则,也违背城市文明话语体系的规范。陈新仁(Chen,2020)发现,一些低级媚俗或引发相关联想的字眼,违犯法律法规或者有悖社会公德和道德,甚至存在蔑视正义、戏说社会的语言表达,其立场与态度是非常不严肃的;很多以多模态呈现的不良社会用语往往会对人们造成视觉污染,不利于人们确立正确的价值观和人生观。

用语挑衅伤人,语言暴力危害亟须关注。易艳刚(2020)、华桦(2020)等指出,作为以网络粗口为核心的青年亚文化,"祖安文化"现象在语言形式上具有以谐音、音译、合成等方法替换脏字的独创语言体系,语言输出重形式、轻意义,其产生的原因主要为圈层误用、代际偏差、阶层冲突与对抗越界,这种亚文化是近些年"审丑文化"的衍生物,加剧了网络冲突,助长了网络上对公序良俗的集体挑衅,导致青少年对脏话脱敏,影响青少年健康人格形成。戴先任(2020)指出,以半遮半掩、反语挖苦为特征的"阴阳话术"是一种软暴力,通过不含脏字的"文明话术"对他人造成心理伤害,而网络直播的火热助推了"阴阳话术"的广泛传播,助长了网络戾气,扰乱网络秩序,割裂网络舆论场与健康的网络空间。赵世举、邓毕娟(2020)指出,新冠肺炎疫情防控中也有语言暴力现象添乱伤人,公开使用标语口号来实施语言暴力,诅咒、辱骂、恐吓、仇视的口号引人反感，刺伤了人心，撕裂了群体，损害了社会文明，与中华民族的千年美德和社会主义核心价值观格格不入，尤其是心灵创伤难愈合、文明扫地难修复，语言暴力势必留下难以估量的后遗症。

除了指出语言不文明现象的表现，分析语言不文明现象的危害，还有研究就语言暴力等不文明现象进行了理论探讨。何伟、刘佳欢（2020）基于生态语言学视角，将语言暴力界定为"因生态系统失衡而导致发话人发出令受话人心理上产生羞辱感、恐惧感等负面情绪的话语"，并认为造成语言暴力的原因包括：语言生态系统内语言规范的不和谐运用以及言语信息的不交互传递；人际关系生态系统内在因素之间的不多元与不和谐；思想道德生态系统内容在因素之间的不交互共生；文化生态系统内部要素间的不多元、不交互；法律生态系统内相关因素的不多元；各类生态系统之间的不和谐、不共生。耿雯雯、谢朝群（2020）从概念内涵出发，提出网络语言暴力可以纳入不礼貌的范畴，具有不礼貌的属性。

二 语言文明建设的基本路径

从哪些方面入手进行语言文明建设？相关研究提出的主要路径包括四个方面：加强语言文明研究，重视语用规范建设，融入城市文明建设和推动多主体共同治理。

（一）加强语言文明研究

需要研究语言文明内涵。徐大明（2020）指出，面对当前的语言文明建设任务，需要具体地定义"文明语言"的内涵，结合我国国情以及当前形势进一步诠释什么是符合社会主义精神文明内涵的语言文明。

需要研制言语社区语言规范，开展言语社区调查。徐大明（2020）认为，配合城市文明建设需要制定文明语言规范，因此应该就怎样因地制宜地制定言语互动的社区规范以及怎样提升社区成员参与制定和维护语言规范的积极性开展研究工作；同时，在制定社区语言规范过程中要开展言语社区调查，以发现潜在规范以及发掘其中蕴含的语言文明的作用。

需要关注、了解语言生活。关彦庆（2020）指出，新中国的语言文明建设正在走向生活化，语言文明的研究关注语言生活，是语言文明建设发展的新境界。徐大明（2020）结合城市语言文明建设指出，语言生活管理需要语言规划理论的指导，同时需要充分了解和认识语言生活的现实状况。

（二）重视语用规范建设

社会用语规范是社会用语在一定领域、一定地区、一定社团所共同认可的语音、词汇、语法、语义、语用等各方面的标准与该领域、该地区、该社团的社会道德、行为习惯标准的集合，公认的语用规范可以提高社会交际效率，增强社会生活和谐程度。[①] 陈新仁（2020）认为，语言文明建设所包括的内容不仅仅是语言上的规范化，更重要的是语用上的规范，语用规范的实现又要以语言规范化为基础，二者相辅相成，缺一不可，同时进一步强调，社会用语的规范化至关重要。马进、周思杭（2020）指出，在语言文明与语用规范教育的具体实施过程中，应该重视语言本体规范以及语言使用的认识规范。徐大明（2020）认为，言语互动规范可以成为语言文明建设的重点目标。

（三）融入城市文明建设

语言文明建设与城市文明建设密不可分。张延勇等（2019）指出，语言文明往往蕴含在城市文明之中，城市文明必须包含语言文明的建设。徐大明（2020）指出，目前开展的创建文明城市的活动中已经包括一些城市语言文明建设的内容，应配合城市文明建设的八个"环境"加一项"活动"进一步明确和拓展，即围绕"廉洁高效的政务环境、民主公正的法治环境、公平诚信的市场环境、健康向上的人文环境、有利于青少年健康成长的社会环境、舒适便利的生活环境、安全稳定的社会环境、可持续发展的生态环境、扎实有效的创建活动"中的语言内容开展语言文明建设。

（四）推动多主体共同治理

语言文明建设需要政府部门支持。陈新仁（Chen，2020）提出，各级教育机构、文明委和语言文字工作委员会需要积极引导，必要时采取行政和法律的手段规范媒体的话语活动，同时也要采取有效的手段教育广大受众自觉甄别媒体话语活动中的真善美和假恶丑。

语言文明建设需要企业、个体参与。王春辉（2020a，2020b）指出，语言

[①] 参见：郭龙生（1992）、冯学锋（1994）、徐大明（2008）等。

文明治理属于语言治理中的应用治理，而语言治理的主体是多元的，其治理路径涉及：提倡礼貌用语的使用和引导，做好日常生活语言文明建设，加强领域和职业语言文明建设等。王玲、陈新仁（2020）也从语言治理的角度指出，自上而下的宏观语言规划与自下而上的语言治理不断循环互动，构建基层社区和谐的语言生活，提升城市语言生活文明状况，而语言不文明或失范问题的治理需要依靠基层管理以及企业层面与个体层面的语言治理建设。

三 语言文明建设的主要举措

采取哪些措施进行语言文明建设？相关研究围绕完善法律法规、加强行业管理、加强网络治理和加强宣传引导等方面，提出对策建议。

（一）完善法律法规

王春辉（2020a）指出，语言文明治理、语言伦理建设已经到了刻不容缓的地步，而法治是中国语言文字治理的必由之路，需要改革、修订或构建相应的法律法规。康宁、杜璇（2020）认为，语言政策的制定应与时俱进，适应新时代城市语言文明建设的需要，而语言立法是国家语言政策最直接的体现，使我国城市景观建设等语言文字社会应用实践能够有法可依。张建强、谢倩文（2020）从法制角度出发，提倡完善相关法律法规，推进自媒体语言规范化、标准化。何伟、刘佳欢（2020）指出，语言暴力治理的具体运行机制表现为语言规范以及惩治语言暴力的法律法规，两类生态系统互利共生，对语言暴力现象进行坚决抵制。

（二）加强行业管理

社会各个行业的从业人员对文明语言的认知、掌握、反思程度以及行业规范、单位领导要求、物质利益驱动等都是影响使用文明语言的因素。李现乐等（2020）认为，语言文明建设可以与行业管理相结合，制定行业语言行为标准，细化行业语言行为要求。

针对媒体行业，张荻（2020）的研究显示，媒体从业者对国家管理语言规范表示支持，但具体规范知识不足。因此，要健全行业法规、完善规范标准；强化监管机制，推动媒体自律；提升从业人员素质，强化语用规范意识；加强语言服务，探索多样化渠道。

针对医疗行业，高晞（2021）指出，"传染病"等术语定义、命名与国家卫生管理监制、地方城市公共卫生建设相辅相成，是测试社会文明程度的指标，医学术语的统一、规范对医学知识、信息的社会传播具有重大意义。沈骑、康铭浩（2020）指出，重大突发公共卫生事件的语言治理过程中，应当对疫情防控工作人员进行语言规范和沟通技巧培训，取得群众理解和支持。

针对行政管理，王毅（2020）指出，行政执法人员应规范执法用语，使用文明执法语言，具体提升接访语言规范、走访语言规范、窗口语言规范、执法现场语言规范，避免使用执法禁忌语言。朱正威、吴佳（2020）指出，为提升公共管理文明，需要充分地使实践语汇成为学术概念素材，进而基于中国公共管理改革实践产生充满竞争力的话语体系。

（三）加强网络治理

戴先任（2020）指出，规范网络亚文化、清理整治网络暴力有利于打造健康的网络舆论场，营造清朗的网络空间；并认为，网络平台要尽好管理职责，加强对不良信息的管控。张建强、谢倩文（2020）建议相关部门对自媒体平台上的语用不规范现象进行收集、整理，引导自媒体语言健康发展。江作苏（2020）指出，阻遏"祖安文化"需要政府、社会和家长协同深入，特别提醒家长，"网络上有很多虎狼之患，绝不要用不设防的心理对待自己孩子的上网行为，放心大胆往往意味着放纵，会使孩子进入危境，后悔莫及"。

（四）加强宣传引导

李现乐等（2020）指出，针对公共领域语言不文明、不规范现象，相关部门可以和日常管理工作相结合，宣传国家语言政策，引导乡村民众树立语言规范、语言文明意识。王玲、陈新仁（2019）认为，引导公众摆脱语言粗鄙化现象的主要思路是"立足事实，以人为本"；个体层面粗鄙化的治理，需要依据事实影响，有针对性地引导或治理；一些有社会地位或社会影响力较大的人，应该倡议其提升语言意识，在公共空间杜绝或减少粗鄙语言和表达的使用，注意用词表达的正面引导作用，可以"俗"但不宜"鄙"。

结 语

梳理可见，语言文明建设研究取得初步成效。而与语言文明建设工作相比，语言文明的学理研究还远远不足。在理论层面，语言文明的内涵、语言文明建设的基本原则和理念等有待深入探讨；在实践层面，涉及文明问题的语言使用实证调查及机理分析都还不够充分，相关的对策建议还显"空泛"，面广量大的语言生活的监管与引导的难点、痛点问题有待深入分析，破解之策更涉及语言学、社会学、教育学、行政学、管理学等多个领域，需要加强跨领域、跨学科研究。期待学界持续关注语言文明建设问题，建立完善的语言文明理论体系，助力语言文明建设工作科学开展，结合国家精神文明建设需求，因势而谋、应势而动、顺势而为。

【本时段研究文献】

[1] 戴先任. 别让语言软暴力割裂网络舆论场[N]. 重庆日报, 2020-11-07（008）.

[2] 高晞. 疫病的现代性：从"瘟疫"到"传染病"的认知嬗变[J]. 复旦学报（社会科学版），2021，63（01）：94—104.

[3] 耿雯雯，谢朝群. 网络语言暴力的（不）礼貌研究[J]. 中国外语，2020（03）：20—28.

[4] 关彦庆. 偏离型网络言语行为和国家语言文明建设[J]. 江西科技师范大学学报，2020（04）：21—32.

[5] 何伟，刘佳欢. 生态哲学观下语言暴力的界定、成因及防治[J]. 云南师范大学学报（哲学社会科学版），2020，52（06）：36—45.

[6] 华桦. "祖安文化"的形成机制、文化特征及应对策略——基于青年后亚文化的理论解释与局限[J]. 当代青年研究，2020，（06）：46—52.

[7] 江作苏. 遏阻"祖安文化"需要协同深入[N]. 中国新闻出版广电报，2020-11-12（003）.

[8] 康宁，杜璇. 语言政策视域下城市语言景观建设[N]. 中国社会科学报，2020-1-15（005）.

［9］李现乐，刘逸凡，张沥文.乡村振兴背景下的语言生态建设与语言服务研究［J］.语言文字应用，2020（01）：20—29.

［10］马进，周思杭.国家认同类文本的教学困境及其价值解蔽——基于语文课程的视角分析［J］.教育理论与实践，2020，40（05）：11—14.

［11］覃剑.文明城市当有文明语言［N］.佛山日报，2020-09-21（A10）.

［12］沈骑，康铭浩.面向重大突发公共卫生事件的语言治理能力规划［J］.新疆师范大学学报（哲学社会科学版），2020，41（05）：64—74+2.

［13］孙小春，何自然.公共场所用语得体性研究刍议［J］.语言文字应用，2019（02）：70—75.

［14］王春辉.关于语言文字治理现代化的若干思考［J］.语言战略研究，2020a，5（06）：29—36.

［15］王春辉.论语言与国家治理［J］.云南师范大学学报（哲学社会科学版），2020b，52（03）：29—37.

［16］王玲，陈新仁.公共空间"语言粗鄙化"及其治理策略［C］.2019新型智库治理暨思想理论传播高峰论坛光明智库精品奖获奖论文，2019.

［17］王玲，陈新仁.语言治理观及其实践范式［J］.陕西师范大学学报（哲学社会科学版），2020（05）：82—86.

［18］王毅.城市管理综合执法用语规范［J］.城乡建设，2020（09）：27—30.

［19］徐大明.城市语言管理与城市语言文明建设［J］.云南师范大学学报（哲学社会科学版），2020，52（03）：38—46.

［20］易艳刚."祖安文化"与脏话狂欢［J］.青年记者，2020（15）：112.

［21］张荻.媒体从业人员字母词使用态度调查［J］.语言文字应用，2020（03）：89—96.

［22］张建强，谢倩文.自媒体语言规范应加强［J］.语言文字报，2020-03-25（002）.

［23］张延勇，张璟玮，方小兵.聚焦语言战略研究 服务语言文字工作——第四届国家语言战略高峰论坛召开［J］.中国语言战略，2019，6（02）：109—112.

［24］赵世举，邓毕娟.危难之时更需语言正能量［J］.语言战略研究，2020，5（02）：13—14.

[25] 朱正威，吴佳. 从实践语汇到学术概念：中国公共管理研究的问题意识与自主性[J]. 中国行政管理，2020（01）：6—11.

[26] Chen X R（陈新仁）.Critical Pragmatic Studies on Chinese Public Discourse[M]. London: Routledge. 2020.

【以往参考文献】

[1] 陈汝东. 论语言文明[J]. 语文建设，1996（11）：36—40.

[2] 戴昭铭. 语言文明和道德建设[J]. 语文建设，1996（12）：25—27+41.

[3] 冯学锋. 社会用语研究的两个问题[J]. 语言文字应用，1994（02）：101—103.

[4] 郭龙生. 社会用语规范学术座谈会纪要[J]. 语言文字应用，1992（01）：105—111.

[5] 郭熙. 中国社会语言学[M]. 北京：商务印书馆，2013.

[6] 徐大明. 语言资源管理规划及语言资源议题[J]. 郑州大学学报（哲学社会科学版），2008（01）：12—15.

[7] 于根元. 语言文明研究回顾[J]. 语文建设，1996（06）：18—21.

新媒体语言*

新媒体是利用数字技术，通过网络的传播，以数字电视、电脑、手机等为接收终端的全新的媒体形态。2010年以来，我国逐步进入"三微一端"（微信、微博、微视频及客户端）新媒体时代，舆论生态、媒体格局、传播方式发生深刻变化。随着新媒体的蓬勃发展，新媒体中的语言现象和语言问题受到各界关注，"新媒体语言"也正逐渐成为继"网络语言"之后又一个信息时代语言生活的热点研究话题。2020年相关研究的内容涉及新媒体语言的特点、价值、问题和治理。

一 新媒体语言特点

相关研究概括分析了微信公众号新闻或推文标题为吸引阅读而呈现出的语言使用特点，深入探讨了短视频媒体语言的多模态等特点。

（一）微信公众号标题语言特点

在媒体多元、内容为王的浅阅读时代，为了从庞杂的碎片化、同质化信息流中脱颖而出，微信公众号推文标题的语言应用采取了多种技巧。崔瑜（2020）、程爱侠（2020）、王蜜（2020）、刘津亦等（2020）分别对《人民日报》微信公众号、"央视新闻"微信公众号、高校微信公众号新闻标题的语言使用，以及高阅读量微信公众号推文标题的语言使用进行研究，发现其主要具有以下特点：一是通过灵活运用标点符号等，表达强烈情感，引发读者共鸣；二是通过设置关键词、复现高频词、使用特殊符号等，使标题醒目，吸引读者注意；三是通过合理使用网络流行语、采用口语化的表达方式和幽默的语言风格

---

* 本文为国家社科基金一般项目"基于大数据的网络空间语言生活治理与语言文明建设研究"（20BYY059），教育部人文社会科学基金项目"政务新媒体语言计量分析及话语优化策略研究"（19YJC740083），国家语委科研规划重点项目"网络媒体语言规范研究"（ZDI135-93）和"语言文明行为规范研究"（ZDI135-122）的阶段性成果。

等,使标题通俗易懂、更接地气,增强传播效果;四是使用数字表达,使标题语言具象化,呈现关键核心信息;五是通过省略关键信息、采用疑问句式等,设置悬念,吸引读者阅读。

(二)短视频媒体语言特点

随着视听新媒体的快速发展,快手、抖音、微视、火山等短视频社交移动应用程序(APP)兴起,并逐渐成为继腾讯即时通信软件(QQ)、微信、微博等社交媒体之后的新的内容承载平台。新媒体表现形式得到极大丰富,文字、图形、图像、声音、视频等有机融合,使新媒体语言呈现出不同于传统媒体的多模态等特点。2020年相关研究指出,短视频媒体语言主要具有以下特点。

一是由双模态向多模态话语转变。刘昌华、馨玥(2020)认为,抖音短视频话语符号广泛利用了其擅长的图片符号、文字符号以及传承于文本编辑的视频编辑手法;既有语言符号,也有非语言符号,包括文字、图像、声音、动图、色彩等各种模态的话语符号,从传统媒体文字和图片双模态向多模态话语转变。梁娜(2020)认为,媒体话语的多模态化,改变了当代话语的内部结构和语义特征。辛斌、李文艳(2020)分析了以微信为媒介的多模态广告,认为其语言风格主要体现为简约性和多元化,多模态特征更加明显,除文字之外,数字、声音、符号和图片等话语模态使交流的内容和情感更加丰富和形象。焦扬(2020)认为,以抖音为代表的短视频平台兴起,极大地冲击了传统表达体系与视听习惯,展现出独特的视听语言和文本表达特点。

二是简约精练的口语风格。与传统长视频不同,抖音短视频追求镜头语言的简短化,用户需要在15秒内呈现更多内容,因而传递信息更密集,连接更紧凑。焦扬(2020)认为,简短的镜头极大地减少了视听语句符号,既鼓励创作者尽可能缩短编解码时间,又为受众留下了更多自我投射与想象解读的空间,充分发挥了"能指"与"所指"的互动效应,高度"提纯"的信息满足了受众窥视、猎奇等原初的视觉快感需求,使得受众的依赖感与黏性大增。辛斌、李文艳(2020)则认为,简约性体现在词语或句子常被缩写、语法规则或标点符号常被忽略等方面;这种新式媒体语言类似口语又比口语更加丰富,营造出实时交际的氛围,使语言风格更加独特有趣。王田田、刘丽(2020)认为,"央视新闻"抖音短视频语言在话语建构的生成过程中,与当下社会环境、用户接受方式以及审美习惯的转变相适应,摒弃刻板和模式化的新闻语言,使用当下用户喜爱和熟悉的语言模式生产新闻，使新闻内容和表达方式更贴近用户的需求。谢菁（2020）以《主播说联播》为例，分析了新闻评论类短视频栏目主持人的语言特点，认为抖音和快手作为传播短视频的集中地，其主要特点是用最短的时间和最精练的文字，让受众了解到视频的核心内容。

三是多种表现形式形成话语合力。梁娜（2020）认为，在多模态语篇中，媒体话语的图、文、音、像等多个符号体系都参与了话语建构，忽视任何一种符号都不可能正确、充分地理解语篇；多模态话语主要是通过多种符号资源在同一语篇中"协同"进而实现意义，文字与图像在一定的语篇中协同作用，依托多模态的话语表现形式，形成话语合力。

二　新媒体语言价值

新媒体语言是互联网不断普及，数字技术日渐成熟，各类自媒体、手机媒体、移动媒体迅速出现和高速发展的产物，具有鲜明的时代性。2020年相关研究指出，新媒体语言主要具有以下四个方面的价值。

（一）促进有声语言传播的演进

宋立（2020）认为，当有声语言传播进入到"IP化传播"时代，人们把注意力从"声音的内容"转移到了"声音的发出者"上，语言的"个性化"对媒介影响力的塑造逐步被有声语言传播者的人格魅力所取代。与经济消费领域中的"互联网转型变革"相似，有声语言传播领域的转型变革也在不断延伸和变化，受众从"大众型"向"分众型"转化，语言传播从"个性化"向"个人化"转型。有声语言传播的演进主要体现在两个方面：受众从"大屏型"向"小屏型"分流；语言传播从"单极型"向"多极型"演进。

（二）增强受众黏性和影响力

王家浩（2020）指出，《主播说联播》借助时下多种新媒体平台，如抖音、快手、微博、微信等，创新节目形式，打破传统《新闻联播》固有模式，形成新的传播矩阵。短视频为了迎合信息碎片化的特点，在用词造句和栏目策划上，一般都偏向于通俗易懂的特性，从而利于受众进行"解码"。在易读性特点的作用下，用户在获取信息之后，往往会参与对视频的讨论，短视频受众与媒体之间的黏性得到进一步提升。穆黎一（2020）对政务微博"@中国警方在线"的传播内容、传播时效、语言特性、视觉形象、互动情况等方面进行研究，认为其语言平易近人而又与时俱进，有助于增强公众的心理认同感，更能得到公众的喜爱，并促使公众积极参与，从而提升政务微博的吸引力和影响力。

（三）助力塑造政府形象

王家浩（2020）认为，主播们个性化、年轻化的话语表述是《主播说联播》火热的主要原因之一。主播们运用时下流行词语、通俗犀利的名言金句，生动地再现了事件原貌，同时也再现了当代中国把人民放在首位、与时俱进的国家形象。时政短视频作为新媒体传播方式的一种，拥有丰富的传播渠道、海量个性的话语样态和通俗易懂的内容。大量个性的话语样态和通俗易懂的内容，在传递主流价值观方面具有巨大作用，是塑造国家形象的重要途径。

（四）推动青年话语转变

汪振、姚德薇（2020）认为，新媒体是当代青年话语变迁最关键的外部因素之一。媒介技术更迭引发了青年话语实践的变迁，包括语词、文本、社交及思维的转变。当代青年的话语表达本就不是为了建立一个新的话语体系，而是希望在原有的话语体系内发出更多的群体声音，维护所属群体被认同的权利。随着新媒体技术在社会生活领域的不断拓展，青年话语与主流话语的对话必然增加，青年群体的成长也将如同其所发出的声音一样吸引着其他群体的正视、理解及关怀。

三　新媒体语言问题

新媒体的快速发展也带来了不容忽视的语言问题。近年来出现的"饭圈"、直播带货以及短视频中的语言失范现象受到学界关注。2020年相关研究主要探讨了以下问题。

（一）简单粗暴的语言改造

微博等新媒体为创造新词新语提供了空间。简单的文字、图像与视频已经不能满足粉丝群体的特定需求，他们基于自身特定文化创造出了一系列"饭圈"

用语的语言符号。陈宇丽（2020）指出，饭圈用语的不断出圈给语言系统带来的负面影响不容小觑。饭圈用语通过对汉语文化简单粗暴地拆解与解构，表现出一种碎片化、无深度、弱逻辑、反传统的后现代主义特点，其内涵并无深度，只是快餐式文化的一种盛行，对汉字系统产生了一定冲击。饭圈用语中许多词汇的意义庸俗甚至粗俗，需要引起重视，进行规范与引导。同时，异化的语言形式对于青少年群体而言，往往会导致错误的表达习惯，不少年轻人将饭圈新词带入日常生活，甚至写入作文、试卷，这些都对传统文字体系造成了较大的负面影响。

陈宇丽（2020）认为，简单粗暴的语言改造主要表现在两个方面：一是"饭圈化拟人"。最突出的一个特征便是幼感。在新冠肺炎疫情期间，一些官方媒体的微博将参与建造火神山和雷神山两座医院的机器用"呕泥酱""小叉车"等饭圈用语命名，抗疫信息用饭圈语言表达，在一定程度上降低了信息报道的严肃性。二是"饭圈缩写体"。饭圈缩写采用的纯记音方式，转化复杂而曲折，增加了阅读难度。"缩写"除了交流之外，更重要的是在寻求群体认同，但是与之相伴随的却是语言鸿沟，强烈的排他性和代际网络差异造成了大规模的交流降级与表达降级。

（二）圈层黑话与语言暴力

除了简单粗暴的语言改造，饭圈还有一种语言现象——饭圈黑话，通常表现为明星"黑称"、侮辱性语言的谐音以及形容娱乐圈炒作的特定词汇等，是网民根据个人的身份属性，站在自己的观点立场上，对他人的思想、道德进行审判。陈宇丽（2020）研究发现，粉丝群体在大量饭圈用语的使用中夹杂着攻击性强、带有嘲讽意味和辱骂性质的词汇，以及种种隐喻身体器官的词汇。饭圈用语的不当使用会对语言生态伦理造成极大破坏，弱化了语言的规范性，用语低俗化不利于青少年的价值观和道德观的形成。同时，群体理性的缺失导致语言暴力事件频发，饭圈黑话成为语言暴力的武器，这不仅会侵犯当事人的权益，给网络带来戾气，还会使外界给粉丝群体打上标签，造成刻板印象和偏见。

网络直播间也充斥着各种不文明用语，语言暴力时有发生。董文燕（2020）研究发现，男性主播多使用粗话、脏话等语言暴力词汇，女性主播则稍显含蓄，多使用歧视、嘲笑类的语言暴力话语。作者指出，这不仅破坏了直播间的语言生态，不利于社会文明用语的推广，还营造了消极的文化氛围，对观众的身心健康造成了伤害，一定程度上直接或间接地影响着观众在网络虚拟社交环境中的话语表达，进而影响观众在现实生活中的语言行为。

（三）"标题党"现象

崔瑜（2020）指出，在微信公众号泛滥的当下，为了吸引读者眼球，出现了大量文不对题、断章取义、哗众取宠的"标题党"，这些新闻标题忽视了作为新闻应该具有的真实性、客观性，而一味地求新求异。高萌潇（2020）指出，"标题党"现象不只存在于微信公众号，也存在于主流的聚合类新闻APP中。作者认为，"标题党"现象是在监管不严、机器算法不够先进、从业人员良莠不齐的背景下，为了最大可能迎合受众非正当的需要，最大限度追逐利益而出现的偏离新闻初衷的一种现象，损害了媒体在受众心中的形象及公信力，冲击了受众的价值观，背弃了新闻的真实性原则，对受众产生的不良影响不容小觑。

四　新媒体语言治理

面对新媒体语言的各类失范现象，2020年相关研究从监测、监管、法治、引导、宣传等角度提出了治理对策。

（一）加强监督监测

庞晓光、刘阳（2020）提出，国家应加强网络监测技术应用研究，完善网络信息过滤系统，加大对网络语言的监测力度。张一（2020）建议分类采集互联网"微空间"的各类话语类型，通过网络语言监测数据库分析发布频率、语言风格以及内容是否符合主流意识形态，主动研判和掌握大学生在"微空间"场域里的舆论信息和动态。高萌潇（2020）提出，要引导新媒体发展方向，建立全员监督举报机制，引入多方力量，让读者能够参与监督和举报，共同净化网络空间。

（二）完善法律法规

李骄阳、燕新华（2020）指出，现行的网络信息法律法规仍无法满足当前规范网络信息传播的需要，部分网络丑恶事件、侵犯隐私事件等依旧未能得到有效管理与控制，不理性的表达行为仍屡见不鲜；同时，网络传播具有虚拟性和隐匿性的特征，大大增加了网站监督管理的难度，依靠现有技术，有时很难实现网络言论监督管理的目的。这就要求我国法律必须紧跟时代的步伐，为新形势下网络生态空间治理提供法律规范和制度保障。张一（2020）认为，立法机关要加强网络立法，有针对性地制定网络法律细则，对在网络上发布的内容及对违法行为的处罚给予明确的规定，对现有的互联网准则条例以及法律法规的使用做出清晰的界定，使管理制度科学化并具有持续性。高萌潇（2020）建议相关部门制定严格意义上的新闻法，出台针对"标题党"问题的管理规定，并针对自媒体发展过程中不断出现的新问题，对法律法规和管理规范及时进行调整，让监管活动有法可依。毕彦华、李改婷（2020）建议制定网络平台管理相关法律法规，规范网络语言的使用，从根源上制止低俗语言的传播。

（三）强化平台管理

高萌潇（2020）提出，在"标题党"治理方面，微信公众平台要有所作为，在把关和监管方面进行创新。除了将精进算法与人机推荐相结合，提高准入门槛，从源头上减少标题党新闻的发布外，还要严格执行公众号运营规范及服务协议，对标题党文章予以减少推荐量、禁止转载或删文等处罚，对多次违规的账号进行永久封禁。此外，还可邀请有经验且专业的媒体人作为新闻把关人，以最大限度地做到过滤和清除"标题党"。同时，也要对优质标题、文章及账号进行奖励，鼓励从业者转变新闻创作方向。李骄阳、燕新华（2020）指出，自媒体平台要健全自身的运营机制与管理制度，采取有效措施进行网络信息监管工作。屏蔽机制虽然不能减少不良信息的出现，但可使其无法得到传播，消除其影响力。除常见的关键词屏蔽、网络爬虫检索外，可充分利用大数据和人工智能技术，进行自然语言处理、社会网络分析和数据挖掘，智能识别语句含义和图片内容，发现并屏蔽清除不良信息，克服以往依靠人工建立的屏蔽数据库效率低、不全面的问题，增加屏蔽工作的准确性，扩大其覆盖面。此外，平台还应加强对具有较强网络影响力的用户的监控与关注，打击网络"水军"势力，对于发布不良信息的用户采取增强审核力度、限制其发布信息甚至注销其账号等措施，以管控网上不良信息的传播渠道及散播人员。

（四）加强正面宣传引导

李骄阳、燕新华（2020）指出，在舆论宣传中，应引导大学生树立关于网络语言的正确认知，强化正面信息发布；采用大学生喜闻乐见的具象化、生动化宣传引导方式，紧紧贴合大学生的日常生活。李超然（2020）认为，要培养大学生辨别是非的能力，引导大学生正确使用微博语言；增强大学生的理性思维，理性地认识微博语言；培养大学生的思考能力，使其在享受微博便利的同时肩负起自己的责任，传播正能量，对自己的行为和语言负责，正确使用微博语言。

（五）提升从业者素养

高萌潇（2020）认为，在对"标题党"进行整治的过程中，要充分发挥人的作用，调动人的主观能动性，用人性化的方式进行软处理。一方面，要通过培训提升自媒体从业者的审美和道德取向，坚定其社会主义价值观，让其准确识别虚假新闻背后的真相，增强明辨是非的能力，同时自觉抵制"标题党"新闻对自身价值观和精神世界的冲击及腐蚀。从好标题的创作入手，进行深入的学习和实践。在标题语言方面，不追求浮夸、华丽、夸张，也不过分渲染情感、谄媚低俗，更不要进行道德绑架、弄虚作假。另一方面，坚持向受众推送优质新闻内容，让其主动调整自身的阅读喜好，摒弃色情低俗暴力、利益导向的低级趣味，净化内心，培养高尚情趣，逐步转变公众号的阅读需求。

结　语

近年来，我国新媒体语言和治理的研究取得积极进展，但也存在明显问题。首先，同质性、低效的研究较多，对新媒体语言特征和失范现象的重复性描写研究占比较大，而对其成因、传播特征和治理对策等研究不够深入；其次，以小样本和个案研究为主，大规模的实证研究不多见，缺少新媒体语言整体状况的研究调查；第三，相关研究成果和发文期刊主要集中在新闻传播学领域，语言学领域的研究成果并不突出。新媒体语言是网络语言的重要组成部分，也是新时代社会语言生态的重要组成部分，对新媒体语言的研究，语言学界不应缺席。加强互联网内容建设，清理净化网络空间，离不开新媒体语言治理与规范，因此，建立网络综合治理体系，营造清朗的网络空间，需要深入开展新媒体语言的调查、监测和治理等相关研究。

【本年度研究文献】

[1] 毕彦华，李改婷. 新媒体语境下大学生网络用语研究 [J]. 现代交际，2020（16）：111—112.

[2] 陈宇丽. 新浪微博视域下饭圈用语失范现象探究 [J]. 西部广播电视，2020，41（20）：16—18.

[3] 程爱侠. 微信公众号新闻标题的语言分析——以"央视新闻"为例 [J]. 视听，2020（10）：151—152.

[4] 崔瑜.《人民日报》微信公众号的新闻标题语言特点研究 [J]. 视听，2020（06）：143—145.

[5] 董文燕. 东北地区网络主播语言表征及其成因分析 [J]. 延安职业技术学院学报，2020，34（02）：19—22.

[6] 高萌潇. 微信公众号新闻"标题党"现象及治理对策 [J]. 新媒体研究，2020，6（08）：77—78.

[7] 焦扬. 抖音短视频的视听语言特点及文本表达 [J]. 新媒体研究，2020，6（18）：96—98.

[8] 李超然. 微博语言及其对大学生语言运用的影响研究 [J]. 吉林工程技术师范学院学报，2020，36（05）：66—68.

[9] 李骄阳，燕新华. 自媒体时代大学生网络语言环境的净化与引导 [J]. 声屏世界，2020（07）：104—106.

[10] 梁娜. 新媒体时代舆情反转现象的多模态话语分析 [J]. 中北大学学报（社会科学版），2020，36（05）：103—106+110.

[11] 刘昌华，馨玥. 短视频时代主流媒体的应急话语传播——基于人民日报抖音账号新冠肺炎疫情报道分析 [J]. 中国记者，2020（06）：24—28.

[12] 刘津亦，顾睿姁，荆文. 浅析微信公众号推文标题的语言特点与技巧 [J]. 视听，2020（09）：173—174.

[13] 穆黎一. 新媒体传播对政务形象塑造的策略探讨——以"@中国警方在线"微博为例 [J]. 新闻研究导刊，2020，11（02）：150—151.

[14] 庞晓光，刘阳. 政务微博影响力中的语言风格因素——以共青团中央微博为例 [J]. 濮阳职业技术学院学报，2020，33（04）：37—42.

[15] 宋立.融媒体时代有声语言传播的转型与演进[J].新闻爱好者,2020(01):85—87.

[16] 汪振,姚德薇.新媒体引导下的青年话语:呈现、表达及促因[J].当代青年研究,2020(01):37—42.

[17] 王家浩.时政短视频塑造国家形象的多模态话语分析——以《主播说联播》为例[J].艺海,2020(07):74—75.

[18] 王蜜.高校类微信公众号标题编辑与文章阅读量的探析[J].戏剧之家,2020(11):207—208.

[19] 王田田,刘丽."短视频+"背景下新闻媒体传播特征研究——以央视新闻抖音短视频为例[J].声屏世界,2020(15):7—8.

[20] 谢菁.新闻评论类短视频栏目主持人的语言传播特点分析——以《主播说联播》为例[J].新媒体研究,2020,6(10):42—44+52.

[21] 辛斌,李文艳.多模态广告语篇的体裁分析——以一则微信聊天式房地产广告为例[J].北京第二外国语学院学报,2020,42(04):13—23.

[22] 张一."互联网+"时代提升高校意识形态话语权的"微路径"[J].南宁师范大学学报(哲学社会科学版),2020,41(01):46—51.

国家话语能力建设

国家话语能力是政府为维护国家战略利益所需的语言表达能力,是各种国家话语主体建构和理解国家话语、扮演国家话语角色的能力。① 国家话语能力建设既是一个重要的话语实践问题,也是一个重要的学术命题。作为一个具有交叉学科性质的研究领域,在以往的研究中受到包括政治学、传播学、语言学等多领域的关注,其研究内容涉及国家话语在国家形象传播中的修辞功能、国家形象传播过程中的话语作用、中国话语体系的对外翻译等。在新冠肺炎疫情蔓延、中美博弈加剧背景下,2020年的相关研究聚焦三个热点话题:应急话语能力建设、对外话语能力建设、国际话语权构建能力建设。

一 应急话语能力建设

2020年,新冠肺炎疫情突如其来,成为新中国成立以来"传播速度最快、感染范围最广、防控难度最大"的重大突发公共卫生事件。在危机情境中,公众在获取疫情信息、心理情绪宣泄、行为反思参与等方面都会有较大的诉求,疫情中的话语传播需要考虑如何通过有效的话语避免恐慌、唤醒警觉、平衡情绪,如何在话语中将政府的信心和信息的可靠性传播出去,以及如何减少公众的焦虑等问题。为此,2020年学界就公共危机管理中的舆情应对话语建构、卫生专家专业引导中的话语构建、流言传言研究治理等问题进行了深入探讨。

(一)舆情应对话语建构

张薇(2020)研究发现,疫情期间,大多数媒体在舆情应对方面采取了较为有效的话语策略,然而,仍有部分媒体存在话语表述问题。部分话语欠缺精准性,如"可防可控",激活的架构②仅为"可控",而对何种情况下可防可控、

---

① 参见:文秋芳(2017),陈汝东(2011)。
② 架构是一个解释性的支架,说话者和听话者都会依赖这个支架去生产和解释交际意义。

有多大的概率可防可控等，并未进行精准说明，可能导致受众放松警惕和防范；部分话语欠缺恰当性，如某些媒体在报道中使用了容易引起消极情感的架构，不易赢得受众支持。借鉴《人民日报》、新华社、央视新闻三大央媒的舆情应对话语，可以提炼出政务新媒体舆情应对的三个话语对策：一是疫情前期针对非精准性问题，设置架构，塑造政府公信；二是疫情中期针对非恰当性问题，选择架构，引导受众科学思维，释放正能量；三是疫情后期提高话语系统性，整合架构，凝聚全媒合力。

（二）专家话语的重要性及其建构

专家话语的重要性。朱慧玲（2020）指出，在公共危机中，公众都渴望那些真正掌握专业知识与专业技能、具备专业精神的专家，及时发布真正权威可靠的信息；可靠的专家知识和专家意见不但可以稳定人心、帮助人们更好地应对新冠肺炎疫情，并且可以有效地引导公众做好防护和配合抗击新冠肺炎疫情工作，避免产生慌乱，形成良性的"专家效应"。蒋晓丽、叶茂（2020）认为，面对新冠肺炎疫情，新闻媒体在进行信息传递和社会心理沟通的过程中，需要借助专家这一群体的知识和话语生产来介入，流行病学、呼吸病学、药品与免疫制剂等领域的专家，面对公众发声，可提升公众的健康和安全意识。作者研究发现，传统主流媒体如《人民日报》的"权威解读"、中央电视台的《新闻1+1》以及新媒体《澎湃》的《科技湃》等栏目，都在通过对权威专家的访谈来发布权威信息，说明通过专家话语的呈现来获得互联网空间的舆论话语权是一种较好的渠道，新闻媒体可以此为切入点，经由议程设置和舆论影响来间接影响社会价值判断，通过分享认知和价值观共筑"共识性过程"，从而减轻突发公共卫生事件所引发的风险，缓解各种危机。

专家话语建构。蒋晓丽、叶茂（2020）认为，科学话语是一套以理性精神为核心的话语体系，通过精确、客观、稳定的话语修辞来表达科学规范下对外部世界的认知，再现科学事实。因此，当知识阐释社群所共用的话语进入到新闻生产的话语语境时，必须要考虑重新语境化的问题，也就是要注意"怎么说"的问题；其次，研究和判断疫情趋势和给予社会预警的专家话语公共表达则需要"接合"到不同平台的媒体话语表达中，也就是要考虑在什么情况下"说什么"的问题。作者给出的具体建议包括：通过概念修辞框架建构防疫的公共日常，通过隐喻修辞框架实现喻体资源的有限借用，通过故事修辞框架追求可述性的平衡，通过描述修辞框架坚守科学理性的表达。李战子（2020）指出，话语构建者要有通过情感态度强弱度控制实现情感平衡需要的意识，可通过提高或减弱语势、模糊或清晰焦点等来平衡情感态度，实现话语提醒、警示、安抚等功效。作者同时指出，在新冠肺炎疫情这样特殊的公共危机中，除了疫情防控，还需要更多与疫后疗愈相关的专家话语以及关于疫情认知与个人防护的科普性专家话语。

（三）流言传言研究治理

疫情暴发初期，由于信息不对称，社会上出现了一些不实信息或未经权威确认的信息。这些信息给疫情防控、危机应对带来很大压力，需要高度重视，有效处理，更需要做出合理反馈，这是检验国家话语是否高效有力的重要指标。

曹劲松、曹鲁娜（2020）认为，由于突发公共卫生事件本身存在一些未知因素，如新冠病毒是此前从未出现过的病毒，对医学专家来说也是未知的，尚处在一个研究的过程中，人们对相关信息的真实性难以辨别，就会使得各种传言频频出现。传言的产生契合人们的信息需要，也是社会关注度集中的表现，有时也包含了提醒公众的责任担当，因而在传播治理中需要审慎加以对待。应坚持真实性、主动性、交互性、解释性原则，形成吐露真言、回应传言、批驳谣言、引导戏言和消解怨言的调和与协同机制。

徐锦江（2020）认为，流言"是一个与信息模糊的重大社会事件有关，其确定性未经证实而又被广泛传播的特殊消息"，与谣言等近义词相比，比较中性，注重传播过程和传播形态研究，比较适合作为学术研究的对象，谣言则包含在流言大范畴之内。对流言形而下的认定和形而上的认识是两回事，不能因为它具有形而上的社会、政治、文化的积极价值，就否定它在现实生活中造成的危害；反之也不应该用形而下的虚假有害，来否定其形而上的积极意义。流言可以是社会的"潜望镜"，公众舆论的"侦察兵"，危机的"红绿灯"。应通过建立科学的预警、防范和控制系统，大致将流言尤其是谣言控制在一定社会良性阈值之内，起到"兴观群怨"的采风作用。应借鉴国内外相关成果和做法，加强关于"流言"的研究，使之成为国家应急话语管理体系中的一个重要组成部分。

二 对外话语能力建设

"国家对外话语"是国家话语的主要构成，是一个国家以维护国家利益、塑造国家形象为目的，在对外交往中发布国家信息、阐述治国理念、处理国际事务、参与全球治理的言语符号形态和跨语际传播行为，亦是国际话语权的重要衡量指标和国家软实力的核心组成部分；面对社交媒体对以"国家"为主体的传播行为的强力介入，国家话语能力的建构不只是日常人际交流、交往的社会环境的适应性问题，还蕴含着文化政治逻辑的权力交换，通过有效话语沟通，建立积极的个人形象、机构形象以及国家形象，是国家话语能力的实践旨归；中国形象长期以来未能摆脱被妖魔化、被误读的困境，如何重构中国形象传播，如何在西方强势话语中突破当下的困境，是国家话语能力建设需要进一步考量的问题。① 近年来，学界在对外话语的构建、翻译、传播等方面开展大量研究，取得积极成效。2020 年的相关研究在极其特殊的时代背景和国际环境下，尤显现实价值。

（一）对外话语建构

对外话语建构存在的问题。梅朝阳、孙元涛（2020）的研究发现，我国官方对外新闻媒体中不同新闻媒介种群、种群内媒介个体间实现了合作共存，丰富了人类命运共同体话语的国际传播图景，同时也存在一些问题：不论是内容还是形式，趋同现象都比较明显，体现出新闻框架设定程式化、内容同质化、文化要素内卷的总体特征。全燕（2020）认为，我国对外传播话语存在说服性修辞的逻辑简化、跨文化的他者意识缺失以及"单声语篇"的自我重复等问题。陈先红、宋发枝（2020）认为，在欧洲的"帝国-民族国家"理论框架下，"中国"与"中国故事"并不是一个内涵明晰的语义域，"讲好中国故事"不仅涉及"多元脉络"的中国观，更涉及"中国故事"的叙事观和对外传播的战略观。如何在跨文化语境中去解读这些概念，是一个非常重要的命题；当前我国面临着"中国故事很精彩，中国话语很贫乏"的尴尬现实，面对西方国家强大的话语霸权欺凌，我国尚未形成一套系统完整的话语体系；如何根据目标受众差异，构建不同叙事的中国话语体系，尚需要实质性、一贯性、系统性的"中国话语"研究作为支撑。

针对存在问题的对策与方略。陈先红、宋发枝（2020）指出，在讲述"中国故事"时应该以传统中国、现代中国和全球中国合一的"中国观"为前提，"讲

---

① 参见：吴赟、顾忆青（2019），丁云亮（2019），樊小玲（2019）。

好中国故事"就是要讲好全球化时代中华古老文明复兴、转型和创新的故事，以其为新时代中国的形象定位和核心叙事，针对不同的国际受众和话语空间，制定提升中国国家话权和文化软实力的故事化传播战略。针对国际民间话语空间，构建文化伦理共同体的文明中国话语体系；针对国际官方话语空间，构建政治文明共同体的现代中国话语体系；针对国际公共治理话语空间，构建人类命运共同体的全球中国话语体系。梅朝阳、孙元涛（2020）认为，中国对外新闻媒介系统需及时调整和划分不同的功能，避免竞争置换和竞争排斥，进一步提升其国际传播能力。全燕（2020）认为，国家对外传播话语需要改进并超越独白式的国家叙事方式，重视国家叙事的修辞伦理，在对话中寻找新的"中国故事"增长点；并在此基础上，应以倡导"复调的共识"作为对外传播话语重建的目标，弘扬对话精神，鼓励参与式传播，建设包容差异的对话性共识。陈洁（2020）建议，从政府目标函数最大化出发建立外交话语博弈模型，讨论国家立场、民众偏好与外交话语之间的关系，这一方法有利于对中国形象传播过程中"国家话语"的效能进行预判。

（二）国家话语外译

胡安江（2020）认为中国特色对外话语体系的译介与传播，存在"四个不足""四种缺失""四大困境"等结构性问题，因此学界需要充分树立"和而不同"的认识论理念和"话语历史研究法"的方法论意识，充分利用民间话语事件的影响力，充分借鉴"故事性"的国际主流媒体叙事方式，充分强化译介与传播的受众思维、协商化思维和互联网思维，充分排查各种机制壁垒，充分重视高端翻译人才的培养，才能精准开展中国特色对外话语体系的译介与传播工作，稳步提升其对外译介与中国形象传播效能。具体来说需要：在考虑话语受众时，要充分尊重他们的"不同"，适时调整我们自己的译介与传播策略；在强调"原汁原味"和"中国元素"时，要尽可能多地对语境因素进行分析，特别是对文本、互文关系、社会变量和与社会政治和历史语境相关的制度框架等进行再语境化；在话语事件的选择、译介与传播上，应充分研究话语受众的习惯和特点，增加普通受众广泛关注的民间话语议题，用更多能触发价值认同、情感共鸣、共同兴趣、好奇心态、互动参与欲望以及与受众利益关联度、工作生活关联度高的内容进行译介与传播；在当下中国特色对外话语体系的译介与传播过程中，要充分了解目标受众的接受习惯和话语期待，充分利用互联网优势，巧妙运用恰当的话语策略，精心开发目标受众的信息资源，增强受众黏度，满足他们参与、体验等多样化需求。

邓海丽（2020）以"人类命运共同体"的英译及传播为例，对中国时政话语的翻译提出建议：第一，翻译时政话语时要尽可能以恰当贴切的译文传播中国价值、中国思想，并保持译文的一致性，尽量避免任何因译文不一致而引起外媒和受众的误解误读，甚至被恶意歪曲；第二，应该建立中国时政话语翻译和受众数据库，权威外宣机构统一时政话语中关键词、核心概念的翻译，并即时公布相应的官方译文；第三，要注重译文受众的普及和接受，要符合译语读者的语言表达习惯。

耿强（2020）指出，有学者认为中国的翻译存在中国中心倾向，进入以西方翻译话语为主流的学术舞台，反会强化早已存在的针对中国翻译话语的偏见，西方会自觉地将之限制在地区翻译话语的位置上，这一点对于特别强调中国翻译话语须基于中国传统和中国事实的思想有提醒的作用。中国的翻译研究因中国问题而起、而发，如果同时能扩大使用翻译事实的范围，我们的译论将会增加对外沟通的接触点和可能性。

（三）西方话语挑战应对

2020年，新冠肺炎疫情全球蔓延，西方某些政客和媒体对疫情污名化、将防控不力的责任"甩锅"中国，我国面临的西方话语挑战空前严峻。曾向红、李琳琳（2020）的研究表明，疫情在中国暴发之初，西方媒体对"新冠肺炎和中国"这一想象性关联的话语架构便开始显现，随着中国疫情形势愈加严峻，疾病被塑造为与"中国"和"中国人"相关的象征。侯耀文（2020）指出，西方一些媒体抛出了"中国经济崩溃论""中国制度缺陷论""中国负责论""中国阴谋论""WHO偏袒中国论"等对我国不利的言论，致使中国抗疫的真相被造谣、被肢解、被曲解、被掩盖。

应对西方话语挑战的外交策略。李战子（2020）认为，疫情期间中国向世界提供公共卫生安全产品，如国务院新闻办公室发表的《抗击新冠肺炎疫情的中国行动》白皮书，记录了中国抗击疫情的艰辛历程，与世界分享了中国疫情防控和医疗救治的有效做法，并向世界传递团结合作、战胜疫情的信心和力量，是一种应对西方话语挑战的良好方式。同时，在应对西方话语挑战时，中国发展"推特外交"，主动发声，对舆论和外交话语包含的文化定型因素或刻板印象予以了有力反击。后疫情期间的外交话语仍应力求避免歧视和偏见，促使国际社会在这场全球战疫中站在人类命运共同体的角度加强协调合作和共同担当。

应对西方话语挑战的叙事模式。汪圣钧、王义桅（2020）的研究表明，在疫情初期，面对西方的话语挑战，中国并未能组织话语进行有效回应，在中国疫情逐渐迎来拐点、欧美疫情大规模暴发后，中国开始组织起有力的反向叙事。首先，突破了往日局限于新闻发言人正面说理的单一模式，针对涉华阴谋论，中国有理有据地将同一话题引回其源头；其次，针对虚假信息，中国强化信息披露，不仅以事实反驳海外涉华诽谤言论，也立足公开信息资料反击西方媒体扭曲的内部叙事框架；第三，中国的自我表达在展现了自信的同时，也展现了西方他者叙事的脆弱性——无法在"价值观优越性"的传统框架下解释中国抗疫比西方更成功的"例外"状况。作者指出，解决"西方化叙事"危机的根本之道是超越自身而走向"人类命运叙事"，在"命运互通"的框架下，以"人类命运叙事"为目的进行叙事：自我叙事基于沟通、协商与互鉴而形成人类发展历程，不宣传由小集团所规划的普适道路；他者叙事可超越"敌我"二元对立，以"无外"的整体思维包容差异；全球叙事则可立足于人与世界的关系命题，聚焦全球公共问题的解决之道，不局限于护持或挑战以利益分配规则为核心的国际秩序。如果我们的国家话语叙事模式将"人类命运叙事"作为高标准的全球政治话语与言语过程，超越你输我赢的零和博弈和地缘政治，我们就不会落入"叙事战争陷阱"，这为今后国家话语在国际上的发声方式带来了很大的启发。

三 国际话语权构建能力建设

国际话语权指一个国家在世界上说话的权利及其产生的效力和影响力，是国家在国际社会中以表达诉求、引导舆论、塑造规范为目的，将蕴含特定文化和价值理念的话语融入国际公共话语体系的能力体现。[①]我国总体上还处于争取基本话语权的阶段。[②]2020年的相关研究探讨了国际话语权构建的理论与方略，同时就南海问题、经济活动等领域的话语权构建问题展开了具体讨论。

---

① 参见：孙吉胜（2019），岳圣淞（2020）。
② 参见：李宇明（2012）。

（一）国际话语权构建的理论与方略

全球治理视域下中国国际规则话语权构建。郭莉（2020）指出，提高国际规则话语权是深度参与全球治理和推动构建人类命运共同体的重要途径。提高国际规则话语权，需要提高国际规则话语主体意识、话语利益意识和话语交互意识。具体来说，需要提高话语身份的自我定位及话语意愿实现的能力，需要坚持特殊利益与共同利益规则，需要处理好与发达资本主义国家、广大发展中国家两类主体的话语交互。

跨文化传播视角下中国国际话语权构建。梁凯音（2020）认为，对外传播实践中话语施行者的确立、话语内容的设置、话语对象的选择、话语平台的构建和话语反馈的反应等问题直接影响着对外传播中的中国国际话语权的建构。因此中国应注意：在主体上，要加大力度培育广泛的民间话语主体，发挥民间的作用，将国际话语权的施行主体扩展到民间团体、兴趣组织、社会名人等非官方性质的行为体，开展各种形式的公共外交；在内容上，需关注国际时局的现状和发展趋势，提出符合话语对象需求或话语对象关心的议题，用话语对象和国际社会可理解的语言和方式来行使话语权；在话语平台上，除了关注主流媒体和网络，还要关注国际会议、对外交流合作和援助计划、国际的正式和非正式官方互访活动、民意机构等不同的可以表达话语权的平台。

场域视角下中国国际话语权构建。岳圣淞（2020）认为，现有国际话语场域中存在着严重的西方霸权，导致中国的话语权结构性压力上升，面临瓶颈。中国可考虑开辟新的话语场域，通过重构场域规则和关系网络掌握主动权，充分释放中国话语的权力效能。"亚洲文明对话"是场域创设的积极尝试，表现为：以伙伴关系和命运共同体理念取代等级制的关系架构，营造平等有利的舆论和制度语境，为中国话语提供合法性和道义支撑；以文明互鉴取代文明冲突的场域规则，提升议题引领和惯习塑造能力，发挥中国独特的文化资本优势，促进形成对中国话语的准确阐释与解读，从而实现中国国际话语权的实质提升。

"再情景化"视角下中国国际话语权构建。徐振伟（2020）从再情景化的视角，从语言语义的角度对话语权构建提出建议：减少政治"硬传播"，利用普适的文化因素与共同的利益推动话语体系的再情景化，寻求国际合作；增强新媒体和非官方的发声力度，获取公民传播的力量；坚持多元文化的并存与共同发展的方向；将"再情景化"落实到现实行动中，把话语转化为现实效能。

（二）南海问题话语权构建

张志洲（2020）指出，南海问题上的每一个争议与每一步谈判，其外在表现都是话语博弈，而话语博弈的实质则是话语权竞争，最终的结果也必将是话语权格局的反映。对于中国而言，在反映利益诉求和应对现实挑战中构建起系统的"中国南海话语"，赢得南海问题国际话语权，对于全面提升中国国际话语权具有一种示范性意义。南海问题"主体多且结构关系复杂"，如何以话语博弈和话语权竞争为核心看待南海博弈的总体态势以及中国面临的困难与化解之策？作者提出：首先，未雨绸缪，改变在南海权益维护中的被动状态；其次，最主要的矛盾在中美之间，中美博弈状况如何将决定南海多方复杂博弈的基本局势；第三，中国在关于南海权益的历史依据、法理依据、地理区位、既有岛礁建设以及与周边国家的权力结构落差等方面都有明显优势，彼此经济贸易关系深化与相互依赖，保持这一优势，发挥话语权主导作用将有利于这一问题的解决；第四，国际话语权的一大核心性内容是国际规则话语权，而国际规则话语权一是可以通过对国际制度的掌握获得，二是可以通过话语博弈赢得合法性而获得。

叶淑兰（2020）提出三点建议。第一，由于中国南海话语权的构建涉及我国多元多层次主体的参与，因此需要加强对多元、多层次话语主体间的协调；需要与时俱进，在动态变化中积极调整、创新南海话语的表达。第二，南海话语权建构需要平衡软硬权力的逻辑关系，中国需要在提升硬权力的基础上，有效建构南海历史性主权话语与法理话语，把软硬权力的建设有机结合起来。第三，南海话语权的建构需要符合话语被听闻、被认同与被实践的基本逻辑，所以需要具备核心理念，具有理论支撑，具有逻辑性，需翻译得当，需提高议题设置能力。

（三）经济议程话语权构建

全球金融治理议程设置与中国国际话语权提升。张发林（2020）认为，国际议程设置的实力和技巧是中国深度融入国际体系的必要能力，是国际话语权的重要来源和内容，是培育中国其他国际权力的重要手段。因此，我国需要：第一，培育和运用特定的策略和手段推动国家实力向国际权力转化，如国际议程设置只是这些策略和手段中重要的一种；第二，推动全球金融治理领域国际议程设置能力向其他领域的转化，如从全球金融治理领域向主权力结构问题领域（安全、生产、金融和知识）和次权力结构问题领域（运输、贸易、能源和福利）转化；第三，培育和提升中国不同类型国际权力的路径，如硬实力与软实力，结构性权力与关系性权力，强制性、制度性、结构性和生产性国际权力等不同类型的国际权力的属性和特征不尽相同，需要更具体和充分的研究；第四，夯实"中国方案"的理论基础，"中国方案"是全球金融治理国际议程设置的关键。在选定适当的国际问题后，国际议程设置的关键步骤是制定解决方案。易于进入国际议程的方案应具有现实关怀性、公共产品属性、可操作性和中立性，构建经济国际话语权需要强调全球利益和国际道义。

国际数字贸易领域中国话语权提升。刘文祥（2020）强调：第一，需构建学术话语，对数字贸易相关概念进行科学明确界定。具体而言，可尝试在国内官方文本中实现对数字贸易的开放性界定，表达中国在国际数字贸易规则领域的立场，对数字贸易概念进行深入界定，明确既有规则对数字贸易的适用性，最终形成具有中国特征的数字贸易定义。第二，反映中国利益诉求，进一步明确国际数字贸易中的中国规则。一方面，应根据现有框架体系进行查缺补漏，完善现有规则，尤其要参考其他模板中的先进内容，从而打造具有科学性的中国模板；另一方面，避免制定掣肘网络安全、网络主权的条款，切实考虑其他发展中国家的利益。重点突出"数字机遇"，而不是"数字鸿沟"。第三，作为国际话语权的主体国家，中国应提出符合国家身份的国际话语，注重在和其他国家谈判过程中国际数字贸易规则的稳定性，在各区域贸易协定中保持基本立场，避免频繁改动而影响中国话语权，提高中国主体话语的主导性和一致性。

结　语

作为国家语言能力的重要方面，国家话语能力研究意义重大、现实急需而又学科交叉、内容繁丰。本专题基于2020年的特殊时代背景和国际环境，主要介绍了学界在应急话语能力建设、对外话语能力建设和国际话语权构建能力建设三个热点话题上的研究情况，这些研究在学术层面为提升国家话语能力提供了有力支持，也值得进一步深入。除此之外，2020年也有研究讨论了国家话语能力的基础理论建设问题，以及复工复产话语建构、不同公共空间话语与中国形象、学术话语国际传播等具体话题。① 国家话语能力的学术空间十分广阔，未来值得进一步研究和探索。

【本年度研究文献】

[1] 曹劲松，曹鲁娜.突发公共卫生事件下的信息沟通与传播治理[J].南京社会科学，2020（04）：98—105.

[2] 陈洁.国家立场、民众偏好与外交话语的经济分析[J].广东财经大学学报，2020，35（01）：80—86.

[3] 陈先红，宋发枝."讲好中国故事"：国家立场、话语策略与传播战略[J].现代传播（中国传媒大学学报），2020，42（01）：40—46+52.

[4] 邓海丽.中国时政话语的翻译策略——以"人类命运共同体"的英译及其传播为例[J].理论月刊，2020（08）：21—30.

[5] 杜敏.社科期刊与中国学术话语的国际化传播[J].中国编辑，2020（Z1）：76—79.

[6] 樊小玲.想象到知识：公共空间话语进路与知识图谱中的"中国"[J].社会科学，2020（07）：148—159.

[7] 郭莉.全球治理视域下中国国际规则话语权意识的提升[J].马克思主义与现实，2020（02）：59—64.

[8] 耿强.中国翻译理论话语：内涵与意义[J].上海翻译，2020（03）：7—11+95.

[9] 贾文山，刘长宇.从中国国际话语体系建设的三个维度建构"全球中国"话语体系[J].西安交通大学学报（社会科学版），2020，40（05）：134—143.

[10] 蒋晓丽，叶茂.从介入到共生：新冠疫情媒体报道中专家话语的表达修辞[J].新闻界，2020（05）：28—35.

[11] 侯耀文."后真相"语境下中国抗疫的话语维护[J].中国矿业大学学报（社会科学版），2020，22（02）：31—40.

[12] 胡安江.中国特色对外话语体系的译介与传播研究[J].中国翻译，2020，41（02）：44—51+188.

---

① 参见：贾文山、刘长宇（2020），李战子（2020），樊小玲（2020），杜敏（2020）等。

［13］胡范铸，徐锦江，刘宏森，陆新和.流言？谣言？谎言？——从莎草纸到互联网，语言如何改变我们［J］.青年学报，2020（02）：80—88.

［14］李战子.后疫情时代的功能语言学话语分析［J］.外语研究，2020，37（05）：1—6+112.

［15］梁凯音，刘立华.跨文化传播视角下中国国际话语权的建构［J］.社会科学，2020（07）：136—147.

［16］刘文祥，胡珉彰.加快提升国际数字贸易中国话语权［J］.人民论坛·学术前沿，2020（11）：124—127.

［17］梅朝阳，孙元涛.中国话语"人类命运共同体"国际传播的媒介生态思考［J］.浙江社会科学，2020（09）：78—87+159.

［18］全燕.从独白到复调：超越国家叙事的对外传播话语想象［J］.社会科学，2020（07）：160—167.

［19］汪圣钧，王义桅.从疫情下欧美涉华舆论动员的异同看"西方化叙事"的危机［J］.德国研究，2020，35（03）：4—22+160.

［20］徐振伟."一带一路"框架下中国话语权的建构——基于"再情景化"视角的分析［J］.教学与研究，2020（03）：54—64.

［21］叶淑兰.中国南海话语权建构的三重逻辑［J］.探索与争鸣，2020（07）：135—141+160.

［22］岳圣淞.场域视角下的国际话语权：理论、现实与中国实践［J］.当代亚太，2020（04）：124—155+159—160.

［23］张发林.全球金融治理议程设置与中国国际话语权［J］.世界经济与政治，2020（06）：106—131+159.

［24］张薇.突发公共卫生事件与政务新媒体舆情应对话语研究——以新冠肺炎疫情事件为例［J］.江海学刊，2020（02）：12—17.

［25］张志洲.南海问题上的话语博弈与中国国际话语权［J］.探索与争鸣，2020（07）：126—134+160.

［26］曾向红，李琳琳.新冠疫情跨国扩散背景下的西方对华污名化［J］.国际论坛，2020，22（05）：117—135+159—160.

［27］朱慧玲.专家知识及其政治伦理限度——从新冠肺炎疫情中的专家效应谈起［J］.学习与探索，2020（09）：9—15.

【以往参考文献】

[1] 陈汝东. 论国家话语能力［J］. 北京大学学报（哲学社会科学版），2011，48（05）：66—73.

[2] 丁云亮. 社交媒体时代国家话语能力的建构逻辑［J］. 安徽师范大学学报（人文社会科学版），2019，47（05）：109—116.

[3] 樊小玲. 汉语教科书话语实践的功能维度与中国形象的传播［J］. 现代传播（中国传媒大学学报），2019，41（10）：72—76.

[4] 李宇明. 当代中国语言生活中的问题［J］. 中国社会科学，2012（09）：150—156.

[5] 孙吉胜. 中国国际话语权的塑造与提升路径——以党的十八大以来的中国外交实践为例［J］. 世界经济与政治，2019（03）：19—43+156.

[6] 文秋芳. 国家话语能力的内涵——对国家语言能力的新认识［J］. 新疆师范大学学报（哲学社会科学版），2017，38（03）：66—72.

[7] 吴赟，顾忆青. 国家对外话语战略的内涵与规划［J］. 语言文字应用，2019（04）：44—53.

粤港澳大湾区语言建设

《粤港澳大湾区发展规划纲要》(以下简称《规划纲要》)发布以来,学界积极关注语言文字领域如何助力大湾区建设,调查大湾区语言生活状况、分析大湾区建设中面临的语言问题、探讨大湾区语言建设方略,取得积极成效。2019年有研究探讨了大湾区的语言生活特征、语言服务和语言产业规划、语言环境建设等问题,[①]2020年的相关研究进一步深入,语言生活调查涉及领域更多,语言问题分析更加深刻,语言建设方略构想更加系统,尤其是对香港、澳门的语言问题及对策进行了深入探讨。以下,从现状与需求、理念与原则、任务与方略三个方面梳理汇总2020年相关研究就大湾区语言建设提出的思考与建议。

一 现状与需求

与京津冀、长三角等国家重大区域发展战略相比,粤港澳大湾区建设面临的语言问题更加复杂,语言建设的需求更加迫切。从2020年的相关研究中可以看出大湾区语言生活的三大特点:语言政策多元,语言使用多样,语言需求迫切。

(一)语言政策多元

"一国两制"背景下,粤港澳大湾区"三税区三法律三货币",当然也是三种语言政策,呈现所谓"三文四语"(三文指中文、英文、葡萄牙文,四语指汉语普通话、汉语粤方言、英语、葡萄牙语)的格局。屈哨兵(2020)直面大湾区语言政策的复杂性和敏感性,提出了大湾区语言建设无法回避的几个重大问题。其一,从"一国"的角度看,国家和香港特区政府都对修例风波中污损国旗、国徽的行为进行了强烈谴责,那么国家通用语言应该与国旗、国徽、国歌等受到同样的重视吗?在进入大湾区时代后,国家通用语言下一步应该有一些什么

---

① 参见:《中国语言政策研究报告(2020)》"语言服务"专题。

样的走向呢？其二，如何在宪法和两个特区基本法框架下建设国家通用语言文字？珠三角九市基于国家通用语言文字推广使用所形成的基础十分牢固，国家认同深入人心。但是基于香港与澳门割让租借这段特别历史的存在，两个地区对回归之后的语言使用有着不同于内地的法律赋权，相关问题就十分复杂，除了英文和葡萄牙文，还有汉语粤方言的法律地位问题。其三，《规划纲要》出台后，为什么"三文"问题没有被凸显出来，是因为语言作为交际工具本身具有的嵌入性，而在潜意识里认为语言问题会随着相关问题的解决而自然得到解决，还是基于大湾区语言生态的复杂性和敏感性而有意识、策略性地回避？其四，从"两制"的角度看，在现有法律框架下，如何评估普通话、中文与英文、葡文的发展方向？如果说港澳基本法关于"三文"各自的法律地位有了原则性表述，那么在大湾区规划发展这个新的背景下，"三文"在基本法允许的框架内朝着哪个方向能发展得更好呢？如果在"使用中文"这个框架中再考虑到"国家推广普通话"这个因素，那大湾区下一步语言生活的发展会呈现出一种什么样的样态和趋势值得我们关注呢？

教育领域语言政策的多元与复杂尤其值得关注。（1）香港的情况。目前香港各级各类学校，根据科目需要，根据师生情况，采用英语、汉语粤方言、普通话作为教学语言的都有。[①] 关于中文教育，汪惠迪（2020）指出，普通话和中文是两门课程，中文科用粤方言（广东话）教中文，称为"粤教中/广教中"，而学校的教学用语、校园用语都是粤方言；汤志祥（2020）指出，教科书使用的书面语是标准中文，课堂授课语言则绝大部分仍是粤方言；李楚成、梁慧敏（2020）指出，"用普通话教授中文科"（普教中）被确定为长远目标，而普通话作为独立学科，小学阶段为必修科，中学阶段则为选修科。关于英文教育，李楚成、梁慧敏（2020）指出，从1998年开始，按教育局的要求，小学毕业生会根据学习成绩分流到以中文或英文授课的中学（分别被称为"中中"和"英中"），但该政策尚未推行即已被批评带有强烈的标签效应，令中文中学的学生被视为能力稍逊的一群；2009年，为减少社会上的负面标签，教育局允许以中文授课的学校在初中教学语言方面有更大的灵活性，推出双重语言分流的"微调中学教学语言"政策。（2）澳门的情况。刘文英（2020）和陈忠、林仲桂（2020）等指出，澳门的教学语言主要包括中文、英文和葡文三种语言，其中

---

① 参见：田小琳、陈茜（2019）。

中文又包括普通话和粤方言两种具体情况；中文教学以粤方言为教学语言为主，部分中小学已自主安排用普通话教授中文，"普教中"比率呈上升趋势。林达蓉（2020）指出，澳门高校的教学语言同样体现其自主、灵活、多样的特色，"四语"共存，不同大学、不同课程、不同教师各自选择适合的语言进行授课。

（二）语言使用多样

李宇明、王海兰（2020），王海兰、刘灵锋、揭晨（2020），王海兰、胡嘉仪、赵一忆（2020），王海兰、谭韵华等（2020）等关于大湾区重要机构官方网站、会展官方网站、企业客服电话以及广播电台的语言（文字）使用情况的系列实证研究，进一步验证了已有研究对大湾区多语言多文字、语言分布分层交织、区域间语言关系复杂等的情况分析。① 此外，关于香港和澳门语言使用情况的描述分析进一步显示了大湾区语言使用的多样性和复杂性。

李宇明、王海兰（2020）介绍，香港和澳门历次人口普查情况表明，近20年来，粤方言在香港和澳门日常用语中始终居于主导地位，近九成人的日常用语为粤方言；能够使用普通话的人数不断增长，但是将普通话作为日常用语的人口比例还比较小；这一地区，英语亦有一定比例的人口在使用；港澳地区不同语言存在使用领域的差异。

李楚成、梁慧敏（2020）概括了香港语言生活的几个特点：汉语粤方言很有活力，其普遍使用使之成为特区政府无标记的通用语；英语的地位更近于外语而非第二语言；书面中文受汉语粤方言和英语影响显著；习得以汉字为主体的中文读写能力甚为耗时；中英文在口语和书写上存在很大的差异。

汤志祥（2020）归纳了香港的中文使用在不同层面的不同特点：官方层面，官方文书基本上使用标准中文，口语则主要是粤方言；媒体层面，书面语主要使用标准中文和港式中文，甚至是与粤式中文并行，口语则主要是粤方言；社会层面，书面语或者是文白夹杂，或是粤普交杂，或者是纯粹粤方言，口语交际则通常都是粤方言。

刘文英（2020）指出，在澳门，粤方言的使用领域包括政府领域也包括民间领域；普通话主要由内地新移民或在澳工作的内地外雇使用，或者用在与内地人或与内地有关的一些活动和场合；葡萄牙语口语基本局限于土生葡人内部或

---

① 参见：李宇明、李艳（2019）；殷俊、徐艺芳（2019）等。

学校的葡文课堂，书面语体现在政府法规、公文、标识等领域；英语口语主要有非华人使用，书面语使用频率在逐渐增加，但整体而言在澳门普及率并不高。

（三）语言需求迫切

基于大湾区的战略定位，屈哨兵（2020）认为，有四个问题值得深入思考：一是要建设充满活力的世界级城市群和具有全球影响力的国际科技创新中心，大湾区需要一种什么样的语言能力？要成为"一带一路"建设的重要支撑，大湾区需要提供一些什么样的语言服务？要成为内地与港澳深度合作示范区，大湾区需要做出一种什么样的语言环境引领？要建成宜居宜业宜游的优质生活圈，大湾区需要一种什么样的语言生态？

对照国家对大湾区建设的要求，李宇明、王海兰（2020）提出四大迫切需要解决的语言问题：一是语言文字使用问题，需要在城市运作、经济活动、文化生活，以及教育、媒体和政务等领域中处理好汉语普通话、汉语粤方言、英语、葡语及简化汉字、繁体汉字、英文、葡文等多语言多文字的关系。二是语言服务问题，湾区的发展将催生新的语言需求，需要多样化的语言服务，须有强大的语言服务队伍和语言服务的智能化技术方案。三是语言应急问题，面对各种突发事件，湾区应提升语言应急能力，建立专业化的语言应急队伍，拥有智慧应急的语言技术装备。四是语言信息化问题，智慧湾区建设，需要语言信息化的支撑，需要考虑语言信息化手段如何在智能语言学习、智慧城市群建设和湾区经济科技发展中的充分应用。

二 理念与原则

面对复杂的语言问题和迫切的语言需求，大湾区语言建设应当采取什么策略？2020年的相关研究从以下三个方面提出了大湾区语言建设的理念与原则。

（一）坚持多语和谐理念

李宇明、王海兰（2020）指出，构建和谐语言生活是我国语言规划的基本理念和出发点；湾区拥有丰富的语言文字资源，但也存在着或隐或现、或锐或缓的多种语言矛盾，甚至可能发展成为语言冲突；处理好多语言多文字使用问题，不仅关系到湾区的健康发展，还关系到湾区的和谐稳定乃至国家的安全与统一。屈哨兵（2020）指出，大湾区内语言生态具有多样性，粤方言使用人口众多，要充分考虑平衡好当地方言和国家通用语言的关系，推动国家现代化进程中和谐语言生活的构建。

树立语言资源理念。李宇明、王海兰（2020）指出，湾区每一种语言（方言）都应该得到科学保护，并得到合理开发利用。保护湾区的各种语言资源，如汉语粤方言、客家话、潮汕话、疍家话，葡语（包括土生葡语）等，是对湾区知识体系、文化基因和发展历史的保存，对于塑造湾区人文精神非常重要。

鼓励自下而上自愿的语言选择。李楚成、梁慧敏（2020）认为，在香港，政府应鼓励从下而上自愿的语言选择，而不必通过惩罚措施；自上而下地执行语言选择的强制措施会带来反效果。政府应在力所能及范围内采取一些鼓励使用英语和普通话的措施。

构建语言平等的多语环境。李楚成、梁慧敏（2020）认为，多语者拒绝从汉语粤方言切换至其他语言，长此以往会导致这样的社会现象：除非有自然合理的解释（如有非粤方言使用者加入工作会议），否则当粤方言被视为非标记性的共同语时，任何转换至其他语言的举措都会被视为标新立异，任何希望打破这个状况的人都会被视为异类。因此，要使多语交际中的非标记性语言选择转变成功，首要者莫过于为社会重新构建思维模式。为了让粤方言母语者拥抱多语言文化，放弃语言的纯粹主义或本质主义，这举措必须以平等主义的多语言环境作为社会的精神或最终目标。作者进一步指出，香港的教育机关和宣传媒体应该清楚表明，没有人会因其语言选择而被诋毁，香港平等委员会（EOC）是仲裁并推广多语言主义下各语言拥有平等地位的最合适机构。

（二）坚持"三通"原则

一是"沟通"。李宇明、王海兰（2020）指出，大湾区语言建设首先要解决好主要交际语言的问题，从湾区发展定位来看，湾区的主要交际语言应当是普通话，湾区内交际辅之以粤方言，香港地区及湾区与国际社会的交际辅之以英语。屈哨兵（2020）提出"双通"和谐、并行不悖，即国际通行语言和国家通用语言的和谐并举。

二是"联通"。屈哨兵（2020）针对大湾区建设中的各种硬联通和软联通提出，语言环境建设要以信息传达的速度效率作为第一诉求，立足当下、面向未来，做出各种语言工程的科学安排。硬联通方面，应根据具体实施地及关涉人群重点的不同来确定相应的语言文字建设,让国家通用语言文字的使用享有优先地位,周全考虑多语多方言的语言服务工程;软联通方面,应根据香港、澳门和内地的不同情况,尊重语言选择使用,按照效率优先原则做好语言文字选择使用安排。

三是"融通"。屈哨兵(2020)针对《规划纲要》提出的以内地为立足点建立若干方面的交流就业创业的机制,提出"融通利导,有所选择"的策略。作者指出,融通是基础,利导是因势利导,国家通用语言应成为交流就业创业过程中的首选语言。

(三)基于不同空间功能采取不同策略

屈哨兵(2020)指出,根据大湾区空间所涉不同层次角度和功能定位,相应的语言建设的策略应该有所不同,从策略性质上分成示范、呼应、融通、互渗、服务五个方面。(1)示范:深圳前海、广州南沙、珠海横琴三大重大合作平台要发挥示范作用,都有必要为不同语种、不同文字的人员交流与传递打开方便之门,同时也要积极营造在更多场合使用国家通用语言文字的机制。(2)呼应:香港、澳门、广州和深圳四大中心城市的自身禀赋和比较优势各异,应将这种比较优势代入到相应的语言建设工作中,尊重各自重点和选择的异同,着意引导,使彼此之间形成一种呼应。在香港,英语作为国际第一语言的地位应该得到进一步的巩固;在澳门,葡文不能走上式微之路,中文和其他语种只要有需要,都应有存在空间;在广州,语言服务功能要进一步增强,国家通用语言文字的使用要得到进一步的巩固;在深圳,不断用国际超级语言向世界发出创新创意之声,更加重视使用国家通用语言文字向世界"讲好中国故事"。(3)融通:鉴于大湾区内语言生态的多样性,需要在不同的事项切口上形成一些差异化的解决方案,进一步实现通关便利化,更好地解决大湾区人流要素的自由便捷流动,重要节点城市与中心城市互动合作,带动周边特色城镇发展,在语言生活上融通,使大湾区城市群的发展质量得到相应的文化上的发展保障。(4)互渗:粤港澳大湾区与京津冀协同发展、长江经济带发展、长三角区域一体化、黄河流域生态保护和高质量发展五大区域国家战略之间的语言建设应该选择一种互渗策略,大湾区的国际化取向会使以英语为载体的各种发展要素在其他区域产生较大边际效应,同时其他区域国家通用语言文字的使用可能会在大湾区拓展出更广阔的使用空间。各大区域有不同的方言版图,经济一体化进程中语言建设也应有相应的一体化追求。(5)服务：在"一带一路"建设中，要将大湾区建成具有重要影响力的国际交通物流枢纽和国际文化交往中心，从而达到国际国内两种市场、两种资源的有效对接，就必须提供良好的语言服务。

三　任务与方略

针对问题与需求，基于上述理念与原则，2020年的相关研究就大湾区语言建设列出任务清单，并在各项任务下探讨推进方略。

（一）推进港澳地区国家通用语教育

国家通用语教育应当放在第一位。王宁（2020）指出，国家通用语教育属于母语教育，英语和葡语只能是第二语言，只有国家通用语教育成功发展，第二语言的教学才能做好，第二语言的使用水平和质量是与第一语言也就是母语的运用能力成正比的。

香港回归20多年来，在推广国家通用语言文字方面不断努力，积极探索，成绩斐然。汤志祥（2020）和田小琳、陈茜（2019）指出，香港回归翌年，政府就将普通话定位为香港中小学的必修科目，并于2000年列入中学会考科目；香港各大学及持续进修学院，大都设有普通话提高课程，这些课程大都用普通话教授，所用教材大都是各校自编教材；1996年国家语委普通话培训测试中心与香港大学签订合作协议，共同开展普通话测试，受到香港社会认可，参加过该测试的香港人士已经超过13万人次，产生了较为广泛的影响；现有近半数的香港人能说普通话。在师资培训方面，全港5000多名普通话科教师考核达标；在普通话教学方面，香港教育统筹局数据显示，香港中小学"普教中"的比例上升。李楚成、梁慧敏（2020）介绍，截至2016年，在全港400多所小学中约有70%的学校曾尝试以普通话教授中文；此外，2013年政府开始加强各种支持，并把焦点放在少数族裔身上，为他们提供更有效学习普通话的机会。

香港的国家通用语教育还需进一步推进。汪惠迪（2020）指出，香港学生中学毕业后，大多不会讲流利的普通话，不谙汉语拼音，使用电脑和手机时，大多不会拼音输入法。汤志祥（2020）就继续推进普通话在香港的教育与推广提出八点具体做法：继续大力提倡并推行中小学校的"普教中"；继续努力提高教育界整体的普通话教学水平；继续加强各科普通话教师的培训；继续研讨提高全体港人普通话水平的办法;继续实施审核认识普通话水平的考核;继续鼓励并支持各类普通话教材的编写与出版;继续鼓励并支持香港使用普通话广播的电台和电视台;加强香港与内地,尤其是大湾区内的人员、文化、教育等各方面的交流,融合语言和文化层面的共同价值观。李楚成、梁慧敏(2020)建议:消除对"中中"学生和学校的歧视;加强学前和初小学对英语和普通话的语言接触;初小以拼音辅助普通话学习;照顾少数族裔学生学习中文的需要。汪惠迪(2020)建议特区政府根据既定的语文法律法规,对香港语言文字进行整体规划,使香港中文的教育朝着正确的方向健康发展。

澳门的国家通用语教育受到内外因素影响,需多措并举予以加强。陈忠、林仲桂(2020)指出,澳门大多数学校自澳门回归之前的"后过渡时期",已经将普通话课程纳入小学课程,一般独立设科,目前澳门小学已基本能够为学生提供学习普通话的机会。作者同时指出,澳门中小学生的国家通用语水平普遍不理想,有内外因素的影响:外部因素,包括中文在澳门的社会地位、中文和普通话在澳门"三文四语"环境中的竞争力、澳门特殊的产业结构以及就业市场特点所带来的个人职业发展趋势、中文和普通话的应用前景、师资教学资源配置和政府的教育政策;内部因素,包括师资水平、课程设置、教材、教学方法和普通话使用环境。推进澳门国家通用语教育需要多维举措,作者提出的建议包括:开展师资培训,对澳门中小学中文教师和其他课程教师的普通话以及教学方法进行专业培训;优化课程及教学设计,提高中文教学的趣味性、生动性,改进教学设计课程和教学方法,适当增加普通话教学潜在课程的规模与品质;优化教材,建议澳门当局或学校加快设计与应用本土或校本教材,加强学生对本土文化的认识与认同,达到学以致用的教学目标;创建丰富多样的语言使用环境;加强普通话规范表达训练;设立完善丰富多样的趣味性网络中文课外自学资料资源库。

(二)培养多语人才

做好多语教育规划。李宇明、王海兰(2020)指出,要完善和发展各学龄段的语言教育规划,大力推动多语教育,特别是普通话教育和外语教育,建立语言能力提升的长效机制,要大力培养"语言+专业""专业+语言"的复合型语言人才。屈哨兵(2020)提出,在中小学及幼儿园重视多语多方言能力的培养。作者指出,大湾区语言教育包含三个含义:第一,珠三角九市的教育在执行好国家通用语言文字作为教育教学语言的基础上，要进一步加强外语尤其是英语的教育。第二，港澳地区要进一步重视普通话和规范汉字的教育学习。第三，在大湾区还要重视母语和母方言教育，具体包含两个方面，即澳门地区葡人子弟的葡语教育不能缺失和粤方言的教育，不管是珠三角九市还是香港和澳门，需要三地在语言教育中留有足够的空间。李楚成、梁慧敏（2020）指出，香港政府现行的语文教育投资和拨款支持的优先次序有所偏颇，应该加大对学前儿童与初小学生的语言教育支持，不同学习阶段到底应投入多少教育资源，如何规划，从而取得最大的成效，是一个亟待探讨的重要课题。

提升英语能力。当前大湾区人才的英语能力整体不足，或成为阻碍湾区发展的一个重要因素。①李宇明、王海兰（2020）的调查结果显示，香港的英语熟练度一直处于中等水平行列但排名有下降趋势，澳门由低水平行列上升到中等水平，广州和深圳属于低水平熟练度；作者认为，湾区要建设成为世界级一流湾区和国际科技创新中心，英语水平亟待提升。田小琳（2020）指出，全面提高大湾区人群的英文水平，是大湾区走向世界的必备条件。香港在提升大湾区英语水平方面应该发挥更大的作用，为大湾区输送和培训英文教师，并不断培养出英文水平高的商务人才，帮助广深等九城市的中小学提高英文教学水平。李楚成、梁慧敏（2020）针对当前香港学生的语文能力不但没有显著提升、反而有下降趋势的现状，就英文教育改革提出两点建议：一是重新思考英语沉浸和"最长时间接触，单一语言环境"的指引；二是加强学前和初小学童对英语的语言接触。

培养葡语人才。发展葡语不仅对澳门，对整个大湾区的发展与建设都至关重要。张璟玮（2020）指出，葡语在澳门的地位正在发生变化，其地位价值超过英语，亲和力和英语没有差别；根据《规划纲要》中关于澳门在联结中国与葡语国家关系中的功能定位，澳门正在成为中国乃至亚洲学习葡语、培养葡语人才的基地。田小琳（2020）提出，为加快葡语人才的培养，澳门可以借助广州、深圳的大学来定点合作。

（三）优化语言服务

李宇明、王海兰（2020）指出，湾区不仅是中国的，也是世界的，其语言

---

① 参见：梁海明（2019）。

服务可能会涉及 200 种语言或方言，必须有强大的语言服务队伍和语言服务的智能化技术方案，建立包括语言能力提升、语言规划、语言环境、语言应用和语言技术等内容于一体的语言服务体系。具体包括：（1）语言能力提升服务。湾区建设需要全面提升湾区语言能力，湾区各主体都需提升语言能力，所需提升多语言能力是综合性的，包括多语种能力、对语言技术的运用能力、岗位语言能力等。（2）语言规划服务。适应粤港澳大湾区的建设和发展，微观主体、城市和湾区三个层面都会产生语言规划需求，需要提供专业化的语言规划服务。微观主体的语言规划服务，包括家庭语言规划服务、企业语言规划服务和政府机构语言规划服务等。（3）语言环境服务。语言环境包括硬环境，也包括软环境，包括现实世界中的环境，也包括虚拟空间的环境。（4）语言应用及语言技术服务。粤港澳大湾区的语言服务会涉及上百种语言，需要智能化技术方案的支持，包括机器翻译、语音识别、语言智能测评、语言信息处理、语言软件开发和语言情报分析等。

（四）加强语言智能化建设

李宇明、王海兰（2020）指出，智慧化湾区是粤港澳大湾区建设的必然选择。智慧城市（群）的核心是实现"跨界关联"，信息和资源跨界共享。作者提出三点建议：第一，推动智能语言学习。发展语言智能技术，如普通话学习和测试技术、中英文作文智能批改技术等，开发中文、英语、方言等多语种语言学习软件，建立语言学习网络平台等。第二，助力智慧城市群建设，推动跨界关联。除充分运用现有语言信息化手段外，还应加快机器翻译、多语言识别、多语种智能服务等语言信息化的发展，提升语言智能化水平。第三，促进湾区经济和科技发展。

（五）提升语言应急能力

李宇明、王海兰（2020）指出，湾区的语言文字建设应处理好自然灾害、紧急治安事件等紧急状态下的语言应急问题，提升湾区语言应急能力。作者提出四点建议：第一，建立湾区语言应急机制。突发事件管理中的事前预防、事发应对、事中处置和善后回复等诸环节都应有相应的语言应急方案。第二，建立一支语言应急队伍。语言应急队伍成员至少掌握普通话、英语、汉语粤方言等多种语言（方言），掌握基本的应急知识、语言技巧和语言信息技术，包括

"专业技能+语言"型人才、专门的语言应急人员和语言应急服务志愿者。第三,为智慧应急提供语言技术支持。如机器翻译、语义分析、语言信息处理和数据挖掘等。第四,制定语言应急规范。需要在总结国内外已有经验基础上建立和完善应急规范和预案,比如考虑制定用于发布灾难等紧急信息的"简易普通话"。王海兰(2020)在此基础上,进一步提出:建立大湾区应急语言服务中心,以专门负责大湾区的应急语言服务问题;提高大湾区应急语言服务能力,包括多语能力、语言科技支撑能力、应急语言资源统筹协调能力以及应急事件舆论引导能力等。

结 语

2020年粤港澳大湾区语言建设研究,以问题为导向,既有关于粤港澳大湾区语言生活的实证调查,也有针对湾区语言建设的理论建构,不仅揭示出开展湾区语言规划的重要性、复杂性与急迫性,而且已经从规划理念、建设原则、主要任务、方略举措等角度提出一系列思考与建言。这些研究在为制定大湾区语言规划提供现实参考的同时,也有力推动了国内区域语言规划的理论研究深入发展。

【本年度参考文献】

[1] 陈忠,林仲桂. 澳门中小学中文及普通话教学的现状与对策[C]//黄翊. 莲香海阔 语重情深——澳门特区20年社会语言状况回顾与展望学术研讨会论文集,香港:三联书店(香港)有限公司,2020:261—270.

[2] 李楚成,梁慧敏. 香港"两文三语"格局:挑战与对策建议[J]. 语言战略研究,2020,5(01):46—58.

[3] 李宇明,王海兰. 粤港澳大湾区的四大基本语言建设[J]. 语言战略研究,2020,5(01):11—21.

[4] 林达蓉. 试论澳门高等院校的教学语言——由澳门理工学院学生对澳门高等院校教学语言的看法谈起[C]//黄翊. 莲香海阔 语重情深——澳门特区20年社会语言状况回顾与展望学术研讨会论文集,香港:三联书店(香港)有限公司,2020:309—325.

［5］刘文英.澳门的语言生态——由澳门非高等教育语言教学及教学语言来看［C］∥黄翊.莲香海阔 语重情深——澳门特区20年社会语言状况回顾与展望学术研讨会论文集,香港:三联书店(香港)有限公司,2020:245—260.

［6］屈哨兵.粤港澳大湾区建设中的语言问题［J］.语言战略研究,2020,5(01):22—33.

［7］田小琳.充满活力的香港语言生活［C］.澳门语言生活研究2019,澳门:澳门理工学院出版社,2020:79—95.

［8］汪惠迪.香港中文"再出发"的路向［N］.联合早报,2020-05-30.

［9］王海兰,胡嘉仪,赵一忆.粤港澳大湾区企业客服电话的语言服务［C］∥屈哨兵.中国语言服务发展报告(2020),北京:商务印书馆,2020:36—46.

［10］王海兰,刘灵锋,揭晨.粤港澳大湾区会展官网的语言服务［C］∥屈哨兵.中国语言服务发展报告(2020),北京:商务印书馆,2020:47—54.

［11］王海兰,谭韵华,刘栩妍,詹嘉琪.粤港澳大湾区广播语言使用调查［C］∥国家语言文字工作委员会.中国语言生活状况报告(2020),北京:商务印书馆,2020:59—67.

［12］王宁,田小琳,邓思颖,汤志祥,周荐,吴东英."粤港澳大湾区的语言生活"多人谈［J］.语言战略研究,2020,5(01):71—77.

［13］张璟玮.澳门青年语言态度调查［J］.语言战略研究,2020,5(01):59—70.

【以往参考文献】

［1］李宇明,李艳.粤港澳大湾区语言产业与服务问题研究刍议［J］.语言产业研究,2019:1—8.

［2］梁海明.吸引人才到大湾区安居乐业［N］.环球时报,2019-11-27(015).

［3］田小琳,陈茜.香港回归廿二年 推普工作面面观［J］.中国语言战略,2019,6(02):1—9.

［4］殷俊,徐艺芳.粤港澳大湾区的语言多样性与语言战略问题［J］.云南师范大学学报(哲学社会科学版),2019,51(06):37—45.

应急语言服务

面对突如其来的新冠肺炎疫情,在"战疫语言服务团"等的实践引领下,应急语言服务研究在2020年形成热潮。学界研判重大突发公共事件中的语言服务需求,借鉴国外研究成果和实践经验,就应急语言服务的内涵外延进行理论建构,探讨应急语言服务能力建设的路径与方略,梳理抗疫应急语言服务的实践成效与不足并提出未来发展建议,将之前在国家语言能力、语言服务等领域已有关注的应急语言服务研究推向了新的高度、广度和深度。

一 应急语言服务理论建构

相关研究在以下问题上进行了理论思考:语言服务何以助力应急治理?何为应急语言服务?应急语言服务包含哪些内容,要做哪些工作?这些内容之间的逻辑关系是怎样的?这些思考对全面系统地推进应急语言服务有重要的意义。

(一)语言服务的应急功能

史维国、邵海艳(2020)提出"语言减灾",认为面对重大灾害的侵袭,在众多抗灾减灾手段中,语言是一个基础性因素,语言减灾是一个有效的途径。语言减灾的可行性源于语言与社会发展、语言与科技、语言与经济等的密切关系。在疫情防控中,语言作为基础因素全程发挥重要作用。语言减灾需要因地制宜、因人而异,在利用语言进行减灾的过程中,要将语言因素和其他因素相结合,共同助力抗疫救灾。

(二)应急语言服务概念

王立非、任杰等(2020)的定义较具体、指向明确:"应急语言服务是指针对重大自然灾害或公共危机事件的预防监测、快速处置和恢复重建提供快速救援语言产品、语言技术或参与语言救援行动。"滕延江(2020a)的定义包容性较强、内涵较宽泛，即"应急语言服务指的是在自然灾害、危机冲突等紧急情境下，为语言特需人群提供语言援助，消除隔阂，增进交流，化解危机的工作"。

（三）应急语言服务内容

应急语言服务的外延十分丰富，很多学者列举了其具体内容。如：王立非（2020）认为涉及汉外语言、少数民族语言、方言、手语的急救口笔译、灾害沟通、救灾语言软件研发与应用、救灾术语管理、灾情信息传播、跨语言媒体舆情监测、抗灾语言资源管理、应急语言管理标准研制、急救语言培训、救灾机器翻译、灾害语料库研制、灾后语言治疗与康复、语言咨询与危机干预等诸多方面。李宇明（2020）提到的医患沟通、疾病命名、多语言信息发布、应急语言翻译、新闻宣传用语、谣言防控等问题，赵世举（2020）提到的危急环境下怎样快速高效地解决语言沟通问题（包括个体交流、公共信息发布传播和信息获取）、怎样正确地发挥语言的正能量克服各种危机、怎样避免语言问题给危机处置带来负面影响等问题，王传英等（2020）提到的规范与疫情防控相关的词汇表达及使用、提供多语种疫情防控和诊疗方案、提供多语种全球疫情通报、提供多语种法律咨询服务和出入境检疫信息等，都涉及应急语言服务的具体内容。张天伟（2020）则介绍了国外语言应急实践的两大内容：一是对应急语言形式[①]的研制，二是对语言弱势群体的权利保障。

透过相关研究话题也可以观察应急语言服务的具体内容。滕延江（2020b）提出的十大研究课题主要涉及应急语言服务内容，如应急语言舆情与语言安全、应急医疗救助语言服务、应急语言心理安抚与康疗、应急语言地图绘制、语言歧视与语言暴力矫治、应急语言服务技术等。张天伟（2020）介绍的国外应急语言研究主要包括语言弱势群体权利保障、语言翻译、应用计算机技术和大数据进行语言服务、应急语言形式、突发事件的媒体话语等内容。王立非、任杰等（2020）介绍的国外应急语言研究涉及抗灾防灾沟通、防灾救灾语言技术、应急管理标准编制等内容。

（四）应急语言服务内容的理论建构

除了列举语言服务的具体内容，还有学者对应急语言服务到底包括哪些方面进行了理论思考和建构。如：

---

① 如：应急日语、简易日语等。

屈哨兵（2020）从"语言应急／应急语言"的视角进行考察和建构，认为语言应急和应急语言是一对彼此联系而又互有区别的概念。语言应急是一种基于行为选择视角的考量，侧重从社会行为视角进行观察，可以分为自发应急和自觉应急，其考察关键在于应急速率；应急语言是一种基于符号系统视角的考量，考察其的关键在于应急质量。不过，从术语使用的角度，王立非、孙疆卫（2020）认为，"语言应急"不是专业术语，特指日常生活中碰到语言不通的场合解决一时之需，因而主张统一使用"应急语言"。

郑泽芝、徐铂（2020）区分了作为核心的应急语言服务、作为要件的应急语言服务和作为体系的应急语言服务。针对重大突发事件，作为核心的应急语言服务是指提供快速救援语言产品的服务，作为要件的应急语言服务是指提供语言技术支持或语言作为要素参与应急救援行动，作为体系的应急语言服务涵盖应急语言基础设施、应急语言管理（规划）、应急语言人才和应急技术等诸要素。作为核心的应急语言服务是典型的应急语言服务，与语言的关系最密切；作为要件的应急语言服务扩展了应急语言服务的范围，体现了应急语言服务的重要性；作为体系的应急语言服务不仅关照应急语言服务本身，还将保障应急语言服务开展的其他要素涵盖起来，使应急语言服务成为一个有机的整体。①

殷志平（2020）从需求角度建构服务内容，根据市场需求分析理论，提出"服务对象——服务需求细分——服务对象期望值——赈灾响应者语言能力——服务需求清单"的语言服务需求识别模型，梳理了命名、翻译、语言和语用知识供给、科普宣传、语言抚慰等20多项需求导向下的应急语言服务需求内容。

王辉（2020a）关于应急语言服务类型的划分也体现了一种建构思路。作者首先根据赵世举（2012）的语言服务类型划分，将应急语言服务划分为应急语言知识服务、应急语言技术服务、应急语言工具服务、应急语言使用服务、应急语言康复服务和应急语言教育服务六种类型；进而从突发公共事件的类别、应急领域或应急事项的不同、应急语言的种类、应急语言服务行为主体的层次等多个维度，分别进行了类型划分。

赵世举（2020）提出应急语言研究的三大视域——备急语言研究、应急处置语言研究和善后语言研究。从应急语言服务内容建构的角度看，提供了一种公共事件发生前、发生时、发生后的以时间为序的建构思路。

---

① 作者提出的"作为体系的应急语言服务"实际上涉及应急语言服务能力问题。

二 应急语言服务能力建设

开展应急语言服务，必须加强相关能力建设。如果说，前述相关理论研究主要探讨了应急语言服务"是什么"和"做什么"的问题，那么应急语言服务能力建设则主要针对应急语言服务"怎么做"的问题。大量研究就此提出方略性思考和建议，概括起来，主要包括以下六个方面：

（一）科学架构顶层设计

应急语言能力[①]建设体系建构。李宇明、饶高琦（2020）认为，国家应急语言能力是国家运用语言处理国内外突发公共事件的能力，是国家治理能力的一个有机组成部分，是应急语言服务的基础和支撑；国家应急语言能力建设的目标在于提升突发公共事件的应急语言服务水平，满足国家应急行动的语言需求，充分发挥突发公共事件过程中和重建时期的语言功能。王辉（2020b）从国家治理的视角探讨了应急语言能力的定义，认为应急语言能力是指应对突发公共事件中利用语言（文字）资源提供语言应急援助的能力，是对应急语言资源储备的激活和利用。李宇明、饶高琦（2020）进一步提出我国应急语言能力建设体系，认为应急语言能力建设可从四个维度进行分析：一是事前、事中、事后三阶段；二是信息沟通、语言抚慰、语情监测三领域；三是治理基础、动员能力、智力资源、数据资源、技术资源等五侧面；四是普通话、方言、民族语言、手语/盲文、外语和周边语言等六类语言品种。这三阶段、三领域、五侧面、六类语言品种可以结合为17个语言应急能力建设的分项目标，四个维度的17分项目标相互协同，至少可以形成270种具体行动内容，这为我国应急语言服务能力建设绘制了全面而详尽的行动蓝图。王玲、谭雨欣（2020）提出提升团体语言应急能力，认为团体语言应急能力是指在突发事件发生的过程中，社区基层团体采取在公共领域利用语言（或文字）处理相关语言问题、提供减灾防灾的语言服务等行为展现出的语言能力；提升基层团体的语言应急能力应注重将应急知识能力、社会文化互动能力以及多语资源能力视为一个整体，三个构成要素作用不同但互为补充。此外，沈骑、康铭浩（2020）提出了面向重大突发

---

① 相关研究中，"应急语言能力"和"应急语言服务能力"术语都有使用，主要都是指保障应急语言服务顺利开展、质量提升的各方面能力。

公共卫生事件的语言治理能力规划框架，崔启亮等（2020）建议提升应急语言本地化服务能力。

应急语言服务规划体系建构。王立非、任杰等（2020）倡议加紧制定应急语言服务规划，从制度规划、管理规划、资源规划以及志愿者行动规划四个方面提升应急语言服务能力。滕延江（2020a）主张做好机制体制规划、语种（方言）规划、人才规划、技术规划、行业规划以及公众（社区）教育规划，在灾前预防、灾中响应、灾后恢复不同阶段，发挥我国应急管理体系的特色和优势，全面提升我国应急语言服务能力。

（二）构建应急语言服务体系

我国目前的应急管理体系以"一案三制"为核心，其中"一案"是指应急预案，"三制"是指相关法制、体制和机制，[①]这为应急语言服务体系构建提供了基本框架。对照这个框架，李宇明（2020），李宇明、饶高琦（2020），屈哨兵（2020），王立非、任杰等（2020），王铭玉等（2020），王辉（2020a、2020b），王春辉（2020a），郑泽芝、徐铂（2020），王海兰（2020），徐欣路等（2020），宋晖、蔡晓睿（2020）等众多学者主要提出以下方略性建议：研究制定语言应急预案，并将其融入国家总体应急预案；研究完善应急语言能力建设和突发公共事件中应急语言服务执行所需的法律基础和法制保障；建设完善由国家语委统筹、多部门协同的应急语言服务体制；探讨建立应急语言服务的管理机制、"平战结合"机制、模拟演练机制、协调联动机制、需求响应机制及相关评价机制。

（三）建设应急语言服务基础资源

加强相关基础设施建设。王立非、任杰等（2020）和王铭玉、康喆文（2020）等提出，应急语言服务的基础设施包括开放性通用疫情语料库和术语知识库、全球疫情信息翻译服务平台、国家和各地应急中外语言服务人才数据库等系统平台与资源库。王辉（2020a）认为，高科技应急语言服务产品以便捷、共享或智能等优势成为应急救援中的利器，面向个人用户的语言产品包括三类：一是语言沟通类，指应急语言转换或翻译类产品，目的是便于语言和信息的沟通；二是语言传播类，指的是应急宣传、警示及对外传播类产品（宣传标语、

---

① 参见：钟开斌（2020）。

电子书、海报、音视频等）；三是语言心理抚慰类，指用于心理建设的应急语言服务的产品。

加强相关规范标准建设。蒙永业等（2020），王立非、任杰等（2020），孙疆卫、赵媛霞（2020）等建议制定完善应急语言服务等级分类标准、应急语言服务组织体系标准、应急语言服务应急保障标准。

加强技术储备。饶高琦（2020），李宇明、饶高琦（2020）提出，应急语言服务在顶层设计时，就应充分考虑到语言资源建设和技术储备，制定技术和技术提供方清单；应当编制技术评测规范标准，定期举行技术评测，保持技术的前沿性和可用性。

开发应急语言服务智慧系统。王辉（2020a）认为，应用大数据、人工智能等技术建立应急语言服务智慧系统可实现应急救援的自主性、精准性和快捷性。应急语言服务智慧系统的建设需要注意两个问题：一是应急语言资源的准确性和完备性问题，语言使用应准确、语义清晰且数量丰富，能适应不同应用场景的需要；二是应急系统的使用便捷性问题，系统的设计需要考虑使用者是否具备网络环境和硬件条件、系统使用界面是否友好等方面的问题。

（四）夯实应急语言服务人才基础

加强应急语言服务学校教育。穆雷、刘馨媛（2020）建议开设相关课程，让学生了解应急语言服务的意义、范围、内容、职业道德和一般操作规范等，掌握基本的应急语言服务能力。蔡基刚（2020）建议高校在"语言学"或"语言服务专业"下设置"应急语言服务方向"，专业课程应包括相关领域的基本知识课程、专门用途语言课程（如各个语类和典型场景的语言表达）、应急心理语言学和应急跨文化交际课程等。王立非、穆雷等（2020）建议，从基础设施、教育资源、教育规划和国际合作等方面加强应急语言教育，加强应急翻译人才培养，改革医学英语教学，构建应急语言服务"产学研传"体系。

建立国家应急语言人才库。沈索超、黄雅琳（2020），方小兵等（2020），史维国、邵海艳（2020）等都提出，亟须建立专门的国家应急语言人才库，根据应急语种、语言应用领域、专业化程度、人才分布区域等，存储专业和社会化人才信息；以此为基础，对人才的构成、选拔管理和评估反馈进行综合治理。

（五）借鉴国外经验

张天伟（2020），顾晶姝（2020），陈林俊（2020），包联群（2020）等述介了国外应急语言服务的情况，认为我国加强应急服务应积极借鉴国外的有效经验。如：美国的《语言服务计划》规定为英语弱势群体提供约50种语言的应急语言热线和网络服务，用于援助英语弱势群体的灾后重建；韩国在2015年中东呼吸综合征（MERS）暴发期间，通过多种渠道和方式，为在本国的国际旅客和外籍居民提供关于疫情的多语信息。尤其是日本，在近年来的突发公共事件处理中，日本政府、传媒和民间组织相互配合构成了应急语言服务的实施主体，简易日语、日语方言服务和多语应急服务相互渗透配合，形成了紧扣国家战略与社会现实需求，主体、内容与方式多元化，防灾备灾与避灾救灾体系常态化的鲜明特点。王娟、曲志强（2020）根据日本的经验提出四点建议：加强基础研究，使应急语言机制具备扎实的科学依据；进一步完善应急语言语料库建设，推动实证研究发展；细化应急语言的特征研究，拓展运用领域；借助政府力量，构建全方位的常态合作体系。

（六）加强国际交流合作

王春辉（2020a）和刘晓海、田列朋（2020）等都建议，在应急语言服务的机制建设中，还需要注意加强国际合作，与相关国际组织或国家增进沟通、互通有无，共同提升突发公共事件的语言应对能力和协作效率。

三 抗疫应急语言服务实践与思考

2020年的应急语言服务研究是在新冠肺炎疫情防控的特殊背景下、基于大量实践探索而展开的，总结梳理实践经验、反思不足与问题、探讨未来发展方略，构成年度研究的主要图景。

（一）战疫语言服务团实践与思考

战疫语言服务团的基本情况。李宇明、赵世举等（2020）介绍，针对疫情防控的语言需求，在教育部、国家语委指导下，中国语言学人发起组建"战疫语言服务团"，通过开发微信版、网络版、融媒体版、视频版、抖音版、在线服务、即时翻译软件等多形态的《抗击疫情湖北方言通》《疫情防控外语通》《疫情防控"简明汉语"》等系列语言产品，提供应急语言服务。这是我国第一次大范围、大规模、有组织、内容丰富、成效显著的应急语言服务。本次服务超越国界，涉及汉语（及其方言）和其他41个语种。有来自语言学、医学、新闻学、计算机科学等多个学科的300多人参加，涉及18所高校，另有多家行政部门、医院、出版社、新闻单位、信息技术企业，涉及行业众多，人员队伍庞大。语言学是这次疫情中与防疫无直接关系的唯一组织实施大规模服务的学科。中国语言学人第一次把自己的学术跟国家重大危机事件结合起来，跟国家的命运联系起来。

战疫语言服务团的主要经验。王春辉（2020b）认为，服务团的工作取得良好实践效果和社会效益的经验主要包括：学者胸怀家国，勇于承担社会责任；政府、学者、企业紧密协作；产品研制坚持需求导向、多元开发；广泛应用相关语言技术支持产品研发。

战疫语言服务团创立和实践的历史意义。王春辉（2020b）认为主要体现在五个方面：探索了"政府-学界-企业"三方协力参与重大突发公共事件处置的模式；形成了"战疫语言服务团"这一品牌；引领了应急语言研究的热潮；建构了无私奉献、团结互助、共克难关、助力发展的语言志愿服务精神；为人文社会科学工作者参与重大事件处置提供了借鉴和启示。

战疫语言服务团实践中的问题反思。李宇明、赵世举等（2020）也指出，此次服务团实践中也暴露出仓促上阵，临时应战，相关资源准备不足，没有展开充分的调研，产品与用户实际需要还存在差距等问题，建议组建"中国应急语言服务团"，使中国应急语言服务成为一种有组织、有计划的政府行为，保持长期性和稳定性。应急语言服务团的职责包括志愿者的选拔、管理和培训，应急语情监测及预警，服务行动方案的拟订、组织和实施，资源建设和产品开发，相关研究及咨询等。服务团可采取常设机构与志愿者队伍相结合的组织架构。服务团的常设机构为服务团管理委员会及其秘书处，以及以地方为依托的分支机构等。

（二）《抗击疫情湖北方言通》实践与思考

为解决外地援鄂医疗队在医患沟通中遇到的方言障碍，战疫语言服务团成立后的首要任务就是研制《抗击疫情湖北方言通》（多媒体版）。王莉宁（2020）

介绍，基于前期面向新冠肺炎疫情医患沟通场景的调研，《抗击疫情湖北方言通》共156个词语和76个短句，内容涵盖日常接诊与病房护理的词汇与对话，与齐鲁医院援鄂医疗队编制的《国家援鄂医疗队武汉方言实用手册》所收条目形成补充和对照，涵盖湖北武汉、黄冈、孝感、宜昌、荆州、咸宁、襄阳、黄石、鄂州九地方言。作者指出，历经五年建设周期的"中国语言资源保护工程"为我国汉语方言、少数民族语言的应急服务提供了学术资源、人才储备和技术支撑。随着工程建设重点从调查保存转向开发应用，可在工程体系内设立重大专项，开展语言资源与突发公共事件应急处置的交叉研究，编写面向突发公共事件应急处置的分场景调查表和技术规范，组织专家队伍开展语言应急领域的基础资源数据采集，再利用大数据、云计算和语言智能等信息科技建成准确权威、开放共享、功能多元的中国语言资源公共服务平台，以在关键时刻提供语言翻译、语言技术、语言调查研究等全方位的语言应急服务。

（三）《疫情防控外语通》实践与思考

疫情稍缓，开始复工复产复学，留学生等外国人士也陆续回华来华，为帮助他们了解中国抗疫情况，战疫语言服务团又研制推出《疫情防控外语通》，遴选整理日常注意事项、入境注意事项、就诊常用句、个人防护措施等四方面共75个句子，翻译成41个语种。刘晓海、田列朋（2020）介绍，《外语通》研制的经验主要包括：一是保证中文文本内容的准确性与权威性；二是在语言文字工作部门的指导和支持下，充分调动各地多语人才队伍紧密协作；三是翻译工作严格按照初译、审校、复审、母语录音、成果核对的统一规范流程开展；四是充分利用中国语言资源保护工程已有的规范标准与技术工具，保证多媒体语料质量；五是在遇到难点、专家意见存在分歧时，需在了解相关国家文化、医疗情况的基础上，通过第三方专业机构或者该语种其他专家进行"会诊"，既要保证翻译质量，又确保不会引起不必要的误会乃至外事纠纷。

（四）《疫情防控"简明汉语"》实践与思考

《疫情防控"简明汉语"》是战疫语言服务团为向在华外籍人士用汉语介绍疫情信息，借鉴国外"简易日语""简明英语"等研制经验，结合国际中文教育领域的《应急汉语》和汉语水平测试（HSK）词汇与语法大纲等研制的应急语言服务产品，收录了"简明汉语"的词汇与语法简化标准、示例以及112个词

语的《疫情词表》和 54 个词语的《专有名词表》。汲传波、李宇明（2020）指出，此次疫情防控期间研制的《疫情防控"简明汉语"》具有试验性质，未来需要在充分调查目标对象语言能力的基础上，科学划分和确定简明汉语的难度等级与具体标准，重点放在汉字和词汇层面，更加重视汉字的特点，同时充分考虑语言之外因素（如图片）的重要作用。

此外，司罗红、王晖（2020）提出重视"生存普通话"的作用，以及何洋洋（2020）提出为汉语构建"最低限度语言"，这些观点与"简明汉语"在内容与功能上大致相同。

（五）抗疫应急外语服务实践与思考

周和军（2020）、阳爱民（2020）介绍了有关外语类院校及外语专业师生在疫情防控期间的多样化应急外语服务实践，包括组建应急外语翻译志愿服务队，为疫情防控一线提供翻译、沟通解释和情绪疏导等语言支持，翻译外事办交办的"防控动态""官方信函"等各类疫情相关文件和报道的多语种笔译任务，录制多语种"入境人员健康提示"微视频，创作反映中国抗疫过程以及向世界传递必胜信念、共同打赢全人类健康保卫战的多语微视频作品等。作者还介绍了外语界学者的积极行动，一方面在媒体上就应急语言服务问题密集发声、举办相关学术论坛，另一方面积极推进应急语言服务人才培养基地、人才库、应急语言服务多语种语料库建设等工作。

针对当前应急外语服务还存在的面向突发公共事件的多语资源储备不足、外语人工智能技术应用不够到位等问题，方小兵等（2020）指出，未来建设"涉外应急话语语料库"时，除文本、音视频外，还要关注音乐这种"无国界语言"的功能，也要重视图片、符号的文化差异；应急外语服务人才培养方面，需拓展多元化参与主体，如各类语言智库、学会以及包括留学生在内的外籍志愿者团队等；此外，还需注重对应急外语服务的评估与反馈，以外籍人士为对象，充分考虑考虑文化差异等因素，了解外籍人士对服务效果的评价与改进建议。

（六）语言抚慰实践与思考

刘梦（2020）通过对新冠疫情期间应急服务热线案例的分析，探讨了服务者的话语策略，认为疫情期间的应急服务热线很好地起到了社会稳定功能。研究发现，热线咨询的语言实践既有专业性，又有个体性。咨询师所遵循的语言惯习包含了专业规则和职业规则，并在咨询过程中多种语言策略并用，根据咨询不同阶段的特点针对性地使用不同语言策略，遵循多用合作原则，简单接受、赞美、认同、支持对方，极少采用对质、评判等违反合作原则的策略，从而减弱了与对方的对抗性，增强了信任度，对消除求助者的不满情绪是有帮助的。张雪梅、李思渊等（2020）提出，语言应急人员除了语言技能以外，还要拥有在交际中拉近心理距离、建立情感认同的协调能力，协调能力作用于话语方式、文化差异和人际关系三个层面。

（七）特殊人群应急语言服务实践与思考

郑璇（2020a）认为，听障人士在应急语言服务中面临的真正问题在于沟通过程中存在的障碍，以及破除这些障碍所需要的支持与援助。听障者的听力状况和语言状况呈现出多元化特点，每个聋人的失聪时间、听损程度、矫正听力、口语能力、书面语能力和手语水平千差万别，家庭背景和教育经历也各有差异，从而造成这一群体的异质性。从疫情期间的应急语言服务看，出现了政府信息发布更趋人性化、聋协发挥桥梁纽带作用、自媒体资讯爆炸式增长、现代科技助力无障碍沟通等积极因素，但医患语言沟通仍是一大难题。作者建议进一步提升无障碍意识，保障特殊人群的语言沟通权利；同时推广国家通用手语，推动手语翻译专业化和职业化。在这一过程中，还借鉴国外经验，进一步提升语言应急服务效率。

郑璇（2020b）还指出，突发的新冠肺炎疫情凸显了进一步推动手语翻译职业化、做好手语应急服务人才储备的紧迫性，并结合此次疫情中手语翻译的情势与问题，提出了加强法律法规建设、翻译教育自我革新及开创手语翻译中国模式等政策建议。

四 抗疫期间的语言学术服务

2020年还有一些重要研究涉及前文所述的应急语言服务内容，如疾病命名、术语管理、应急话语体系构建等，这些研究有的已经对语言生活产生了实质性影响，有的思考与建议为提升应急语言服务能力提供了学术支持。此外，还有研究从语言的角度观察展现中国战疫的壮阔图景、就抗疫中的相关语言政策思考建言。这些研究，为新冠肺炎疫情防控提供了语言学术服务，做出了语言学的独特贡献。

（一）疾病简称研究

针对疫情暴发初期病毒简称不统一的现象，刘丹青（2020）指出，语言经济性原则要求高频的词语尽可能简短，或至少要有足够简短的简称，因此对相对冗长的病毒名称必须尽快形成统一的简称；从名称区别度、简化度、流行度、得体性、信息传递完整性等角度综合考量，"新冠肺炎"是相对最合理的简称。目前，这一简称已广泛使用。

（二）疾病命名及术语规范研究

疾病命名研究。王玲、陈新仁（2020）指出，疫情中病毒的命名正式推出时，疫情已经出现了近两个月之久，语言应急服务错过了及时回应的最佳时间，这次延误导致了因名生义而来的对中国或武汉的歧视，还引发了一些对疫情起源的不当联想等负面影响。陶源、赵浩（2020）认为提升国家应急术语能力、加强医学术语的命名规范需要包括语言学家在内的各领域学者分析现有的多个名称，考量使用习惯，在确保医学术语统一性、科学性的基础上，兼顾术语的社会性，帮助全球公众正确认识和对待这种病毒及疾病。原新梅、许杨（2020）认为，相关术语应充分考虑国内外命名的统一性，兼顾命名的科学性与通俗性，在符合命名原则的基础上，选择民众可以接受、便于称说的名称。冯志伟（2020）等认为，突发事件中的命名应遵循约定俗成的原则，也需要兼顾科学性。

术语规范研究。针对疫情引发的应急语言术语称名不统一的问题，王立非、孙疆卫（2020）提出从科学性、规范性、统一性和合理性出发，建议采用应急语言的核心概念对应急语言术语进行统一，并根据国外文献应急语言术语的调查结果和术语翻译原则，提供了应急语言术语集的英文译名。

（三）抗疫话语观察与思考

提升应急话语能力。王辉（2020b）提出应急国际话语能力的概念，即在突发事件中及时回应国际关切，提升突发公共事件话题设置能力和多语传播能力，用公众能听得到、听得懂、听得进的方式传播中国声音，营造有利的国际舆论环境。郑泽芝、徐铂（2020）认为，从语言层面助力中国话语、中国声音的世界传播,提高中国话语的可接受度,也是应急语言服务的重要内容,具体要为提高话语叙述能力、话语建构能力以及多元话语能力服务。洪桂治、蒋媛(2020)认为应急语言服务要以人民为中心,在具体的救灾应急行动中,对语言服务的需求是:科学而通俗;客观而理性;温暖而有力。王玲、陈新仁(2020)认为"消除沟通障碍"是应急语言服务的重要内容,这需要在沟通中做到"通心",关键在于应急语言服务要带有"暖色调",构建平等的话语交流模式。

共同体身份的话语建构。苗兴伟、李珂(2020)以抗击新冠肺炎疫情的新闻报道为语料,运用主体间性理论和评价系统的介入系统研究共同体身份的话语建构,探究疫情防控过程中共同体意识的形成机制和共同体身份建构的话语策略。研究发现,在抗击新冠肺炎疫情报道中,新闻语篇通过主体间性语法资源、扩展性介入资源和收缩性介入资源等话语策略建构了四种共同体身份:命运与共的同胞、守护者与被守护者、并肩作战的战友与生死相依的家人。研究认为,这一话语建构不仅引发了全国人民的情感共鸣,而且坚定了人们共战疫情的信心和决心,并以此建构了共同体身份,为动员全社会开展疫情防控发挥了积极的作用。

信息发布中的话语能力。于国栋(2020)通过对抗击疫情期间新闻发言人答记者问的会话分析发现,接受话题约束的回答是符合社会规范的交际行为;而忽略话题约束的回答则违背社会规范,阻碍信息传递,影响新闻发言人的形象和身份构建,并可能产生消极的社会影响。王春辉(2020a)认为,应急管理中的信息发布要取得良好效果,除了需要预先做好充分准备和实事求是这两点以外,在语言使用方面应坚持两个原则:一是讲求效率、不讲空话大话,传递公众最急需的信息;二是表达方式要清楚明白,要明确、有条理、不打官腔。

(四)抗疫涉及的语言政策问题研究

疫情防控学术语言政策研究。李宇明、王春辉(2020)认为,应提倡相关研究成果中文首发制度,相关研究成果应在国内用中文及时公开,以便及时应用于应急管理。因此需要通过建立中外学术合作平台、完善中文科研成果在评价体系中的权重等方式逐步推进相关科研成果"中文首发",外文次发或并发。

疫情防控中的语言文明问题研究。赵世举、邓毕娟(2020)认为,当前应急管理过程中的语言实践还存在着语言暴力、选词用语污名化等语言不文明现象,亟待提升应急处置中语言使用的规范化、文明化水平。

（五）中国抗疫的语言学观察与分析

词述中国战"疫"。侯敏、滕永林（2020）基于国内九份报纸和《新闻联播》自 2020 年 1 月 1 日到 4 月 9 日的媒体语料自建语料库，通过词频分析等手段，发掘出抗击疫情不同阶段的关键词，并从新冠肺炎命名、疫情防控、复工复产、全球抗疫等几个方面描述中国抗击新冠肺炎的过程及其关节点。这对人们运用语言学方法梳理、还原社会实践与社会活动脉络、探究事件演进不同阶段的特征有重要启发意义。

应对突发事件言语活动的系统语用学分析。王建华、韩静（2020）认为，面临突发的社会公共事件，好的言语作品和言语活动可以公开信息、安定人心、凝聚共识、引导行动等，发挥语言应急功能。应对突发事件的言语活动能否达到目的和效果，还需要从语用的表达主体、接受主体和旁观主体等及其互动关系上来评价。运用系统语用学的理论框架，可以分析应对突发事件言语活动成功的原因，指出其不足，以更好地指导其他具体的语用实践，这也是语言学知识助力应急管理的重要方式。

从语言表达看疫情下人们的因果认知与反思归因。袁毓林（2020）提出，通过分析疫情下相关文本中因果性与反事实表达的词汇–句法形式及其意义和概念结构特征，可以揭示其背后的因果认知与反事实思维的特征，进一步对反事实思维跟决策等相关行为及结果的关系进行相关性研究，抽绎出因果关系，在相关疫情数据的支持下建立统计模型，来回溯与解释不同国家或地区的抗疫效果，并且预测疫情今后的发展趋势，提出合理的政策与措施建议。研究显示，可以利用文本中显性或隐性的表示因果性与反事实的词汇与构式作为形式标记，检索跟疫情相关的文本中相关的因果性与反事实表达，来进行观点挖掘与情感计算，开发针对疫情的社会舆情发现、个体与群体行为的预测等的社会计算系统，从而基于大规模文本和大数据技术，为疫情的防控和社会的安定提供快速的技术支持。

结　语

新冠肺炎疫情防控期间成效突出的应急语言服务实践引领着应急语言服务

的理论、政策、方略等研究，在短短一年时间内取得了重大进展，展现了中国语言学人的家国情怀和强烈的使命感、责任感。随着宏观层面理论探讨的不断深入和政策共识的逐渐形成，针对中观与微观层面应急语言服务实态的调查描写与评价分析或会成为这一领域未来研究的一大趋势。

【本年度研究文献】

［1］包联群.“3·11”东日本大震灾应急语言服务［J］.语言战略研究，2020，5（03）：62—74.

［2］蔡基刚.应急语言服务与应急语言教学探索［J］.北京第二外国语学院学报，2020，42（03）：13—21.

［3］陈林俊.当代日本灾害应急语言服务研究［J］.语言文字应用，2020（02）：69—78.

［4］方小兵，鲍方悦，包立玥.应急外语服务和减贫外语服务［J］.南京晓庄学院学报，2020，36（04）：105—109+124.

［5］冯志伟.疾病的命名应遵守约定俗成的原则［J］.语言战略研究，2020，5（02）：7—8.

［6］顾晶姝.日本灾害应急语言服务的实践与启示［J］.浙江师范大学学报（社会科学版），2020，45（04）：10—18.

［7］何洋洋.为汉语构建"最低限度语言"［N］.中国社会科学报，2020-12-15（003）.

［8］洪桂治，蒋媛.让语言在战"疫"中发挥最大效能［N］.语言文字周报，2020-03-16（003）.

［9］侯敏，滕永林.词述中国战"疫"［J］.语言战略研究，2020，5（03）：50—61.

［10］汲传波，李宇明.《疫情防控"简明汉语"》的研制及其若干思考［J］.世界汉语教学，2020，34（03）：311—322.

［11］李宇明.重视突发公共事件中的语言应急问题［J］.语言战略研究，2020，5（02）：1.

［12］李宇明，饶高琦.应急语言能力建设刍论［J］.天津外国语大学学报，2020，27（03）：2—13+156.

［13］李宇明，王春辉.科研生产力与中文首发制度［J］.语言战略研究，2020，5（02）：10—11.

［14］李宇明，赵世举，赫琳."战疫语言服务团"的实践与思考［J］.语言战略研究，2020，5（03）：23—30.

［15］刘丹青."新冠肺炎"——一个呼之欲出的简称［J］.语言战略研究，2020，5（02）：5—7.

［16］刘梦.社会学视角下新冠疫情心理咨询的语言使用个案分析［J］.语言战略研究，2020，5（05）：21—31.

［17］刘晓海，田列朋.应急语言服务领域的语言资源建设与应用——以《疫情防控外语通》研发为例［J］.云南师范大学学报（对外汉语教学与研究版），2020，18（04）：17—25.

［18］苗兴伟，李珂.抗击新冠肺炎疫情与共同体身份的话语建构［J］.天津外国语大学学报，2020，27（02）：88—99+160.

［19］穆雷，刘馨媛.重视并建设国家应急语言服务人才培养体系［J］.天津外国语大学学报，2020，27（03）：24—31+156—157.

［20］屈哨兵.语言应急和应急语言［J］.华南农业大学学报（社会科学版），2020，19（06）：101—110.

［21］屈哨兵，张晓苏，马喆，王春辉，王海兰，禤健聪.新冠肺炎疫情下语言应急与服务的实践及思考［J］.广州大学学报（社会科学版），2020，19（04）：19—28.

［22］饶高琦.战疫语言服务中的语言技术［J］.云南师范大学学报（对外汉语教学与研究版），2020，18（04）：26—32.

［23］沈骑，康铭浩.面向重大突发公共卫生事件的语言治理能力规划［J］.新疆师范大学学报（哲学社会科学版），2020，41（05）：64—74+2.

［24］沈索超，黄雅琳.我国应急语言服务人才数据库建设刍议［J］.浙江师范大学学报（社会科学版），2020，45（04）：19—25.

［25］史维国，邵海艳.论"语言减灾"在灾害治理中的必要性、可行性及途径［J］.江汉学术，2020，39（06）：57—66.

［26］司罗红，王晖.重视生存普通话在紧急救援中的作用［N］.语言文字报，2020-02-26（001）.

［27］宋晖，蔡晓睿.语言应急预案的助力作用［N］.中国青年报，2020-

06-15（002）.

［28］孙疆卫，赵媛霞.抗击新冠疫情中的语言服务探析［J］.喀什大学学报，2020，41（02）：38—44+50.

［29］陶源，赵浩.论应急语言能力视角下的新型冠状病毒及新型冠状病毒肺炎术语命名［J］.北京第二外国语学院学报，2020，42（01）：45—56.

［30］滕延江.论应急语言服务规划［J］.语言战略研究，2020a，5（06）：88—96.

［31］滕延江.应急语言服务：研究课题与研究范式［J］.北京第二外国语学院学报，2020b，42（01）：31—44.

［32］王春辉.突发公共事件中的语言应急与社会治理［J］.社会治理，2020a（03）：42—49.

［33］王春辉.战疫语言服务团：实践、经验与启示［J］.云南师范大学学报（对外汉语教学与研究版），2020b，18（04）：1—5.

［34］王建华，韩静.应对突发事件言语活动的系统语用学分析——以春晚语言朗诵节目《爱是桥梁》为例［J］.语言教学与研究，2020（06）：9—18.

［35］王娟，曲志强."简易日语"与救灾应急［J］.语言战略研究，2020，5（05）：57—66.

［36］王立非.应急语言服务研究专栏［J］.北京第二外国语学院学报，2020，42（01）：20.

［37］王立非，穆雷，廖荣霞，李艳，王铭玉，李晶，陈新仁，王传英，蒙永业，崔启亮.全球抗疫中应急语言服务响应与人才准备的多维思考［J］.当代外语研究，2020（04）：46—54.

［38］王立非，任杰，孙疆卫，蒙永业.应急语言服务的概念、研究现状与机制体制建设［J］.北京第二外国语学院学报，2020，42（01）：21—30.

［39］王立非，孙疆卫.疫情引发的应急语言术语称名与英译［J］.天津外国语大学学报，2020，27（03）：14—23+156.

［40］王立非，王铭玉，沈骑，马若宏，杜敏，徐欣路，张雪梅，李思渊."应急语言问题"多人谈［J］.语言战略研究，2020，5（03）：75—79.

［41］王莉宁.《抗击疫情湖北方言通》的研制和应用［J］.云南师范大学学报（对外汉语教学与研究版），2020，18（04）：6—16.

［42］王玲，陈新仁.试论突发公共事件中的语言应急服务［J］.东南大学

学报（哲学社会科学版），2020，22（06）：126—131+154.

［43］王玲，谭雨欣.团体语言应急能力构成及在防疫中的体现［J］.语言战略研究，2020，5（03）：31—39.

［44］王辉.我国突发公共事件应急语言服务实践及建议［J］.浙江师范大学学报（社会科学版），2020a，45（04）：1—9.

［45］王辉.国家治理视野下的应急语言能力建设［J］.语言战略研究，2020b，5（05）：13—20.

［46］王铭玉，康喆文.由语言应急引出的语言服务问题［J］.天津外国语大学学报，2020，27（03）：32—39+157.

［47］阳爱民.应急语言服务的新时代使命和新技术赋能——评《抗疫应急外语服务的思考与行动》［J］.浙江外国语学院学报，2020（04）：110—112.

［48］殷志平.需求导向下的应急语言服务体系刍议［J］.语言战略研究，2020，5（03）：12—22.

［49］于国栋.提问对回答的话题约束——抗击新冠肺炎与新闻发言人答记者问的会话分析［J］.天津外国语大学学报，2020，27（02）：100—113+160—161.

［50］袁毓林.从语言表达看疫情下人们的因果认知与反思归因［J］.语言战略研究，2020，5（05）：32—47.

［51］原新梅，许杨.从"新冠肺炎"的命名看语言应急能力建设［J］.辽宁师范大学学报（社会科学版），2020，43（06）：112—121.

［52］张天伟.国外应急语言研究的主要路径和方法［J］.语言战略研究，2020，5（05）：67—78.

［53］赵世举.主持人语：应急语言研究的三大视域［J］.语言战略研究，2020，5（05）：11—12.

［54］赵世举，邓毕娟.危难之时更需语言正能量［J］.语言战略研究，2020，5（02）：13—14.

［55］郑璇.新冠肺炎疫情下听障人群语言应急服务的思考［J］.语言战略研究，2020a，5（03）：40—49.

［56］郑璇.加快推进中国手语翻译的职业化——基于新型冠状病毒肺炎疫情的思考［J］.残疾人研究，2020b（01）：24—32.

［57］郑泽芝，徐铂.应急语言服务的基本概念及要素分析［J］.北京联合

大学学报（人文社会科学版），2020，18（03）：43—49.

［58］钟开斌.国家应急管理体系：框架构建、演进历程与完善策略［J］.改革，2020（06）：5—18.

［59］周和军.《抗疫应急外语服务的思考与行动》评介［J］.天津外国语大学学报，2020，27（05）：154—157.

社群语言服务

不同社会群体(以下简称"社群")因其身份、职业、社会地位等的不同而具有不同的语言服务需求。新世纪以来,学界对各类社群的语言生活开展深入调查,针对各类社群面临的语言问题和语言需求,探讨提出语言服务对策,取得重要成果。流动人口、城乡居民、少数民族群众和在华外籍人士历来是学界关注的重点社群,2020年的相关研究进一步取得新进展。

一 流动人口语言服务

语言认同和流入地城市语言融入问题是流动人口语言服务的重要话题。2020年的相关研究有的基于已有实证调查材料进行综合分析,有的选取独特视角和典型代表进一步开展实证调查,就此问题进行了深入探讨。

(一)城市社会要顺应流动人口的语言适应

武小军(2020)基于已有研究文献及其本人所做的两次语言调查,探讨了流动人口在"市民化"进程中,城市社会对流动人口不断增强的语言适应能力等的顺应问题。作者认为,站在推普和构建和谐的社会语言生活的高度,一座城市要实现和谐发展,除了城市个体要与之适应与融入外,城市社会也应与之实现共融。

作者指出,涉及10多个东中西部若干一线、二线城市的众多研究结果显示,流动人口特别是农民工到达务工流入地,很快就改变了方言发音并向普通话趋同,虽然一些流出地人口普通话水平整体不高,发音不准,但他们仍然模仿普通话并尽可能多地在一些交际场合使用普通话和流入地人进行话语交流,并且对普通话的认同感增强;而随着流动时间的延续,对所属地域方言的评价度逐步降低。新生代流动人口在顺应城市社会经济发展方面,其语言的角色定位更加明确:一是对普通话高度的认同感业已形成,并产生积极的心理评价;

二是在各类场合尽量使用普通话，并认同为自身素养提高的一个重要标准；三是在一些场合规避家乡方言，尽量消除"外地人"特质；四是学说流入地方言，让自己快速成为城市市民。而站在流入地城市社会来看，流动人口则遭受了较多的社会不融和社会排斥，城市认同度较低。流动人口积极的语言认同招致了长期积淀而成的城市认同——诸如穿着、习俗、口音、生活方式、城市户口、稳定工作、良好收入、子女城市就学、社区与环境、社会保障等的冲撞，从而减缓了流动人口城市融入以及"市民化"进程的步伐。因此，出现了一方面是积极地融入，另一方面却是消极对待的难堪局面。在此情况下，流动人口来到流入地城市，语言面貌呈现出两个重要特征：一是语言具有临时性，二是语言具有非规范性。流动人口在流入地的语言变化，虽模仿普通话的发音，但普遍存在发音不规范、普通话水平低等语言问题，很多人使用着较浓方言味的普通话进行交流，因此，流动人口的这种语言面貌只能说是"量"上的变化，而绝非语言"质"的变异。站在推普的角度看，人口流动及社会融入作为一个重要契机，正好可以促成语言面貌由"量"到"质"的根本转化，但由于城市顺应的不足，流动人口在社会排斥之下，虽有语言认同和语言自觉，但却无法从根本上提高语言质量和规范化水平，很显然，这种方言味的普通话与低水平的语言状况，对国家推广普通话以及构建和谐的社会语言生活是极其不利的。

为此，作者倡导城市中的语言包容，加速语言的融入。目前，城市社会及个体还有不少地方没有做好。对城市而言，至今对流动人口的称谓还贴上种种歧视性的语言"标签"，映射出社会的不平等，也折射出社会跟进的不足；就流动人口个体而言，语言适应只能反映出自身社会融入的一种心理特征，要真正融入城市社会，还有许多事情要做，如提高自身的行业应用技能，以合拍城市经济发展的脉搏，努力拓展自己的文化知识水平等，以此实现真正意义上的"市民化"。语言适应要求社会顺应，二者和谐发展，方能对城市经济、文化甚至推普等产生积极作用。透过流动人口的语言变化，内中牵扯到的相关社会问题是在大力推进城镇化建设中应充分重视的问题。

（二）重视城中村语言景观对农民工身份认同的建构作用

刘慧（2020）采用景观民族志的研究方法，以石牌村[①]的清末民初历史传统

---

① 石牌村位于广州核心城区天河区中部，是广州现存历史最悠久、规模最大、居住人口最多的城中村。

语言景观为参照，考察当代石牌村作为外来农民工聚居区的语言景观，分析该村当代语言景观所反映出的外来农民工阶层的社会方言特征，以及语言景观与外来农民工多重身份认同之间的关系，将外来农民工语言与认同的研究从口语延伸至书面语，从一维的线性话语拓展至四维的语标时空，为研究本土化的语言景观，以及外来农民工的语言和认同提供了新的材料和路径。

研究显示，在对待历史传统语言景观的态度上，石牌村的两类居民即原住村民和外来农民工，尽管地域身份和阶层身份不尽相同，但均显示出较高的认同度。而石牌村当代语言景观的"语码能见度和凸显度""景观创设者的意图""阅读者的感受"这三者的契合度较高，语码类型和取向与居民的本土化身份认同之间具有明显的同构关系。进一步从语言景观中地名用词的情况看，石牌村受访外来农民工对家乡的地域身份认同感最高，对广州的认同感最低，对石牌村的认同感略高于广州。

作者分析指出，外来农民工对石牌村的地域身份认同较低的原因与居住环境密切相关；对广州地域身份认同更低的原因是他们虽进入了城市，也找到了工作，但很难像本地市民那样平等地享受城市公共服务和社会保障系统的支持，在心理上对广州产生了一种疏远乃至不认同的感受。从语言与认同互动的视角来看，石牌村外来农民工居民对大城市的地域身份认同很低，与其个人语码库无法适应或满足其实现城市市民身份建构的主观预期有关。石牌村外来农民工居民以80后、90后的新生代外来农民工为主，尽管他们对家乡有着较强的熟悉感、归属感和认同感，但他们对家乡的依赖感和根深蒂固感却并不强烈。他们不想回到家乡，而是希望通过财富积累等手段实现向上的阶层流动，拥有大城市户籍和住房。而大城市作为全球流动资本和跨国公司的聚集地，竞争很激烈，对人才语言能力尤其是多语能力的要求也更高。新生代外来农民工以普通话及家乡方言为主的个人语码库难以满足大城市对人才多语能力及多元语言文化身份认同的要求，面临进退两难的处境。

作者关注到，提升农民工对大城市的认同感，除了语言之外还有其他诸多影响因素；除了关注农民工的普通话使用能力，还要关注他们的母语书面语能力和外语能力。此外，具有传统文化特色的语言景观有助于增强城市居民的传统文化认同及国家认同，而带有地域文化特色的语言景观能够帮助外来农民工建构对大城市的认同感，应当予以重视。

二 城乡居民语言服务

城乡定居居民的语言服务需求与流动人口不尽相同。2020年的相关研究基于对苏中三市乡村、闽南农村、粤东四市城镇和农村的实证调查，主要关注了城乡，特别是乡村的语言生态建设和语言文明问题，并提出相关对策建议。

（一）乡村语言生态建设需要政府提供多类型的语言服务

李现乐等（2020）以苏中三市（扬州、泰州、南通）为研究对象进行了乡村语言生态调查。结果显示，苏中乡村语言生态总体良好。乡村地区推普工作成果显著，普通话在乡村越来越发挥积极的作用，同时方言仍有其交际空间和应用价值。语言使用方面，乡村公共领域正式场合的普通话使用率较高，非正式场合方言使用率较高。公共领域双语语言景观也较为常见，同时中文（汉语）的主体地位得到体现。家庭领域，呈现普通话使用增长、方言使用减少的趋势。语言能力及态度方面，乡村居民的普通话和方言能力总体上看较为均衡，"双言人"身份较为明显，同时也有较为强烈的语言需求，特别是对普通话的学习需求。乡村居民对方言情感评价上的认可也说明方言的前景并不暗淡。对外语能力提升的积极需求和期望表明外语的重要性也得到了乡村居民一定程度的认可。同时，当前乡村语言生态中也有一些不和谐因素。乡村公共领域语言不文明现象时有发生，非正式场合相对来说更为明显。乡村语言景观方面，语言文字使用不规范现象仍较为常见，例如繁体字、二简字、错别字的不当使用，汉语拼音拼写、外文译写的不规范、不统一，甚至语言内容不健康、不诚信问题也不同程度地散布乡间。

作者认为，解决乡村语言生态中的问题，发挥乡村语言生态中的积极因素在乡村振兴中的优势，乡村经济、文化、生态的全面振兴，需要政府职能部门提供多类型的语言服务。（1）语言政策宣传引导服务。在制定《美丽乡村建设规范（标准）》时，增加语言文字使用方面的标准细则，以此规范乡村公共领域的语言文字使用，增强乡村民众的语言意识。将语言文明纳入乡风文明建设、乡规村约建设的指标体系中加以考察，并与乡村居民的职业道德、家庭美德和个人品德建设相结合，制定领域语言行为标准，细化行业语言行为要求。

（2）语言教育培训服务。将电子商务技术与农产品的网上营销相结合，培训村民的网络语用能力，帮助其掌握新型职业技能。开办适合乡村特色经济及文化发展的语言职业技能培训班，提升乡村民众的普通话能力和外语能力，助力新型职业农民培育规划。与社会工作志愿服务合作，为乡村居民家庭提供公益性的语言咨询服务，助其形成良好家风，弘扬家庭美德。（3）语言文化服务。丰富乡村语言文化活动，如举办文艺演出、诗词朗诵等活动，将语言文明、语言教育、语言文化等内容融入其中，提升乡村民众的语言能力和文化修养。做好公共空间的语言服务，重视乡村语言景观的设置、维护与监管等工作，关注乡村指示牌和商业招牌中的语言文字规范问题，利用语言景观宣传国家政策法规和乡风文明建设等内容。（4）语言经济服务。发展地方语言特色产业，在地方曲艺文化、地方特产、地方形象宣传中融入语言元素，增强方言文化的感染力、吸引力，发展方言经济。发展外向型的语言经济服务，鼓励乡村民众学好用好普通话和外语，更好地为外来投资经商人士和游客提供服务，推动当地经济发展。

（二）城乡语言生态建设应坚持主体多样、分类指导

付义荣、胡萍（2020）对闽南农村，即厦门、漳州与泉州三地的集镇（不包括县市所在的城关）与乡村的语言状况进行了调查。结果显示，即便地处经济发达地区，闽南农村仍旧有必要进行"推普脱贫"工作。普通话在当地已基本普及，但整体水平还需要进一步提升；三个地区中，漳州农村将是未来推普的重点区域，而就"脱贫"来看，35—54岁之间、小学以下文化程度的人群又是推普的重点对象。普通话的普及并未威胁到闽南话的生存和优势地位，而是造就了大量兼说闽南话与普通话的双言人。总体而言，如今的闽南农村普方共存，语言生态很好。但需要注意的是，当地年轻人也出现了闽南话能力衰退的迹象。因此，在做好推普工作的同时，也要加强方言的保护工作。

刘慧、黎顺苗（2020）对粤东四市（汕头、潮州、揭阳、汕尾）城乡居民的语言使用情况进行了调查。结果显示，粤东的语言生活呈现通用语为主体、方言及少数民族语言等多元语码共存的局面。从语言使用来看，方言和普通话在不同场合的分工明确，普通话常用于较正式的场合，方言常用于非正式场合。普通话成为该地区工作、媒介、校园、商业语言，闽方言将继续在该地区通用和流行，但其主要作用将逐步减弱为生活语言、家庭语言。从语言能力来看，居民的普通话使用能力和方言使用能力整体较好，逾半数居民具有"普通话-

方言"双（多）语码使用能力。从语言态度来看，受访者对普通话和方言的整体评价都较高。受访者既重视通用语的学习和使用，也关注方言的传承，对普通话和方言均具备较强的认同感，并在此基础上形成了一种复合性的语言认同。表现为对普通话的认同主要是公民对国家通用语的工具性认同，对方言的认同主要是居民对当地语言文化的情感性认同。作者建议，对粤东城乡要采取"分众推普"的策略。目前粤东城乡受访者熟练掌握普通话的差距仍较为明显。因此，针对粤东乡村的推普工作，应本着"大力推行，积极普及"的理念，组织开展针对青壮年农民，与农业技术等职业培训相结合的推普活动；而对城镇的推普工作，应本着"逐步提高"的理念，鼓励窗口服务人员等参加普通话水平测试，利用推普工作提升城市开放度，吸引更多的优秀人才。同时，要重视粤东青少年的方言能力正在逐步减弱，强势方言潮汕话虽未出现使用率断崖式下降但其使用频率和使用能力随代际传承也在不断减退的情况，活态传承粤东强势方言，加强对占米话、军话、潮安畲语等粤东弱势方言和濒危语言的调查记录、保存展示、活力保持和存续发展。

三 少数民族群众语言服务

少数民族群众语言服务需求迫切，意义重要。2020年的相关研究基于特定对象的情况调查、能力测试或实证分析，就完善少数民族幼儿国家通用语言教学、促进少数民族流动人口国家通用语言能力提升、加强内地城市及司法领域少数民族语公共服务供给、构建边境地区和谐语言生态等问题进行了深入探讨，并提出相关对策建议。

（一）完善少数民族幼儿国家通用语教学

刘海红、薛军利（2020）对西藏三地（拉萨、山南、日喀则）1162名5—7岁藏族幼儿的普通话听说能力进行了测试，结果显示：听与说的能力之间差异显著，参照《3—6岁儿童学习与发展指南》，听的能力基本达标，说的能力有差距；此外，还存在显著的地区差异和城乡差异。对此，作者建议：（1）在促进听说能力均衡发展方面，应创设良好的国家通用语言环境，改进国家通用语言教学方法。不仅要为幼儿提供可模仿的国家通用语言范例，更应注重教学中的师幼互动，幼幼互动。城镇的幼儿园应注意丰富幼儿的生活内容及经验，营造宽松的语言环境，发展儿童的游戏，通过游戏中的互动交流，提高幼儿的国家通用语言表达能力。乡村地区应充分利用多媒体智能教学工具与具有语言播放功能的玩教具，通过线上课程解决幼儿缺少国家通用语言语境的问题。教师在学习和生活中多与幼儿使用国家通用语言交流，鼓励强化幼儿用国家通用语言进行回答。（2）在促进地区均衡发展方面，应充分利用国家、区、地、县、园五级培训体系，构建动态交流，良性的教育支援互动，加强幼儿教师专业能力的培养，提高幼儿教师的专业素养。各地区在分配幼儿教师编制方面应向乡村倾斜，并提高乡村教师工资待遇。发挥各地市、县实验幼儿园辐射周边幼儿园的功能，增加地区间教学、师资培养方面的交流。对于乡村教师紧缺不能参加培训的现象，可以利用远程教学、线上课程等网络资源实现教师专业能力的提升。（3）在促进城乡均衡发展方面，应加强行政力量对城乡间幼儿教师流动的干预，利用精准扶贫，支教、强基惠民等国家对西部地区支援的利好政策，建立合理的城乡间教师流动机制。城镇幼儿园教师晋升职称和下乡支教轮岗挂钩，让更多城镇汉族教师去乡村短期支教，置换乡村幼儿教师到城镇幼儿园进行学习和进修。

（二）提升少数民族流动人口国家通用语能力

刘元贺（2020）基于对新疆城乡公众调查数据的统计分析，研究指出，包括少数民族在内的人口流动能够促进国家认同的建构，国家通用语言越熟练，则人口流动对国家认同建构的推动作用越突出。国家通用语言熟练程度不仅可以促进国家认同，还能够调节人口流动对国家认同的影响效度，是人口流动对国家认同发挥积极作用的前置条件。促进国家通用语言教育，是多民族国家中公众的国家认同建构的重要内容：一是学校教育必须凸显国家通用语言的主体地位；二是对于少数民族地区的成年群体而言，国家通用语言学习应纳入技能培训，并成为必备培训项目；三是不懂国家通用语言的公众集中务工地区应当承担起国家通用语言培训责任，开展针对性培训，如"国家通用语言+"培训项目、"订单式"与"菜单式"相结合的培训方式等。

王远新（2020）对河南省镇平县石佛寺镇维吾尔族经商务工者的语言生活和语言文化适应特点进行调查后指出，经济收入、经商和生活环境、教育和医疗条件，是他们适应当地生活和工作并愿意长期居住的主要原因，也是促使其尽快适应当地语言文化的重要动力。政府的政策和措施、服务和管理，进一步坚定了他们安心经营和生活的决心。汉语水平提高、语言生活变化，一定程度上助力了他们的语言文化适应。调查对象在石佛寺镇居住均为一年以上，汉语文水平总体不高，尤其是家庭妇女和来此地时间不长的人。不少人掌握或基本掌握普通话，有些人甚至掌握当地汉语方言日常用语，但遇到经营纠纷、签订书面合同等问题，汉语文水平无法满足需要。虽有定期普通话培训，但语言能力的提高并非一朝一夕所能达到。因此，汉语文水平不高，仍是经商务工者及其家属适应当地工作和生活的主要问题。

（三）加强少数民族语公共服务供给

内地城市少数民族语公共服务供给。石琳（2020）指出，随着城镇化进程的不断加快，各民族跨区域大流动进入内地城市成为必然，面向少数民族群众提供多元化的语言公共服务已成为内地城市语言生活中的特殊需求。作者通过对成都市"民族互嵌式示范社区"浆洗街洗面桥社区藏民族语言使用、语言需求、语言能力、语言维护等方面情况的调查指出，目前面向内地城市少数民族群众所提供的语言公共服务，在项目种类、方式、质量上还较为有限，还不能很好地满足少数民族群众日益增长的需求，表现在三个方面：一是重要服务窗口的民族语言服务资源匮乏；二是缺乏民族语言公共服务的自主求助渠道；三是缺乏专业领域的民族语言口译服务资源。对此，作者提出内地城市民族互嵌式社区少数民族语言公共服务策略，即应在全面调查城市少数民族语言能力与语言使用情况的基础上，大力提升通用语言文字在城市少数民族社区中的普及率，增设重要服务窗口的民族语言服务功能，提高少数民族语言文字的规范化和信息化水平，组建城市少数民族语言公共服务志愿者机构，培育城市少数民族语言服务的规范化市场，从而更好地推进城镇化进程，促进民族团结与共同发展。

司法领域少数民族语公共服务供给。陈丽湘（2020）指出，在我国少数民族地区，双语审判已纳入了法制的轨道，法制领域对双语服务人才的需求迫切。目前我国少数民族地区法制人才方面还存在一些困难：一是需求与供给矛盾，双语法制人才短缺成为制约少数民族地区法制工作发展的瓶颈；二是双语水平参差不齐，缺乏行业标准，无法提供高质量的语言服务。作者认为，健全的双语法制服务体系可以从三个方面着手：一是建立双语司法翻译制度，提升法制领域语言服务的规范性；二是统一法律术语，规范法律翻译文本，重视法制领域语言服务的严谨性；三是完善语言服务行业标准和制度，实现双语法制人才培养的科学性。作者指出，解决我国民族地区法制领域的语言问题，需要的不仅仅是以双语翻译为核心的法律制度，更需要的是作为民族交流、文化传承和维系认同感媒介的双语教育。普及国家通用语言文字，提高民族地区的通用语言文字能力，努力实现"民汉兼通"的目标，促进各民族、各地域之间的交流与交融，是解决法制以及其他领域中因语言障碍所产生的问题的根本之道。吴东镐（2020）提出确保民族地区法庭庭审中使用少数民族语言的对策，包括四个方面：第一，通过出台激励双语法官发展的人事制度、加大双语法律人才的培养力度，确保通晓少数民族语言的法官队伍；第二，通过在国家立法部门新设少数民族语言翻译机构，保证每部法律都能够有相应的少数民族语言版本；第三，加强对现有双语法官的培训，提高其使用少数民族法律语言的技能；第四，建构具有可操作性的法庭翻译人员认证制度。

（四）构建边境地区和谐语言生态

李春风（2020）对云南片马地区景颇族茶山人的语言生活调查指出，茶山人的语言生活，由母语、国家通用语言、其他少数民族语言、跨国语言等，构成一个和谐的语言关系系统。各语言在行使交际、传承等功能过程中，有和谐共生，有交融竞争。茶山语借词系统表现了语言交融性，茶山语与傈僳语是空间共生，与汉语是跨时空共生交融。多民族跨境地区的景颇族茶山支系语言生活系统的共生与交融性，体现了各民族在共同进步中，不断铸牢了中华民族共同体意识。茶山人和谐的语言关系映射了和谐的民族关系。我国平等的民族政策为该地区语言文化的共生交融创造了必要条件。作者认为，当前，片马茶山人语言关系系统相对稳定，语言关系类型及结构模式将继续保持，母语-傈僳语-汉语三足鼎立的局面短期内不会改变，各语言要素在不同领域内发挥重要作用。系统内部也有一些变量因素，如汉语地位持续不断提升，母语、傈僳语掌握比例和水平都略有下降等，但这些变量对茶山人掌握母语、傈僳语并不构成威胁。未来茶山青少年及其后代的母语、傈僳语水平的代际差异将有所扩大，汉语普及度和接受度越来越高，汉语将持续发挥更大的辐射作用。作者指出："少数民族地区的这种语言文化交融是共生的延续，而不是被同化。每个民族的语言文化都是灿烂光辉的中华文化史上浓墨重彩的一笔，是中华文明的重要组成部分，在不同的历史时期，发挥重要的作用。我们应尊重跨境地区各民族语言文化发展多样性、多元化,遵循并尊重各民族发展进步的客观规律,充分发挥跨境民族语言文化的天然屏障和资源作用,成就跨境民族地区的稳定团结。这有利于促进跨境地区各民族交往交流交融,不断铸牢中华民族共同体意识,推动中华民族走向包容性更强、凝聚力更大的命运共同体。"

四 在华外籍人士语言服务

加强在华外籍人士语言服务,是我国坚持全方位对外开放,推动形成全面开放新格局的必然要求。2020年的相关研究基于实证调查,就助力城市外籍家庭更好融入中国语言文化生活、构建边境语言治理和语言服务新方案进行了深入探讨。

(一)助力城市外籍家庭更好融入中国语言文化生活

俞玮奇等(2020)通过调查与个案访谈,发现上海韩籍家庭的语言政策主要有以下特点:一是其家庭语言意识表现为对韩语的强烈民族认同,以及对英语社会经济价值和汉语实用价值的认可。二是在家庭语言实践上继续保持着使用韩语的习惯。三是在家庭语言管理上注重对孩子多语能力的培养与投入,具体表现在学前读写实践、国际学校的选择、周末韩文学校的补习以及英语和汉语的辅导上。四是家庭语言政策三要素之间存在紧密的联系与关联,韩语文化资本的语言意识直接促使其在家庭语言实践上保持韩语使用环境,并在语言管理上鼓励孩子参加韩文周末学校以推动孩子的母语发展;韩籍家长为提高孩子英语能力而大量投入与不断干预的背后,则是其英语经济资本的语言意识;韩籍家庭对汉语实用主义的态度,表现为其对孩子汉语学习的投资更多是出于适应当地生活的考虑。

作者认为,政府、社会、学校和社区应全面重视、支持和鼓励外籍家庭的语言适应与融入,从家庭语言政策角度可以从以下几个方面着手:一是推动外籍家庭走出小社区,鼓励并支持其与当地中国社会的接触和交流,以在语言意识上提高外籍家庭对汉语价值的认可和汉语学习的重视;二是深入调研外籍家庭在成人汉语学习、子女多语教育等方面的需求与困境,引导学校和社会机构为其汉语及多语学习提供多元化的学习途径,运用社会和市场的力量为外籍家庭的语言教育规划创设条件并提供多样化的选择;三是考虑到在家庭语言实践中,外籍家庭获取中国当地资讯的渠道仍比较有限的现实，社区和社会机构可以创办多语种报刊、网站、APP、信息服务平台等，发布多语种的政策法规、生活就业信息等，帮助外籍家庭获取相关资讯和语言服务，使外籍家庭更好地融入中国社会。

（二）构建边境语言治理和语言服务新方案

边境多语地区跨境外籍人口的语言服务问题以往鲜有涉及。李佳、张洁（2020）关注到"一带一路"倡议背景下，我国边境地区涌现大量跨境外籍人口，影响我国边境地区的语言格局，为我国当下的语言扶贫事业带来新的发展路径。作者基于中缅最大陆路贸易口岸云南省瑞丽市的田野调查，探讨了缅甸籍跨境流动人口的语言能力及其在华的职业特征和发展路径。研究发现，语言是实现来华缅籍人口生存和发展的资本，边境地区的不同行业对多语能力呈现不同需求，以汉语为主导的多语能力不但是实现来华缅籍人口职业发展和社会流动的最佳模式，也为中缅边境地区的融合发展带来语言辐射效应。作者指出，相关调研有三个方面的价值。一是可以为我国边疆地区脱贫攻坚提供可参考的语言治理方案。近年来随着我国综合国力的增强，大量年轻外籍流动人口不断流向我国边境地区，提供有效的语言服务既可以帮助外籍流动人口实现个人脱贫，又能优化边疆地区产业结构，缓解西部边疆地区老龄化和劳动力缺乏的问题。二是可以为我国边境汉语国际教育提供可借鉴的新思路。在全球化背景下，我国边境地区已成为多元文化交汇的"中间地带"，汉语成为连接中国和邻国的纽带，我国边境地区逐渐成为汉语国际教育发展探索的新空间。自下而上的汉语学习方式逐渐成为缅籍流动人口适应当地生活、提高就业前景的有效路径。通过在不同行业里从事不同职位的工作，边境地区汉语国际教育模式正出现多样化、多种需求的发展路径，形成自发性的、非政府组织的、跨越国界的人与社会的交流网络和文化新边疆。三是可以为我国面向邻国的"一带一路"建设提供新的研究视角。在"一带一路"建设背景下，边境地区出现了良好的经济发展态势。以汉语为驱动的多语能力发展路径可以有效减缓和消除边境地区流动人口的贫困问题，维护我国边境地区的长治久安和区域繁荣，为我国探索与邻国和睦相处、构建命运共同体提供新的研究范式。

结　语

2020年的社群语言服务研究聚焦重点人群，坚持问题导向，依托实证范式，拓展研究视角，探讨多样话题。老视角、老问题的探讨更深入，新视角、新问题的探讨带来新启示，取得积极进展。语言助力人民美好生活构建，相关研究空间十分广阔。未来的研究，在语言服务理念驱动下，人群值得进一步细分，话题有待进一步挖掘，视角期待不断创新，语言生活派的实证研究风格必将进一步凸显。

【本年度研究文献】

［1］陈丽湘.民族地区法制领域的语言需求与语言服务［J］.辽宁师范大学学报（社会科学版），2020，43（01）：119—125.

［2］付义荣，胡萍.闽南农村语言状况调查——兼谈推普脱贫的对象问题［J］.语言战略研究，2020，5（06）：58—68.

［3］李春风.边境地区民族语言的共生与交融——基于云南片马茶山人的调查分析［J］.中南民族大学学报（人文社会科学版），2020，40（05）：104—109.

［4］李佳，张洁.云南瑞丽缅甸籍流动人口的语言能力与职业发展［J］.语言战略研究，2020，5（06）：69—77.

［5］李现乐，刘逸凡，张沥文.乡村振兴背景下的语言生态建设与语言服务研究——基于苏中三市的乡村语言调查［J］.语言文字应用，2020（01）：20—29.

［6］刘海红，薛军利.西藏幼儿园藏族幼儿国家通用语言能力现状调查［J］.西藏大学学报（社会科学版），2020，35（03）：222—228.

［7］刘慧.城中村语言景观与农民工身份认同研究——以广州石牌村为例［J］.语言战略研究，2020，5（04）：61—73.

［8］刘慧，黎顺苗.粤东地区居民语言使用情况调查分析［J］.语言文字应用，2020（03）：107—120.

［9］刘元贺.人口流动、国家通用语言使用与国家认同——基于2018年新疆城乡社会调查数据的实证分析［J］.新疆大学学报（哲学·人文社会科学版），2020，48（04）：76—83.

［10］石琳.新时代内地城市民族互嵌式社区的语言公共服务应用研究——以成都市浆洗街洗面桥社区为例［J］.民族学刊，2020，11（01）：112—118.

[11]王远新.维吾尔族在豫经商务工者语言生活及语言文化适应调查［J］.民族教育研究，2020，35（05）：122—131.

[12]吴东镐.我国民族地区法庭庭审中使用少数民族语言的现状与对策——以延边为例［J］.中国政法大学学报，2020（01）：127—143.

[13]武小军.语言适应与社会顺应——语言视域下对流动人口"市民化"进程的思考［J］.陕西师范大学学报（哲学社会科学版），2020，49（05）：91—99.

[14]俞玮奇，苏越，李如恩.我国国际化城市外籍家庭语言政策研究——基于上海韩籍家庭的考察［J］.语言文字应用，2020（01）：11—19.

语言障碍与语言康复

语言障碍是语言习得和使用过程中常见的功能性障碍，在儿童、老年人和成年人中都会发生，会对语言习得、使用和语言能力产生重大影响。《国家语言文字事业"十三五"发展规划》要求"加强各类语言障碍研究和语言康复治疗技术开发利用"。语言障碍的研究、评估与治疗是医学、语言学、心理学、教育学、社会学、神经科学等领域共同关注的研究方向，是需要多学科交叉研究的领域。本专题梳理介绍 2020 年语言障碍和语言康复研究情况，主要聚焦儿童语言障碍与康复、老年语言障碍与康复和其他语言障碍与康复问题。

一 儿童语言障碍与语言康复

针对语言障碍儿童的康复治疗与训练事关几百万儿童的成长和家庭的幸福。2020 年对儿童语言障碍问题的研究，内容涉及儿童语言障碍的类型、语言发展评测、语言习得以及治疗康复等方面。

（一）儿童语言障碍的类型

自闭症儿童语言障碍与特殊型语言障碍的比较。苏怡、莉蒂希娅·蕾格斯（2020）对汉语学前自闭症儿童语言表达能力进行实证研究，系统考察了全谱系范围内汉语学前自闭症儿童在词汇、语法、语用沟通等方面的发展，结果表明，汉语学前自闭症儿童存在着较为严重的语言发展迟缓，同时还兼有语言表达的高度异质性特征。徐林荔等（2020）考察了汉语普通话特殊型语言障碍儿童对量词的习得情况，从理解、产出、句子重复和范畴化生成四个方面进行定量及定性研究，结果表明，汉语普通话特殊型语言障碍儿童量词发展较为迟缓，其量词发展状态位于正常同龄儿童量词发展连续体末端。之前学界一般认为，特殊型语言障碍儿童主要是语法问题，而高功能自闭症儿童主要是语用问题，但近期研究发现这两类障碍儿童都存在句法和语用方面的缺陷，使两类儿童误诊率增加，如何利用语言学手段区分这两类儿童已成为国际学界的研究热点（邱伟哲，2020）。本年度国内不少研究对二者进行了比较分析。陈李军、王芳芳（2020）从认知特点方面、词汇语义知识处理方面和神经影像方面分析自闭症儿童语言障碍与特殊型语言障碍的差异，结果表明两类儿童尽管在语言障碍的表现上存在相似之处，但语言障碍在本质上是不同的。

孤独症儿童、发育迟缓儿童和语言障碍儿童早期语言表达的比较。苏怡、谢芊芊等（2020）采用家长评定量表形式，对比孤独症儿童、发育迟缓儿童和语言障碍儿童在词汇、语法和语用沟通三方面的早期语言表达特征，发现三者在本质上具有相似性，符合"多维一致假说"，且该相似性在儿童语言发展的早期阶段就已体现。研究还发现孤独症儿童早期语言发展有高度异质性，比其他两种神经发育障碍更少使用体标记"了"或"过"，也更少谈论"过去话题"。

语音障碍与语言障碍的共性与差异。语音障碍和语言障碍在美国精神医学协会 2013 年出版的《精神障碍诊断与统计手册》（第 5 版）中是沟通障碍下的两个次分类，各有不同诊断准则。张显达、许馨仁（2020）采用图片命名、非词复诵、量词诱发与学习三项测试比较语音障碍组和语言障碍组儿童在发音、音系工作记忆和词汇学习三项任务中的表现，结果显示，虽然两个障碍组儿童在发音准确度上没有重大差别，但语言障碍组出现较多的错误发音变异，音系工作记忆比同年龄正常对照组弱，新词的学习也不理想。综合各项任务分析推论，语音障碍组儿童的发音困难可能是在口腔运动层面，而语言障碍组的发音问题可能涉及更高层次的音系系统运作，从语音处理到语言分析都受到影响。作者建议，必须加强对语音障碍儿童语音加工能力的研究，从多个角度去认识语音障碍与语言障碍两个次类的差异性，提高儿童语音障碍治疗的临床疗效。

不同文字阅读障碍儿童的视知觉加工特征比较。伊力扎提·麦麦提等（2020）对仅在汉字、仅在维吾尔文以及两种文字上同时存在障碍的三组阅读障碍儿童与对照组进行视觉加工任务对比分析，结果表明，与对照组相比，汉单障碍组和双障碍组儿童在电子数字加工任务中表现出显著落后；维吾尔文单障碍组儿童在电子数字视觉加工任务中表现正常，但在维吾尔文假字字形加工任务中表现出显著落后。作者认为，属于表意文字的中文阅读障碍儿童可能存在更为一般性的视觉加工落后，属于浅层正字法的拼音文字维吾尔文阅读障碍儿童不存在更为一般性的视知觉加工落后。

（二）语言障碍儿童语言发展的评价与监测

周兢、张义宾（2020）基于 341 名 3—6 岁正常儿童发展数据建立的语言发展测评系统，对四个自闭症儿童追踪语料数据进行"诊断性"分析，结果发现：基于语料库的汉语学前儿童语言发展评价系统，在诊断评价学前自闭症谱系儿童语言发展方面具有操作可行性；汉语儿童词汇多样性发展和汉语儿童句法发展作为一级指标，可以判定自闭症谱系儿童的词汇和句法整体发展水平；汉语儿童自发性语言产出的不同词汇类型以及平均最长五句话水平作为二级指标，可以进一步发现自闭症儿童的词汇结构和句法结构问题。研究呈现出汉语文化情境下，高功能与低功能自闭症儿童词汇和句法发展的不同障碍程度和特征表现，并据此提出为自闭症谱系儿童分类打造"情境语言学习"干预模式的建议。作者指出，基于汉语儿童语料库的语言发展测评系统，以非标准化的路径，为汉语自闭症儿童语言发展评价与监测提供了新的方向。

（三）语言障碍儿童的语言学习

徐子淇、贾兆娜（2020）在语言学视角下探析听力障碍儿童语言习得的影响机制，发现大部分听觉障碍儿童缺乏早期普遍语法刺激发展，其语言的发展均会存在不同于健听儿童语言习得的显著特征。作者建议，听觉障碍儿童的语言习得不应局限于"听说读写"，应把握其语言习得的规律特征，要从心理、生理等多个层面进行研究。潘启超、胡晓毅（2020）介绍了国外发展性障碍儿童的第二语言教学的相关研究成果，并归纳为以下特点：教学策略呈现高度异质性；教学内容集中于词汇相关教学；教学方法日益新颖活泼。这些研究对我国发展性障碍儿童第二语言教学有一定的借鉴意义。

（四）儿童语言康复

中国儿童言语治疗的发展思路。石定栩、杨洋（2020）指出，加强关于语言障碍的研究和实际治疗，需要整合社会资源，根据语言障碍人群的现实需要给予政策倾斜，解决一些实际问题，让言语治疗更有效地造福语言障碍人群。作者基于现状，提出如下发展思路：一是需要进行"融入"宣传，鼓励受语言障碍影响的儿童"走出去"。一方面为语言障碍儿童正名，提高对语言障碍人群的社会包容度；另一方面让广大群众认识到开展语言障碍研究、进行言语治疗的作用和重要性，并鼓励语言障碍儿童融入社会，接受干预和治疗。二是要协调基础研究和应用的融合，可以考虑把言语治疗师引入研究机构。三是需要从政策层面为言语治疗师的培养、教育、引进开绿灯，相关部委出台发展言语治疗专业的政策，完善言语治疗师的培养机制，建立完善的言语治疗教育体系，让言语治疗真正成为一门符合国际规范、满足国内市场需求的专业。四是要建立一个完整的汉语语言能力常模体系或者说准确的汉语语言能力量表，以作为言语治疗的诊断标准。

儿童语言康复的主要方法。庾晓萌等（2020）依据《国际功能、残疾和健康分类（儿童和青少年版）》和《国际健康干预分类》构建了儿童交流障碍整体化与结构化康复方案，该方案涉及身体功能和结构、活动和参与、环境因素、个人因素四个层面，干预方法可分为评估类、训练类、教育与咨询类以及社会心理支持类。白晓宇等（2019）介绍了促进高阶知识涌现（Promoting the Emergence of Advanced Knowledge, PEAK）关系训练系统，这是孤独症语言障碍康复的新方法，可以促进孤独症谱系障碍患者的语言、学习、社交等核心技能发展的语言行为评估训练系统，由四个模块组成：直接训练模块、泛化模块、等价关系模块、功能转化模块。赵玉霞等（2020）探讨了音乐活动和韵律压力感知训练对孤独症和智力障碍患儿认知功能和语言的影响，实验结果表明，音乐活动联合韵律压力感知训练更有利于改善孤独症和智力障碍患儿的认知功能、语言理解及交流等社交能力。刘敏乐等（2020）观察了通关利窍针法[①]联合语言训练治疗小儿脑瘫合并语言障碍的临床疗效，结果表明，通关利窍针法联合语言训练治疗小儿脑瘫合并语言障碍，能明显改善患儿的语言功能、日常生活能力和粗大运动功能，且年龄越小疗效越好。

二 老年语言障碍与语言康复

老龄化一般会引起两类语言问题：一是正常衰老引起的语言蚀失；二是老年获得性疾病引发的语言障碍，如老年性听力障碍、老年抑郁症、其他老年性

---

① 石学敏院士的"通关利窍"针法以通利关窍、滋补三阴为原则，以内关（双）、人中、三阴交（双）为主穴，配合风池（双）、完骨（双）、翳风（双）、廉泉、旁廉泉（双），佐以咽后壁点刺。

疾病（如阿尔茨海默病、帕金森病、脑血管病变、脑梗死）等。其中，由阿尔茨海默病导致的语言障碍症状最为严重，甚至会最终丧失语言产出和语言理解能力。

（一）老年语言障碍的类型

老年人语言蚀失。老龄化与语言蚀失及其认知机制等研究成为老龄化程度不断加剧背景下需要重点关注的问题之一（戴浩一、黄立鹤，2019）。姜帆等（2020）指出老年人语言蚀失表现为交际中出现重复、口吃、词汇提取困难等特征，造成语言蚀失的原因包括年龄、认知能力、情感因素以及语言的输入量和输出量等，针对老年人语言蚀失造成的失语症以及老年痴呆症，除药物治疗外，目前国内外学术界提出了多种非传统的治疗方法，如：外语学习法、阶段性训练法和音乐治疗法等。作者期望国外对老年人语言蚀失的研究能为国内老年人语言蚀失的预防和康复治疗提供参考，促进健康老龄化事业的发展。

遗忘型轻度认知功能障碍人群的语言障碍。胡荣亮等（2020）以33例遗忘型患者与33例无脑内病变的健康老年人为观察主体进行神经心理学、词语流畅性、数字广度测试。两组对比测试后，认为听觉语言、工作记忆是以听觉语言理解作为基础，一旦患者语言工作记忆遭受损害，其计算能力也会遭受到一定的损害，影响患者对语言的理解。研究结论表明，遗忘型患者的听觉语言、工作记忆执行功能明显受损。

阿尔茨海默病语言障碍。王文迪等（2020）指出，语言障碍是阿尔茨海默病的主要临床特征之一，并随着疾病的进展而不断加重，严重影响患者生活质量。作者介绍了经典遗忘型、少词型进行性失语、后皮质萎缩和额叶变异型四类阿尔茨海默病语言障碍的病理改变、临床表现、影像学改变、生物标志物方面的研究状况，并探讨阿尔茨海默病的诊断及治疗研究方向。刘红艳（2020）从两方面梳理有关阿尔茨海默病患者语言障碍的实验研究：一是对音位、找词困难、句法、话语层面语言障碍的实验研究；二是基于眼动、脑电及脑成像等技术对患者语言障碍认知神经机制的实验研究。作者指出，目前相关实验研究多基于实验室研究数据，并主要集中在患者话语的词汇、句法及语义等方面，对患者语言使用的复杂性关注不够，对不同阶段患者语言障碍的关注不够，亟待从交际语用角度对患者自然话语进行基于多模态语料库的系统研究，期待从事认知科学、言语治疗及相关领域研究的专家学者进一步研究阿尔茨海默病患者交际和认知关系的内在神经机制，以探索患者语言障碍康复治疗的有效途径，并建议建设大规模阿尔茨海默病患者多模态数据库，为政府制定养老、医疗保障及社会支持等决策提供客观依据。

（二）老年语言障碍的语言康复

蒙台梭利语言教育法。[①]杨旭等（2020）选取某老年公寓轻度认知障碍患者50例，用随机数字表法分为试验组和对照组，每组各25例。试验组采用蒙台梭利语言教育法进行干预，对照组采用常规言语训练方式。结果证明干预试验组的认知功能，言语功能中的复述、说、阅读能力均显著优于对照组，差异有统计学意义（P<0.05），听、抄写、描写、听写、计算能力差异无统计学意义（P>0.05）。作者认为对于轻度认知障碍患者老年人，蒙台梭利语言教育法是一项有效的非药物言语干预模式，能够鼓励老年人表达自己的需求，增强交流能力，延缓机体退化，调节心理和行为变化，改善生活质量。

标准化的励-协夫曼言语治疗训练。[②]李咏雪等（2020）采用标准化的励-协夫曼言语治疗训练对16例以汉语为母语的中国帕金森病患者进行为期四周的训练，结果发现，该训练法能够显著增加帕金森患者最长发音时间、提高音量、改善嗓音质量、降低嗓音障碍指数，提高患者生活质量，适宜在临床应用并推广。

药物治疗。彭小江（2019）探讨不同剂量氟西汀[③]治疗老年脑卒中后失语伴轻度抑郁患者的效果及对神经功能和语言障碍的影响，实验结果显示，给予30mg/d氟西汀比给予20mg/d氟西汀能进一步改善老年脑卒中后失语伴轻度抑郁患者的神经功能及语言障碍，效果更显著，且安全性高。

早期康复护理。王晓华（2019）通过考察92例老年脑梗死伴语言障碍患

[①] 蒙台梭利教育法是以儿童教育家玛丽亚·蒙台梭利名字命名的一种教育方法，主要包括感官教育、语言教育、日常生活教育、数学教育、文化教育五个方面，其中语言教育是一种通过调动人体多种感知觉刺激语言学习的方法。

[②] 励-协夫曼（Lee Silverman）言语治疗是20世纪80年代末发展起来的首项具有直接临床证据的言语治疗技术。励-协夫曼言语治疗注重高强度训练，同时兼顾呼吸控制，通过提高音量、增加发声运动的幅度改善患者对自身发声运动障碍的感知能力。

[③] 氟西汀，为临床广泛应用的选择性5-HT再摄取抑制剂（SSRI），可选择性地抑制5-HT转运体，阻断突触前膜对5-HT的再摄取，延长和增加5-HT的作用，从而产生抗抑郁作用。

者，分析早期康复护理对老年语言障碍患者的效果。早期康复护理，主要包括疾病知识宣教、心理护理、根据专业人士制定的训练方案进行早期肌肉、肢体、吞咽功能训练。作者根据实验结果指出，在老年脑梗死伴语言障碍患者中实施早期康复护理干预，可有效降低患者的语言障碍程度及减轻神经功能缺损症状，对提高患者的生活质量具有重要意义。

三 其他语言障碍与语言康复

成年人由于各类疾病和损伤可能导致语言障碍的发生，渐冻症等神经肌肉系统病变也可能影响到发声器官和相应的神经系统，造成语言障碍；脑卒中常见的后遗症之一是产生语言障碍；还有些社会环境问题也会影响到语言能力，造成语言障碍。

（一）脑卒中失语症及其治疗

脑卒中后心理焦虑状态的评估。马睿等（2020）指出，失语及认知障碍都是脑卒中后常见的临床症状，据报道大约1/3的脑卒中患者会出现失语症，其中1/4的患者会产生焦虑障碍，患有失语症的脑卒中患者比言语功能正常的脑卒中患者更容易出现焦虑障碍。作者认为，对脑卒中后失语及认知障碍患者的心理状况进行正确的诊断、早期的评估，以及及时的治疗是他们功能康复的保证。作者提出，使用非言语性焦虑评估量表准确掌握患者焦虑状态，可为临床治疗及康复治疗明确方向，并通过该量表进行动态监测，提高患者康复效果。

脑卒中失语症的治疗方法。张雯舒等（2020）采用眼针联合语言康复训练来治疗缺血性脑卒中，选取符合标准的120例脑卒中患者进行分组实验，实验结果显示，眼针联合语言康复训练可改善缺血性脑卒中患者的运动功能、神经功能及语言障碍，改善患者的生活质量，两种治疗方法具有协同康复作用。朱晓菊、何小俊（2020）认为在失语症治疗中，音乐疗法结合言语训练的治疗效果优于单纯的语言训练，其他研究也证实了音乐疗法对构音障碍等疾病的有效治疗。张莉（2020）选取128例脑出血语言障碍患者作为研究对象，分析优质护理理念在脑出血语言障碍患者中的应用效果，实验结果显示，在常规护理的基础上采用优质护理理念的整体护理效果更佳，对患者的语言障碍有较好改善，建议进行推广应用。

（二）亨廷顿病言语障碍及其治疗

亨廷顿病[①]言语障碍的表现和原因。潘雪瑶、姜孟（2020）认为亨廷顿病临床症状复杂多变，其中患者的语言损伤会随着病程发展日益加剧，甚至导致患者完全丧失自发言语的能力。亨廷顿病患者在言语表达的大部分环节都存在一定程度上的障碍，出现呼吸急促异常、发声音调不规律变动、构音精确性和敏捷度较低、语音上话语连贯性与韵律异常等。其原因主要是言语计划阶段受损，言语执行阶段障碍明显，大脑神经系统病变导致言语失用、发音器官本身肌张力异常等造成构音障碍。

亨廷顿病言语障碍康复治疗的原则和方法。潘雪瑶、姜孟（2020）指出，在对亨廷顿病患者的言语障碍进行干预时遵循病程发展的阶段，有针对性地开展治疗。在疾病初期，重点在于提高患者的自我监控能力；在中期，可向患者和家属介绍有效的沟通技巧，提高双方的言语沟通有效性；在疾病晚期，家属和看护者可做出更多努力，辅助沟通系统的介入十分必要。作者介绍了药物治疗、音乐治疗、作业治疗、辅助沟通治疗等治疗手段，指出现有治疗方式中，药物的疗效不明，音乐治疗虽有一定效果，但存在诸多限制，作业治疗和辅助沟通系统可能对患者言语障碍的改善更有效果。

（三）脑损伤后神经性言语障碍评估

范顺娟等（2020）采用多维度客观性声学测量手段来评估脑损伤后神经性言语障碍患者的嗓音问题，并针对其嗓音声学特征进行分析，探讨应用客观指标评估神经性言语障碍患者嗓音障碍的有效性。研究表明，言语参数测量可以有效评估脑损伤后神经性言语障碍患者的言语功能，神经性言语障碍患者出现言语呼吸功能受损的现象非常普遍。作者建议，相关研究应增加样本量，进行纵向研究，以及更深层次探究言语各声学参数间的临床意义。

---

① 亨廷顿病，又称大舞蹈病或亨廷顿舞蹈症，是一种常染色体显性遗传性神经退行性疾病。该病由美国医学家乔治·亨廷顿于1872年发现，因而得名。主要病因是患者第四号染色体上的亨廷顿基因发生变异，产生了变异的蛋白质，该蛋白质在细胞内逐渐聚集，形成大的分子团，在脑中积聚，影响神经细胞的功能。一般患者在中年发病，表现为舞蹈样动作，随着病情进展逐渐丧失说话、行动、思考和吞咽的能力并最终导致患者死亡。

（四）言语失用伴口颜面失用语言障碍的治疗

陆云等（2020）发现，针对言语失用①、口颜面失用②的治疗，手势引导较常规治疗能更好地改善患者言语功能，在临床康复训练中具有较高的疗效。实验利用视觉、听觉、触觉多途径综合刺激，结合运动力学，通过示范构音器官位置提供目标音发音方式、接触位置、下颌开放程度、构音方法等的感觉输入。治疗中根据言语失用患者完成单音节单次复述、多音节单次复述、多音节多次复述相对容易的特征，并参考汉语拼音组合规律，遵循由易到难、由简到繁、循序渐进的原则进行训练。实验结果表明，治疗后试验组患者的音节习得比较、口部运动功能改善情况、复述功能等改善幅度较显著。

结　语

语言障碍和语言康复研究是语言学与医学交叉的新兴学科，从2020年的研究情况来看，主要是在医学领域针对汉语语言障碍的分类、语言康复治疗方案的探讨，多采用实验的方式，以汉语语言障碍为研究对象的实证研究还较少。从语言学视角审视语言障碍现象，探索语言障碍的规律具有重要的理论意义和实际价值，语言学理论框架和分析方法可以指导语言障碍的诊断、治疗与康复，可以对语言障碍的发生进行深入的理论研究，破解语言障碍儿童的教育问题。未来需要更多的语言学者、言语治疗师、听力学家和其他人员协同配合，对口语、书面语或手语产生和理解的障碍做出描述、评估、诊断和治疗，采用跨学科的研究方法，加强对语言障碍的病理、生理、心理的全方位研究，并开展广泛的语言能力调查，建立汉语语言能力的常模，开发语言障碍测评工具，为汉语语言障碍的发现、评估、检测和康复打下坚实的研究基础。逐步建立言语治疗师的教育培养体系，为语言障碍的治疗康复事业发展、培养专业人才。

---

① 言语失用是言语运动计划和/或编程障碍导致的一种运动性言语障碍。其特点是语音速度减慢、音位错误、韵律异常等。

② 口颜面失用是在非言语状态下，与言语产生活动有关的肌肉自发活动存在，但舌、唇、喉、咽、颊肌自主运动困难。

【本年度研究文献】

［1］陈李军，王芳芳.自闭症儿童语言障碍与特殊型语言障碍的不同［J］.科教文汇，2020（06）：178—180.

［2］范顺娟，胡瑞萍，吴军发，沈雪彦，沈莉，刘加鹏，王婷玮，吴毅，朱玉连.言语参数测量在脑损伤后神经性言语障碍患者中的应用［J］.中华物理医学与康复杂志，2020，42（09）：787—791.

［3］胡荣亮，陈颂玲，任雪芹，容健成，左克杨，黄小玉.遗忘型轻度认知功能障碍人群听觉语言工作记忆和执行功能特点［J］.中国实用医药，2020，15（20）：61—63.

［4］姜帆，皮佳欣，杨淑玲.老年人语言蚀失研究述评［J］.作家天地，2020（15）：34—36.

［5］李咏雪，谭茗丹，范豪，李婧婷，徐智勤，卞瑞豪，陈曦.励-协夫曼言语治疗对中国帕金森病患者言语功能的影响［J］.中华物理医学与康复杂志，2020，42（03）：245—248.

［6］刘红艳.阿尔茨海默症患者语言障碍研究现状和进展——基于病理语言学的实验研究综述［J］.外语电化教学，2020（05）：72—77.

［7］刘敏乐，梅诗雪，杨灵狄，毛平安.通关利窍针法联合语言训练治疗小儿脑瘫合并语言障碍54例临床观察［J］.中医儿科杂志，2020，16（06）：101—104.

［8］陆云，雷斌，冉军，刘丽君.手势引导对言语失用伴口颜面失用的临床疗效观察［J］.中国听力语言康复科学杂志，2020，18（01）：57—61.

［9］马睿，王婷婷，刘洪红，屈云.脑卒中失语及认知障碍患者非言语性焦虑评估研究进展［J］.中国康复医学杂志，2020（04）：502—587.

［10］潘启超，胡晓毅.发展性障碍儿童第二语言教学研究综述［J］.绥化学院学报，2020，40（07）：130—134.

［11］潘雪瑶，姜孟.亨廷顿症患者的言语障碍及其治疗［J］.听力学及言语疾病杂志，2020（03）：346—350.

［12］邱伟哲.普通话特殊型语言障碍儿童与高功能自闭症儿童双及物结构对比研究［D］.广东外语外贸大学硕士学位论文，2020.

[13] 石定栩, 杨洋. 中国语言障碍与言语研究——现状分析和发展思路 [J]. 语言战略研究, 2020, 5 (02): 17—24.

[14] 苏怡, 莉蒂希娅·蕾格斯. 汉语自闭症学前儿童语言表达能力实证研究 [J]. 语言战略研究, 2020, 5 (02): 25—34.

[15] 苏怡, 谢芊芊, 苏林雁. 孤独症儿童、发育迟缓儿童和语言障碍儿童早期语言表达的异同 [J]. 中国临床心理学杂志, 2020 (03): 508—517.

[16] 王文迪, 孙培, 韩丰月, 屈传强. 阿尔茨海默病语言障碍的研究进展 [J]. 中华医学杂志, 2020 (13): 1038—1040.

[17] 徐林荔, 何晓炜, 徐津津, 孙蓝. 汉语特殊型语言障碍儿童量词习得研究 [J]. 外语教学, 2020, 41 (04): 63—68.

[18] 徐子淇, 贾兆娜. 听觉障碍儿童语言习得探析——基于乔姆斯基普遍语法的思考 [J]. 绥化学院学报, 2020, 40 (07): 33—36.

[19] 杨旭, 马秋平, 贾卫, 饶艳芳. 蒙台梭利语言教育法在老年轻度认知障碍言语训练中的应用 [J]. 中国听力语言康复科学杂志, 2020, 18 (04): 278—281.

[20] 伊力扎提·麦麦提, 买合甫来提·坎吉, 迪拉热·达吾提, 古丽格娜·艾塔洪. 不同文字阅读障碍儿童的视知觉加工特点 [J]. 中国临床心理学杂志, 2020, 28 (03): 460—464.

[21] 庹晓萌, 邱卓英, 李孝洁, 刘巧云, Huang L, 黄昭鸣, 张青. 基于世界卫生组织国际分类家族构建儿童交流障碍诊断与干预理论架构与方法 [J]. 中国康复理论与实践, 2020, 26 (01): 21—27.

[22] 张莉. 分析优质护理理念在脑出血语言障碍患者中的应用效果 [J]. 临床医药文献电子杂志, 2020, 7 (02): 116.

[23] 张雯舒, 刘小平, 陈飞宇, 徐珊珊. 眼针联合言语康复对缺血性脑卒中患者身体机能及语言障碍的疗效分析 [J]. 中国药物与临床, 2020, 20 (02): 246—248.

[24] 张显达, 许馨仁. 从语音处理能力看儿童语音障碍与语言障碍的共性与差异 [J]. 语言战略研究, 2020, 5 (02): 35—50.

[25] 赵玉霞, 张姝妤, 吴静静, 梅世月. 音乐活动和韵律压力感知训练对孤独症和智力障碍儿童认知功能和语言的影响 [J]. 临床精神医学杂志, 2020, 30 (05): 312—315.

[26]周竞,张义宾.基于语料库的汉语学前儿童语言发展评价与监测——对一组自闭症儿童的诊断研究报告[J].中国文字研究,2020(01):222—239.

[27]朱晓菊,何小俊.音乐疗法治疗脑卒中失语症的研究进展[J].护理研究,2020,34(02):288—290.

【以往参考文献】

[1]白晓宇,Tawanda S Mutusva,祝卓宏.PEAK关系训练系统:孤独症语言障碍康复的新方法[J].心理科学进展,2019(11):1896—1905.

[2]戴浩一,黄立鹤.台湾老龄化与语言蚀失研究一瞥[J].语言战略研究,2019,4(05):74—75.

[3]彭小江.不同剂量氟西汀治疗老年脑卒中后失语伴轻度抑郁患者的效果及对神经功能和语言障碍的影响[J].临床医学研究与实践,2019,4(14):41—43.

[4]王晓华.早期康复护理对老年脑梗死伴语言障碍患者的干预效果观察[J].中国冶金工业医学杂志,2019,36(06):662—663.

中小学语文知识教学

语文知识教学事关中小学生国家通用语言文字能力培养与提升，是语言政策研究的重要话题。中小学语文教育领域在工具性和人文性争论中出现的"弱化语文知识教学"倾向带来系列问题，引发各界关注。2017年以来，新一轮语文课程改革统筹工具性和人文性，统编教材推动语文知识"暗线回归"（温儒敏，2016）。中小学语文教育为什么以及如何加强语文知识教学？2020年的相关研究主要围绕语文知识教学的重要意义、语文知识体系的科学构建以及语文知识教学的优化提升进行了探讨。

一 语文知识教学的重要意义

相关研究探讨了语文知识教学在中小学语文教育中的基础地位，同时分析指出"弱化语文知识教学"带来的系列问题，凸显了加强语文知识教学的重要性和必要性。

（一）语文知识教学是语文教育的重要任务

语文知识教学是否重要和必需，源于对语文课工具性和人文性的性质把握。就此，苏新春（2020a）指出，语文课具有培养语言能力的具体而独特的任务，只是由于语文课内容与思想情操道德观念有着密切联系，如果没有清晰的定位与认识上的定力，往往会以"道"统"器"，把人文性放在高于一切的位置。

语文知识教学的重要性体现在哪里？叶波（2020）认为，实现语文教学的根本目的离不开语文知识的习得，"语文教学的根本目的在于打开个体生命，以朝向语言文字所承载的中国人生命之道的文化世界，进而确立作为中国人的存在方式。但这一根本目的的实现离不开语文知识的习得。语文知识当然不需学生如同语言文学的研究者那般，去获得关于语言文学的纯粹理论化认识，但离开了语文知识，所谓的语文实践、交往实践、语用体验等，必然变得空泛"。苏新春（2020a）指出，语文知识教学的极度虚化，使得语文课成了难以落实、全凭"体悟""灵动"来感受的课程，实际上"语文课中最实的内容就是语文知识，它是知识往能力、能力往素养转化的基础与起点。语文知识实了，语文能力与语文素养就有了依托；语文素养高了，人文素养的转化与积累就有了更好的条件与载体"。

语文知识教学正在"暗线回归"。刘茜、周可心（2020）回顾了近20年语文课程改革的历程与成就。在调整与重构课程内容方面，"强调要有意识地将语文知识与语文实践结合起来，而语文能力的培养离不开语文知识的积累。因此，语文知识的科学编排成为课程内容重构的重要方面。从人教版等版本教材以及最新的统编版教材来看，混合编排成为当前语文知识编排的主流形式"。在创新教材编写机制方面，教材内容"重建语文知识体系，语文知识与能力被融入教材的各个板块，以隐形的方式存在"。

（二）弱化语文知识教学带来系列问题

李宇明（2020a、2020b）指出，当前中小学语文教育存在缺乏分年级的、教材编写者可参考的语言学基本指标（比如语音指标、文字指标、词汇指标、语法指标、标点符号指标、语言使用指标等），字词之外的语言应用讲得太少，语文的三大工具（拼音工具、辞书工具、信息技术工具）考虑得不够，某些语言观念陈旧落后等突出问题。这些问题导致的后果是："从现在大学生乃至研究生的语文状况看，普遍反映有如下一些问题：标点符号使用不过关；不太清楚汉语拼音的分词连写规则；汉字写得较为难看，不大认识手写汉字，不会书写繁体字；'的、地、得'区分困难；词类概念不熟悉；应用文的格式不能熟练掌握，礼貌语言的应用有问题；语言与方言、汉语与民族语言、本土语言与外语等概念不能很好区分；不了解语言文字历史上的重大事件，不熟悉国家的语言文字政策；不了解中国的语言国情，更不了解世界语言文字的基本状况；等等。以上这些问题有很多是'国民常识'问题，这些问题的存在说明义务教育阶段的母语教育是有改良空间的。"

这些问题，既不利于国民语言能力的提升，也不利于国家语言文字方针政策的贯彻落实。李宇明（2020a）进一步指出："中小学缺乏基本的语言常识教育。普通话和方言是什么关系？中国有多少汉语方言和民族语言？世界上的语言状况如何？汉语在世界上地位如何？要知道，大学分科后，不读中文系、外文系的学生，就很少接触这些东西了。因此，中学水平就是中国公民语言文字知识的最高水平。一些常识基础教育不讲，上了大学之后，有人就对繁体字迷信起来，对普通话的认识偏颇起来，不能正确判断语言生活的是与非。语文课中应当体现最基本的语言理念。将来有助于学生判断语言生活是非的知识，应该受到重视。"

二 语文知识体系的科学构建

尽管语文知识还只是作为"暗线"的一部分而出现，但"重建语文知识体系"的任务已经明确提出了。那么这个知识体系是如何构成的？应包括哪些语文知识？其数量、分布及关系如何？2020年的相关研究就此进行了探讨。

（一）语文知识的基本内容及其体系构建

苏新春（2020a、2020b）就语文知识的基本内容及其体系构建提出一系列基本设想。

关于语文知识内容。作者指出，语文知识指的是为了有助于提高学生对母语语言文字能力的培养，需要纳入教学环节的有关语言结构与语言应用规律与特点的语言文字知识，包括文字、词汇、语音、语法、修辞、逻辑、写作等方面的内容。

关于语文知识体系的组织方式。作者提出，语文知识可以是成系统的完整的语文知识，也可以是在教材与教学中的某个部分某个环节中以个别、零散形式存在的语文知识。系统、完整的语文知识可以表现为语文知识专题知识集，如字表、词表、音节表、拼音表及语法、修辞、逻辑等知识集，可以表现为教材中的语言知识专题的形式，也可以表现为教学大纲的附录或教师参考用书等形式。个别零散的语文知识则多是掺杂在语文教材某个部分如单元、知识窗、题解或练习题等。作者进一步指出，处理语文课程中的语文知识，关键有三个：一是数量，即语文知识的多少、深浅、难易、广狭、类型等；二是质量，即语文知识的建构原则、机制、作用等；三是功能，即语文知识与语文能力培养有着怎样的关系，能发挥怎样的效果。

关于语文知识体系的构建原则。作者提出，在语文课程的语文知识体系化建设中要遵循以下原则：符合中小学生课程的定位与需求；符合中小学生的学习规律与特点；用科学的方法来提取。即遵循课程优先原则、学生优先原则、方法优先原则。作者进一步指出，课程大纲应体现对语文知识的科学化追求。课程大纲具有知识上的数量、质量、层级特点，现在的大纲规定，或是提出的要求还不太全面，覆盖的知识面和知识点有限；或是要求还不明确，朦胧有余，具体不够；或是因难度过大，暂时空缺。如对"词汇"的词量、词种、词级的要求，对"语法"的多与少、难与易的要求，即使列进了单句、复句、修辞的学习要求，但对"单句"的简单单句与复杂单句的区分，对"复句"的简单复句与复杂复句的区分，对"修辞"的单用与套用的区分，都还是粗而未细。

（二）语文知识的创新

刘茜、周可心（2020）指出，语文知识的创新成为完善语文课程内容的前提，运用科学的理论指导是语文课程内容重构的必要支撑。目前语文课程内容已经不存在需不需要知识的争论，选择何种语文知识才能推动语文核心素养的养成才是当下值得思考的问题。在人工智能时代，语文课程内容改革必将沿着弥合不同学科界限的道路前进。因此，有必要在社会与文化的发展脉络中审视已有的语文知识，打破孤立的学科结构，从知识、能力、价值三个维度整合学科内容，删去不合时宜的陈旧知识，提升语文知识的适切性。同时，语文课程内容需融入智能时代所必需的素养与能力，其结构样态的现代化将成为学生适应未来社会语言运用的重要条件。

李宇明（2020a）指出，语文教育要反映中国语言生活的重大变化。改革开放后的40年来，特别是最近一二十年，我们的语言生活发生了重大变化。第一是传媒形式的发展。过去以平面媒体为主，如今以有声媒体、电子媒体为主，并出现了融媒体的发展趋势；过去以笔写字为主，现在的"键盘时代"以键盘打字为主。第二是对待传统的态度，过去把中国传统作为文化包袱，希望尽快扔掉，因此文言文教育少了，也不系统进行繁体字教育；而近些年来重新尊重传统、发扬传统。第三是"构建人类命运共同体"的新视野。未来将是多元化、全球化的时代，我们的后代能否很好地在国际上行走？能否将中华文化和世界文化很好地交流互鉴？中小学时代的教育能否为孩子们未来的生活提供足够的营养？语文教育如何反映中国语言生活的重大变化、如何帮助他们过好未来的语言生活？这是我们今天必须思考的问题。

（三）语文知识体系构建需要加强语言学支撑

李宇明（2020a、2020b）指出，中国的语言研究一直都有为语文教育服务的传统，母语教育，特别是基础教育阶段的母语教育，当年是受到语言学的充分关怀、汲取了语言学多种营养的。而今，这一领域几乎成了语言学的贫瘠之地。为此，作者呼吁构建母语教育的语言学支撑体系，"母语教育，包括母语的基础教育，是需要语言学支撑的。母语教育不是语言学教育，但是母语教育者、母语教育的辅助者（如课标制定者，教学指导者，教材的编写者、审定者、出版者，教参编写者，教辅读物的编写者、出版者，语文水平的测评者，语文教师的培养者和在职培训者等），不能没有必要的语言学知识与涵养"。作者认为，母语教育的语言学支撑体系由多个方面构成：首先是母语教育的语言学研究体系，要明确义务教育（及其各学段）关于汉语汉字的教育目标和教学内容、教育方法、教学评价体系；其次，要完善教师教育体系，包括职前教育体系和在职培训体系；第三，要发挥好一线语文教师的"投篮手"作用。

三　语文知识教学的优化提升

如何优化提升中小学语文教育中的语文知识教学？2020年的相关研究就改进语文知识教学策略、落实新课标关于汉字教学的要求、完善词汇教学的规范标准、发挥好权威辞书功能、用好统编教材、优化文言文语言知识类练习编排、注重学生的语言文字规范意识与能力培养等问题深入探讨，提出一系列思考建议。

（一）改进语文知识教学策略

徐鹏（2020）建议"建构真实的学习情境，增强语文知识的融合度"。作者指出，从新课标提出的语文学习任务群的本体特性来看，它继承了任务型语言教学的基因，吸纳了项目学习的精髓；它倡导聚焦典型的言语实践活动，注重解决真实情境中的现实问题。因此，在学习任务群中落实语文知识教学，需要规避以往"去情境化"的弊端，从学科认知、个人体验和社会生活等情境维度，引导学生在"情境化"的学习活动中学习和运用语文知识。所谓的"情境化"是指将语文知识放置于真实的言语世界中，恢复语文知识生产与应用情境之间本然的联系；同时，还要将语文知识与学生已有的知识储备结合，促进学生完善知识网络、提升关键能力。总之，在语文学习任务群中落实语文知识教学需要进行"情境化"包装，即建构真实的语言运用情境，增强语文知识学习与学生经验的主体相关性。

（二）落实新课标关于汉字教学的要求

王立军（2020）指出，要加强对一线教师系统的汉字学知识培训，因为一线教师是落实新课标精神和科学汉字教育的主力军，要考虑基础教育一线的实际。新课标将《通用规范汉字表》的一级字表 3500 字作为义务教育语文课程的常用字表，就反映出课标组在具有非常明确的落实语言文字规范和科学汉字教育意识的同时，也做了充分调查，考虑到了基础教育的实际需求。

（三）完善词汇教学的规范标准

2019 年国家语委颁布的绿皮书软规范《义务教育常用词表（草案）》（以下简称《词表》）为词汇教学提供了重要参照。李宇明（2020b）认为，《词表》是一个适合义务教育的汉语词表，为母语教育提供了语言学支撑，是教学内容中字、词领域的典型。吴格明（2020）指出，词汇是语文素养的基础，《词表》是语文课程科学性、语文教学科学性的基本保证，是语文教材编选、词语教学、语文考试命题的重要参照，是语文课程的基本内容，应当进入语文课程标准。吴格明（2020）还对《词表》提出了进一步完善的意见：一是提供词频，以帮助读者清晰地了解词条取舍和词量控制的具体情况，思考取舍和控制是否恰当；二是提供词表与字表的具体相关信息，以字表作为词表的天然依据和刚性标准，既有学理的思考，又有实践的原因，词表与字表保持一致，整个语文课程的内容与目标才能和谐，教学才能顺畅，否则就会带来混乱。针对《词表》尚存的一些问题，作者提出六点具体建议：称呼用词应当单音词、双音词兼收；单字词和单字加"子""头""儿"的词是否兼收，应区分不同情况做出处理；同形词应当分别列出；一些具体词条的取舍需斟酌；个别错误词形需改正；个别语义归类不妥的词条需调整。

（四）发挥好权威语文辞书功能

储泽祥（2020）指出：有些语言知识在语文教材里是难以全面系统地体现

出来的，必须借助权威的语文工具书；要实现语文教育领域的语言规划长短期目标，必须重视使用权威的语文辞书，加强汉语语法和用法的教学内容；《现代汉语词典》是中考、高考语文命题的标准性工具书，中学语文教材和语文教学应适当安排权威辞书使用内容，加强学生使用权威辞书的意识，提高对辞书作用的认识。杨书松（2020）强调，《新华字典》《现代汉语词典》等权威辞书应该成为教师的案头必备。

（五）用好统编教材

徐轶（2020）介绍分析了统编本小学语文教材汉语拼音内容编排的思路。教材中的拼音标注，遵循学生能力发展的进程，由"全文注音"到"随文难字注音"到"不注音"，渐次增加难度；到了高年级，在学生已经能够熟练拼读音节的基础上，引导学生了解拼音分词连写的规则，了解拼音作为"拼写工具"在现实生活中的运用；在六年级上册教材中，安排了学习地名、人名拼写规则并运用拼音拼写人名的实践活动。作者指出，小学语文教材的拼音内容编排，遵循国家规范标准，强化拼音的工具属性，基于不同年龄儿童的认知规律，在不同年龄段安排了不同的学习重点，分步实施，逐步提升，力求为学生打好拼音基础，帮助学生学好汉语拼音，用好汉语拼音，满足信息时代的生活需要。

（六）优化文言文语言知识类练习设计

孙园园、苏新春（2020）通过对统编本与原人教版初中语文教材文言文语言知识类练习的对比，发现统编本练习数量和占比在一定程度上得到了优化，内容更为全面，更加注重在记忆的基础上加强体味和理解；题型也更为灵活多样，注重多方面素养的培养，增加了"记忆＋理解"类练习。同时，发现统编本练习仍存在有待完善之处。个别课文未设计语言知识类练习，尚缺少文字类练习；知识迁移能力以及现代语言能力的培养意识仍然不足，没有充分认识到古汉语对现代语言能力培养的价值；练习的类型和层级性有待改进，应弥补应用性练习，同时加强练习类型的层级性分布，以符合认识规律。

（七）注重培养学生的语言文字规范意识与能力

培养学生的语言文字规范意识与能力，一方面是中小学语文教育通过加强语文知识教学落实国家语言文字方针政策、助力语言文字规范化标准化建设的重要任务，另一方面也是语文知识教学提升质量和效果的重要路径。杨书松（2020）强调，应结合"语言建构与运用"核心素养培育，强化语言文字规范意识。在教材方面，要求语文教科书语言必须正确与规范，保证其示范作用；在教师层面，教师的语言规范应及时更新，教师应注意规范自身言语行为，关注新标准、新用法；在学生层面，应引导学生关注教材、教师语言规范实践，通过语言实践活动，积累言语经验；在考试方面，可利用语文高考，将语言文字规范作为必考内容，提高师生对语言文字规范的重视。周再新、彭泽润（2020）指出，语文高考领域对语言法律有些忽视，在语文高考试卷命题中，国家通用语言文字的法律意识和规范意识有待增强。徐欣路（2020）调查了校本教材语言文字规范性管理情况，建议完善课程评价活动和教师职务评聘及评优机制，严格编校审定制度，多措并举，加强对校本教材的语言文字规范管理。

结　语

统筹工具性和人文性的新一轮语文课程改革已经全面推进，学界关于加强中小学语文知识教学的研究正在不断深入。落实中小学语文知识教学，从知识体系构建、规范标准制定到教学设计、考试评价，需要语言学界和教育界的共同努力。对照学界初步构建的语文知识体系，还有大量内容有待深入研究。亟须学界做好准备，迎接语文知识在中小学语文教育中的"回归"。

【本年度研究文献】

［1］储泽祥.使用权威辞书　提升语言能力［J］.语言规划学研究，2020（01）：20—24.

［2］李宇明.母语教育的语言学支撑体系问题［J］.陕西师范大学学报（哲学社会科学版），2020a，49（02）：77—85.

［3］李宇明.加强语言学对语文教育的支撑［J］.语言规划学研究，2020b（01）.

［4］刘茜，周可心.语文课程改革二十年：成就、问题与展望［J］.长春师范大学学报，2021，40（01）：136—142.

［5］苏新春.语文知识在中小学语文教学中的地位及探索［J］.语言规划学

研究，2020a（01）：5—14.

[6] 苏新春.论课程大纲对教育教材语言的影响与支撑［J］.语言政策与语言教育，2020b（01）：1—11.

[7] 孙园园，苏新春.统编本初中文言文语言知识类练习编排探析［J］.教学与管理，2020（06）：74—77.

[8] 王立军.语言文字规范需要科学的汉字教育［J］.语言规划学研究，2020（01）：38—40.

[9] 吴格明."义务教育常用词表"当进入语文课程标准［J］.语文建设，2020（02）：77—80.

[10] 徐鹏.语文学习任务群的反思性教学建议［J］.中学语文教学，2020（01）：4—8.

[11] 徐欣路.中小学校本教材语言文字规范性的管理状况及对策［J］.语言规划学研究，2020（01）：79—84.

[12] 徐轶.落实规范标准，逐步达成目标——略谈小学语文教材汉语拼音内容编排思路［J］.语言规划学研究，2020（01）：45—47.

[13] 杨书松."语言建构与运用"应强化规范意识［J］.语言规划学研究，2020（01）：25—30.

[14] 叶波.为语文的教育还是为教育的语文——与温儒敏教授商榷［J］.全球教育展望，2020，49（08）：33—43.

[15] 周再新，彭泽润.语文课标的"祖国语言文字"和高考的"国家通用语言文字"法律意识——纪念《中华人民共和国国家通用语言文字法》20年［J］.江西科技师范大学学报，2020（04）：13—20.

【以往参考文献】

[1] 温儒敏."部编本"语文教材的编写理念、特色与使用建议［J］.课程.教材.教法，2016（11）：3—11.

线上语言教学

2020年春季伊始,受新冠肺炎疫情的影响,语言教学首次以成建制的方式实现了"线上教学"对"线下教学"的替代,为全国范围的"停课不停学"提供了重要支撑。在疫情防控常态化的大背景下,认真总结线上语言教学的经验成果,推动线上线下混合式语言教学转型升级,构建高质量语言教育教学体系,是2020年语言政策研究的热点议题,兼具理论意义与实践价值。相关研究回顾线上语言教学的发展历程与成效,分析线上语言教学面临的主要问题,并就线上语言教学的未来发展提出建议。

一　线上语言教学的发展历程与成效

计算机功能及其在语言教学中的应用经历了一个逐渐成熟的发展过程,线上语言教学随技术发展不断进步,取得积极成效。2020年的相关研究进行了简要介绍。

(一)线上语言教学随技术演进不断发展

韩晔、高雪松(2020)指出,过去30余年互联网历经三大发展阶段,线上语言学习的内涵也随之丰富、教学模式随之变化。第一代互联网时代,线上语言学习主要以教师或教学资源开发者单向输出语言学习资源为主。世纪交替之际,互联网逐渐迈向以交互为核心的第二代互联网时代,各类同步、异步计算机辅助交流(CMC)能够实现一对一、一对多、多对多的分享、互动、协作,形成了庞大的社交网络,为实践社会建构主义语言教学提供了优良条件。从3G到5G,移动辅助语言学习成为线上语言学习的前线。移动互联网设备、可穿戴设备创造了沉浸式、泛在化的语言学习及使用环境,提供有意义、有趣味的学习内容。学习者可以随时随地在智能手机、平板电脑、电子手写笔甚至可穿戴设备的辅助下进行多样化语言学习，如参与课程管理，观看慕课（MOOC），小规模限制性在线课程（SPOC）或其他类型课程视频与材料，记笔记，查阅电子工具书及软件，做作业，参与测验，通过文字、语音或视频开展同伴讨论与互评，玩寓教于乐型电子游戏等。这一背景下，教育技术已呈现常态化，实体课堂、混合学习、在线学习亦呈现相互渗透的趋势。

（二）混合型智慧语言教学是未来趋势

陈坚林（2020）指出，计算机最初作为一种辅助工具，帮助学习者利用计算机上的固定资源进行强化学习和操练。随着计算机技术的快速发展，计算机学习资源日益丰富，功能也已远远超出辅助作用，逐渐从辅助的地位走向了教学的前台。日新月异的信息技术把分散的资源结合起来进入社会生活的各个领域，人们发现只有把信息技术与教学进行深度融合，"海量"的大数据资源才能发挥作用，从而改变传统的教学结构，使技术能够支撑课堂教学和课外自主学习。于是，信息化时代的"智慧教学""深度学习""云课堂"等新理念进入了教育领域。在智能互联网技术的驱动下，智慧学习将使学习者在学校、家庭和社会中的学习都具备"智慧"性，使正式学习和非正式学习有机融合，满足学习者学校学习、家庭学习和社会学习的需求。智慧环境对语言学习的支持体现在三个方面：一是感知学习环境，记录学习过程；二是识别学习情景，创造学习机会；三是实现语言综合应用，促进有效学习。

胡杰辉、胡加圣（2020）指出，基于慕课等在线资源的混合学习在"先教后练"的基础上实现了"先学后教"流程翻转，"人工智能＋外语教育"则在"流程颠倒"的基础上进一步实现"以学定教"，进入系统性结构变革的智慧教学模式。

（三）线上语言教学取得积极成效

韩晔、高雪松（2020）介绍，国内外近年来大量研究检验了在具体教学模式或教学环境下学习者的二语水平发展情况，总体上得到较为积极的结果。计算机辅助交流、社交网络、电子游戏亦能促进二语语用能力发展。同时，线上语言教学研究也关注学习者多元能力，尤其是自主学习能力发展的问题。景飞龙（2020）和翁克山等（2020）的研究发现，学习者对移动技术辅助语言学习表现出很强的接受度，对实施环境的认可度也较高，总体上这是一种习惯性的行为参与。

二　线上语言教学面临的主要问题

新冠肺炎疫情突发后开启的大规模在线教育加快了线上语言教学的发展步伐，有效抵御了疫情给语言学习及教学工作带来的冲击，总体效果令人满意。[①] 同时也暴露出一些问题与不足，2020年的相关研究进行了梳理分析。

（一）教师信息素养和教学能力显不足

姜丽萍（2020）、张鹏等（2020）、崔永华（2020）、陈闻等（2020）、张旺熹等（2020）等指出，疫情期间迅速开展的线上教学使部分教师面临技术应用及线上教学资源分散、匮乏、形式单一的窘境，出现集体焦虑现象，亟待推进教师数字化能力提升建设。很多教师的在线教学内容、方法、习惯，甚至是教学理念、思维和认知等，实质上还停留在线下/课堂/面授教学的阶段。

（二）线上教学组织和管理有短板

崔希亮等（2020）、梁霞等（2020）、林秀琴等（2020）、孙瑞等（2020）、吴勇毅等（2020）、陈默等（2020）、苏英霞等（2020）等指出的问题主要包括：线上教学投入增大，教师负担加大，课堂互动受限、师生有距离感，考试监督困难，时差及网络影响教学同步性等。

（三）网络平台及资源建设须加强

现有网络平台无法完全满足线上教学需要。李先银等（2020）认为，线上教学无论采取录播、直播、录播+直播哪种形式，都需要依托一定的网络平台。目前较常被采用的平台，有的是慕课平台，不是为直播设计的；有的是通用平台，缺乏专门的适应性和针对性；有的可能面临国际政治风险。

线上教学资源共享素材库匮乏。崔希亮（2020a）指出，无论是什么形式的虚拟环境教学都需要有合适的教学资源，然而目前我们所进行的网络教学的资源储备不足，共享资源尤其稀缺。任鹰等（2020）指出，现有教学资源主要

[①] 参见：吴岩（2020）。

为线下资源，教学内容和教学环节是按照线下课堂的特点和需要设计的，有些项目在网上实施，确有一定的难度。形式是为内容服务的，内容才是教学之本，选取适合远程教学模式的教学内容则更是重中之重。郭英剑（2020）、赵杨等（2020）等还进一步关注到资源建设的知识产权、网络安全、数据安全等问题，指出需要加以关注与研究。

三 线上语言教学的发展方略

短时间内大规模的教学模式转换给语言教学带来了巨大挑战，同时也为推进我国线上语言教学研究发展，为积极应对互联网技术的快速迭代以及深化教学改革提供了机遇。2020年的相关研究主要提出以下建议。

（一）促进信息技术的应用及与课程的深度融合

构筑新型学习空间。盘华等（2020）、刘革平等（2020）等提出构建沉浸式、具象化的语言学习多维空间，加强在线课程系统、游戏化学习系统和移动VR/AR学习系统建设，一方面通过触控手势、语音等方式充分调动视、听、触觉等感官，增强学习通道，另一方面借助移动设备的摄像头、麦克风、旋转感应器、加速计等传感装置获取学习者、场所、学习过程等实时数据，从而创设连贯的虚实融合语言学习情境。

打造人机学习共同体。余亮等（2020）认为，人机学习共同体构成的社群学习网络，为学习者之间、智能机器人之间、学习者和智能机器人之间提供了多元化的学习路径以及相应的语言学习资源和学习支持服务，例如苹果Siri、百度度秘等智能学伴和助手，在一定程度上优化并提升了学生的语言学习体验。作者建议，通过自主-定制学习、社群-互动学习、人机-协同学习、多人机-多元学习等方式，将"人＋机"融合体扩展至"人＋机"共同体。王冬梅、何明霞（2020）提出，基于区块链与人工智能在财经翻译应用领域的总体架构，打造人机模拟的翻译实训共享平台。

运用智能技术优化资源配置。王嘉琦等（2020）提出，利用人工智能的协同推荐技术将学习者与优质视听资源匹配，为其动态定制个性化学习内容，促进有效知识积累，使学习者从信息过载中解放出来。郑娅峰等（2020）提出，推动以机器人为代表的创客/STEM（科学、技术、工程、数学）教育相关产品在儿童语言教育、特殊教育等领域的整合性应用。邓晓宇、张品（2020）根据在线学习者的语言能力水平及课程目标重构教学内容，运用区块链技术整合学习资源，就基于小规模在线课程的计算机辅助翻译双线混融教学进行了探索。

建设生态化口语课堂。智娜、李爱军（2020）提出，构建"教学训练-评测反馈-策略调控"三者相辅相成的生态化口语课堂。一方面，借助丰富的可视化语音模型，如三维发音动画、语调信息图等，为学习者提供视觉和听觉的双重发音示范以及正确和错误的发音对比训练；另一方面，通过机器的深度学习，模拟教师的评测标准和方法，实现对每名学生高效、实时的口语评价和问题诊断，系统自动生成的智能报告还能使教师及时了解学生的学习情况和学习需求，有针对性地调整教学策略及内容。

开发基于智能语音技术的促学工具。杨文建（2020）认为，借助智能语音技术，开发电脑合成语音朗读经典著作的朗读包产品，是面向成人学习者的典型代表。屈典宁等（2020）认为，以"趣配音"为代表的语言学习应用软件具有多方面优势：多模态输入有利于学习者感知超音段音位特征；系统即时反馈有助于学习者在跟读和模仿原声视频时，及时修正发音错误；以句子为单位的原声切分，减少了学习者的认知负荷，容易达成较高的满意度。

构建语言智能教育生态圈。周建设（2020）认为，语言智能是人工智能的重要组成部分及人机交互认知的重要基础和手段。当前，我国在机器翻译、语音识别和语音合成等领域取得了一定的领先优势，语言智能研究与学科建设亦具备了一定的基础，未来需要产学研密切结合，不断开发用户体验良好、优质高效的语言智能产品。张珊珊等（2020）和李凤英、龙紫阳（2020）提出，铺设以发展为目标、以实际为基础、以特色为导向的人工智能教育之路，建立语言智能教育生态圈，具体包括：整合学校、科研院所、企业等专家资源，合力开发人工智能课程；从"学校-社会-家庭"和"认知-体验-实践"等不同视角和维度，加强人工智能教育课程建设和教学模式的研究；借助政策、职称、奖励等激励性手段，进一步落实经费、师资、设施设备等基础性保障。

除上述研究外，也有学者提出，要避免"唯技术论"。俞洪亮（2020）认为，《大学英语教学指南》（2020版）将"教学手段"置于"信息化与智能化时代"来阐释其内涵，既积极倡导现代信息技术的应用，又谨慎地提出"现代信息技术已成为外语教育教学的重要手段"，避免了"唯技术论"。

（二）着力推进线上线下混合式教学

混合式教学相较于传统课堂学习成效更高。王志宏、张杰（2020）通过将"云班课"混合学习模式运用于英语语言学的课程教学，发现混合式语言学习的经验值与期末考核成绩呈显著正相关关系，相较于传统课堂学习成效更高。

混合式教学应实现五个"结合"。宋晖、白乐桑等（2020）认为，混合式教学中教学环境的改变是变革中最值得关注的问题。对国际汉语教学来说，要在教学理论、教学情境、教学实践、教学主题和教学方法等方面实现五个"结合"：语言生态学与混合式教学实践结合；大规模在线课程与小规模定制课程结合；教师的个人实践性知识与学生的个性化语言实践结合；微社交与主题式社交适当结合；固有教学观念与社交软件适当结合。

优化"翻转课堂"的设计与操作。孙瑞等（2020）认为，翻转课堂是克服线上教学互动不足的有效方式。翻转课堂的基本操作程序是：教师录制教学视频——学生根据视频自学——课堂内化知识。作者提出，利用网络平台建立师生互动网络的同时，建立多个生生交际的微网络（这在技术上很容易做到），教师可以随时进入学生交际的微交际现场了解他们交际的效果并针对性地加以指导，还可以利用网络的录播功能，事后查看学生交际的录像。

运用教育社交网站提升在线教学互动性。季晶晶等（2020）认为，教育社交网站在国际中文教学中的价值体现在：一是提供了学生喜闻乐见且操作起来驾轻就熟的平台，将学生熟悉的沟通方式融入语言学习中，让讨论形式更多样化、多模态化；二是教育社交网站的课外线上异步讨论可以突破时空局限，融合课内外的互动与讨论；三是教师可借此建立起独立于私人社交网络、专属于中文课学生的网络社区，为学生提供分享与讨论的空间。

用好"自主学习任务单"。沈庶英、刘芳铭（2020）认为，切实可行的自主学习任务单既是学习资源，又是学习指导，可以引导学习者完成自主学习，还是教师掌握学生自主学习信息的反馈通道。任务单"学习反馈"中的学习体会、感悟、困惑、意见、建议等，可使教师及时了解学生的学习状况及存在问题，及时调整学习资源和教学策略。

（三）加强线上语言学习资源建设开发

建立国际中文教育数字化统一平台。文秋芳、杨佳（2020）提出，可以通过国家语委成立的国际中文教育联盟，建立国际中文教育数字化统一平台，充分利用我国的制度优势，组织大兵团，分头聚焦不同类型模块的建设。各高校可以发挥各自特长和特色，在这个平台上提供不同年龄段的非学历教育、不同层次学位的学历教育、不同类型的中文测试和不同学段的教师培训。

打造专门性线上语言教学平台。李先银等（2020）认为，现有教学平台都缺乏适应性和针对性，专门平台应具备多主体连通、多元内容聚合、多模式适应、多终端智适应、多种网络条件的智适应等五大特征。张鹏等（2020）建议，搭建复合型在线中文教育平台，汇聚全球各类型在线中文教育资源，研发并提供精品骨干在线中文课程，确保线上中文教学的引领性和示范型。不过，曹秀玲等（2020）对此持不同意见，认为教学部门各自开发教学平台不现实也没必要，而是需要对众多教学平台进行功能比对，选用和优化适合国际学生的操作简便且满足教师教学需求的教学平台。

加强课程资源库建设。贾益民（2020）提出，分类分批分期建设华文云教育教学资源库，包括教材库、课程库、微课库、工具库、语言知识库、文化知识库、影视库、微视频库、汉字库、语料库、测试库、学校库、教师库、学生库等。赵杨（2020）提出，按照共建共享、统一标准、每个素材包含一项内容等原则建设共享素材库。

开发汉语移动学习APP。刘华、王敏（2020）调查分析了全球506个汉语移动学习APP，结合对使用者的需求分析，提出七点建议：了解市场需求，针对性开发汉语移动学习APP；注重软件质量，尽量避免重复性软件的出现；细分软件内容，重视多种类型软件的综合开发；充分整合优势，实现软件公司和教育机构的合作；完善软件功能，实现汉语移动学习APP的优质发展；合理设置价格，提供汉语移动学习APP试用版；加大软件推广，加大汉语移动学习APP的宣传力度。

（四）提升语言教师信息技术素养

现代教育技术的研究和应用要成为教师专业发展的重要取向。陈闻等

（2020）提出，教师面对不断升级换代的互联网技术，要主动地更新自己的知识结构，提高数字素养，编辑图片、视频、网页将成为教学基本功，解决网络、软件、硬件问题将成为必修技能，从而适应线上教学的新要求。李泉（2020）指出，业界教师普遍熟悉了线上教学模式并充分认识到其巨大的作用和潜力，线上教学技能应成为教师发展的重要内涵，要真正确立以学习者的学习为中心、以提高教学质量和效益为目标的意识，要摒弃传统的课堂教学不可替代的观念。

拓展教师技术教学内容知识的发展路径。魏志慧、胡啸天（2020）提出，慕课教学能够明显推动英语教师整合技术的教学策略知识、整合技术的评估知识的发展。陈菁、李丹丽（2020）研究发现，高校英语教师在网络教学中，可以通过与学生、与自我、与其他资源供取者的多途径联动和多重中介调节，动态发展技术教学内容知识。

加快教师实践性知识向能力体系的转化。徐浩、郄雅琦（2020）提出，教师应重视语言学科目标的引领作用，整合技术教学策略知识、评估知识、有关学生的知识与课程知识共同构成一个整体，借助参与型和定制型语言资源来建构意义并指导实践，最大限度地促进技术教学内容知识的专业化发展。武黎（2020）认为，数字化学习时代要求语言教师具备比以往更加宽泛和复杂的实践性知识，在此基础上，大学英语教师的教学能力提升需要保持活水效应，例如要学会利用大数据监测学生学习效果，做出精准学情分析，并开展个性化的教学辅导。李忠阳等（2020）立足外语教师教学角度，在教学内容与教学方法两个层面上，探讨数字素养教育与外语教育两者有机融合的路径与方法，作者指出，外语教师作为两者融合的主体中介，应自觉加快自身"数字在地化"进程，切实系统提升自身数字素养，使它在外语教学实践中得到创造性转化。

构建教师数字素养发展框架。兰国帅等（2020）认为，欧盟于2017年出台的《欧盟教育者数字素养框架》，以其多元文化适用性和多维立体化结构特征，既可以为我国教师专业发展和教师教育培训的政策研制提供参考，又能对相关课程的开发、实施与评价，以及教师数字素养框架的构建提供借鉴。当前，为提升语言教师数字素养、促进数字技术与语言教育的深度融合，应构建符合我国国情的教育者数字素养发展框架。

（五）加强线上语言教学研究

加强线上语言教学理论研究。崔希亮（2020）认为，要对传统的教学法进行系统评估，以此发现网络教学的规律，丰富网络环境下汉语教学的理论和方法，为当下和将来更好地实施网络环境下的汉语教学提供数据支撑。作者提出，在力所能及的条件下要做好如下工作：拓展网络教学空间、建设云教学平台、加强国际交流与合作、开展国别和区域研究、探索网络环境下的语言教学理论与实践等。

加强线上语言学习机制研究。王辉（2020）认为，整合应用信息新技术，适应差异化、个性化的学习需求，并建立良好的人机关系，是当下国际中文在线教育需要研究的重要课题。韩晔、高雪松（2020）提出，关注学习者主观体验、学业情绪、师生／生生社会性互动表现。张思等（2020）建议，围绕会话协商、会话介入和会话传递等3个维度及其12项指标，对在线协作学习中的个体学习、组内学习、组间学习等阶段进行全面分析和评估，从而帮助教师有针对性地设计、监督和预测学生的学习行为过程，并通过及时干预来改善学生学习效果。

结　语

从本专题综述的学者观点可以看出，线上语言教学正在改变教师的"教"、改变学生的"学"、改变学校的"管"、改变语言教育的形态。现阶段，我国开展线上语言教学积累了丰富的实践经验，未来应明确发展目标和政策导向，在转型中优化语言教育资源配置，在挑战中加强实践过程和组织管理建设，全面推进语言教育的高质量发展，努力将线上语言教学的研究与实践转化为疫情结束后语言教育教学改革的重要举措，形成包括思想、理念、内容、方法、技术、标准、评价、范式等在内的一整套改革创新方案，以"学习革命"推进"质量革命"向纵深发展。

【本年度研究文献】

［1］陈坚林.试论人工智能技术在外语教学上的体现与应用［J］.北京第二外国语学院学报，2020，42（02）：14—25.

［2］陈菁，李丹丽.中介调节视角下高校英语教师技术教学内容知识的发展［J］.外语与外语教学，2020（05）：22—32.

［3］崔希亮.全球突发公共卫生事件背景下的汉语教学［J］.世界汉语教学，2020，34（03）：291—299.

［4］邓晓宇，张品.基于SPOC双线混融教学促进深度学习的行动研究［J］.教育学术月刊，2020（11）：106—111.

［5］郭英剑.疫情防控时期的线上教学：问题、对策与反思［J］.当代外语研究，2020（01）：9—13+25.

［6］韩晔，高雪松.国内外近年线上外语教学研究述评：理论基础、核心概念及研究方法［J］.外语与外语教学，2020（05）：1—11.

［7］胡杰辉，胡加圣.大学外语教育信息化70年的理论与范式演进［J］.外语电化教学，2020（01）：17—23+3.

［8］景飞龙.基于Q方法的大学生外语移动学习参与度研究［J］.外语界，2020（01）：79—87.

［9］兰国帅，郭倩，张怡，孔雪柯，郭晓君.欧盟教育者数字素养框架：要点解读与启示［J］.现代远程教育研究，2020，32（06）：23—32.

［10］李凤英，龙紫阳.从自适应学习推荐到自适应学习牵引模型——"智能+"教育时代自适应学习研究取向［J］.远程教育杂志，2020，38（06）：22—31.

［11］李泉.2020：国际中文教育转型之元年［J］.海外华文教育，2020（03）：3—10.

［12］李宇明，李秉震，宋晖，白乐桑，刘乐宁，吴勇毅，李泉，温晓虹，陈闻，任鹰，苏英霞，刘荣艳，陈默."新冠疫情下的汉语国际教育：挑战与对策"大家谈（上）［J］.语言教学与研究，2020（04）：1—11.

［13］李忠阳，邹键，孙宁.数字素养教育与外语教育融合的路径与方法［J］.中国电化教育，2020（11）：140—145.

［14］林秀琴，吴琳琳.关于线上国际中文教学的调查与思考［J］.国际汉语教学研究，2020（04）：39—46.

［15］刘革平，王星.虚拟现实重塑在线教育：学习资源、教学组织与系统平台［J］.中国电化教育，2020（11）：87—96.

［16］刘华，王敏.汉语移动学习APP现状与需求调查研究［J］.海外华文教育，2020（02）：25—41.

［17］陆俭明，崔希亮，张旺熹，张鹏，梁霞，郑艳群，冯丽萍，孙瑞，郝

美玲，古川裕，金海燕，司甜，程红，王辰，项英，季晶晶，赵杨，张黎，包亮，曹秀玲，李先银."新冠疫情下的汉语国际教育：挑战与对策"大家谈（下）[J].语言教学与研究，2020（05）：1—16.

[18] 陆俭明，李宇明，贾益民，崔永华，李泉，赵杨，朱瑞平，王治敏，张博，姜丽萍，崔希亮."新冠疫情对国际中文教育影响形势研判会"观点汇辑[J].世界汉语教学，2020，34（04）：435—450.

[19] 盘华，钟正，陈卫东.基于移动AR的幼儿学习资源设计与应用[J].教育研究与实验，2020（03）：76—79.

[20] 屈典宁，苏怡，陆小飞.在线配音对中国英语学习者语音清晰度与可理解度的影响[J].外语教学，2020，41（06）：77—82.

[21] 沈庶英，刘芳铭.疫情期间汉语国际教育在线教学反思[J].中国高等教育，2020（09）：54—56.

[22] 王冬梅，何明霞.区块链与人工智能在财经翻译中的应用：缘起、场景和路径[J].外语电化教学，2020（05）：25—30.

[23] 王辉.国际中文教育面对疫情影响的应对策略[N].中国社会科学报，2020-04-17（05）.

[24] 王嘉琦，顾晓梅，王永祥.混合学习情景下英语视听资源的个性化协同推荐研究[J].外语电化教学，2020（03）：54—60.

[25] 王志宏，张杰."云班课"混合式学习模式建构研究——以英语语言学为例[J].中国电化教育，2020（03）：100—105.

[26] 魏志慧，胡啸天.慕课教学能促进高校教师TPACK发展吗？[J].现代教育技术，2020，30（05）：67—73.

[27] 文秋芳，杨佳.从新冠疫情下的语言国际教育比较看国际中文在线教育的战略价值[J].语言教学与研究，2020（06）：1—8.

[28] 翁克山，吴京京.高职高专学生移动语言学习现状调研[J].中国远程教育，2020（10）：67—75.

[29] 武黎.大学英语教师信息素养：现状、问题与提升途径——基于教育生态学的研究视角[J].山西财经大学学报，2020，42（12）：124—128.

[30] 吴岩.应对危机 化危为机 主动求变 做好在线教学国际平台及课程资源建设[J].中国大学教学，2020（04）：4—16.

[31] 徐浩，郇雅琦.高校外语教师专业发展资源利用的中介方式与过程研

究［J］.外语界，2020（02）：35—42.

［32］杨文建.人工智能驱动下的图书馆变革［J］.图书馆，2020（10）：40—46.

［33］余亮，魏华燕，弓潇然.论人工智能时代学习方式及其学习资源特征［J］.电化教育研究，2020，41（04）：28—34.

［34］俞洪亮.落实《大学英语教学指南》，革新教学方法与手段［J］.外语界，2020（05）：10—16.

［35］张珊珊，杜晓敏，张安然.中小学开展人工智能教育的挑战、重点和策略［J］.中国电化教育，2020（11）：67—72.

［36］张思，高倩倩，马怡敏，魏艳涛，杨海茹.基于SouFLé框架的在线协作学习分析模型［J］.现代远程教育研究，2020，32（06）：94—103.

［37］郑娅峰，王杨春晓，严晓梅，张志祯，郑永和.我国智能教育装备发展现状及重点研发方向分析［J］.中国远程教育，2020（11）：11—19.

［38］智娜，李爱军.当外语学习用上智能语音［N］.光明日报，2020-11-28（012）.

［39］周建设.加快科技创新 攻关语言智能［N］.人民日报，2020-12-21（19）.

中文水平测试

我国专门的语言测试从 20 世纪 70 年代后期开始，由外语教学、对外汉语教学等"第二语言教学"引发、推动，之后普通话测试等母语测试以及民族语言的测试也发展起来，逐渐形成多个序列，产生了巨大的社会效益、学术效益甚至经济效益。[①] 多年来，中文水平测试取得长足发展，目前较有影响的主要包括普通话水平测试（PSC）、汉语水平考试（HSK）、少数民族汉语水平等级考试（MHK）、汉字应用水平测试（HZC）等。近年来，华文水平测试（HSC）在研究与实践方面也取得了丰硕成果。本专题梳理介绍 2020 年学界关于普通话水平测试、汉语水平考试、华文水平测试的研究情况。

一 普通话水平测试

普通话水平测试（PSC）是对应试人运用普通话的规范程度、熟练程度的口语考试，是被写进《中华人民共和国国家通用语言文字法》的推广普通话的重要举措，1994 年起开始实施。2020 年的相关研究介绍了《普通话水平测试实施纲要》的修订情况，探讨了计算机辅助测试的改进方略。

（一）《普通话水平测试实施纲要》修订

《普通话水平测试实施纲要》（以下简称《纲要》）是《普通话水平测试大纲》（以下简称《大纲》）的配套指导用书，规定了测试的具体内容和范围，是普通话水平测试的具体依据。现行《纲要》于 2003 年完成编制和审定，2004 年 1 月出版发行，迄今已连续使用 16 年有余。刘朋建（2020）指出，现行《纲要》颁行以来，语言文字规范标准研制取得重要进展，普通话水平测试与管理信息技术发展迅速，测试形式由面对面的"人工测试"向"人测机助"（计算机

---

① 参见：李宇明、朱海平（2020）。

辅助普通话水平测试）快速发展。随着推普工作的深入发展，测试服务对象的构成也在发生重要变化。为适应普通话水平测试面临的新形势，较好地解决测试实践中遇到的新问题，与时俱进地推动普通话水平测试健康发展，提升规范化、科学化水平，国家语委普通话与文字应用测试中心于2018年启动《纲要》的修订工作，目前修订稿已提交专家审阅。

刘朋建（2020）介绍，本次修订有四个基本原则：一是总体稳定，主体框架与现行《纲要》保持一致，仍由总论、普通话语音分析和测试用普通话词语表、普方词语对照表、常见语法差异对照表、朗读作品、话题等七部分构成；各部分的结构也基本保持不变，侧重从内容上进行调整和完善。二是规范科学，主要体现在修订工作贯彻执行了新的语言文字规范标准。三是问题导向，修订过程中，广泛调研和梳理分析了测试实践中的主要问题，重点针对在测试实践中从应试人方面发现的主要问题、测试员在评分中遇到的常见问题、语言发展变化引起的词汇语法问题等三类问题，在保证测试信度、效度的前提下对《纲要》相关内容做出适当调整。四是适应发展，如在征集、筛选朗读作品过程中，充分考虑了作品的文化性、时代性、世界性；又如对测试用话题做了调整，使其更具开放性、时代性，并增加了话题数量。

刘朋建（2020）指出，本次《纲要》修订以2004年颁布的《大纲》为基本遵循。《大纲》规定了普通话水平测试的性质、内容、试卷构成及评分等，《纲要》规定了测试的具体内容和范围，为编制测试试卷提供了具体依据。在《大纲》框架内，《纲要》的修订保证了测试的稳定性和延续性、规范性和科学性。本次修订立足语言服务，落实语言文字规范，重视语言生活的变化，向语言实际靠拢，努力为普通话水平测试工作和推广普通话事业的健康发展更好发挥作用。

此外，陶昱霖等（2020）、陈茜等（2020）分别介绍了《纲要》中《普通话水平测试用普通话词语表》（以下简称《词表》）和《普通话水平测试用普通话与方言常见语法差异对照表》（以下简称《对照表》）的修订情况。《词表》修订贯彻前述四项基本原则，主体框架和内容保持稳定，规模在20 000词条以内，词表分级、筛选词条的规则、汉语拼音标注方式等基本保持不变；在调整词条、字形、读音标注等方面，注重落实规范标准；提出适应测试命题需求、适于普通话学习的"双适"原则，以加强《词表》的通用性、实用性和针对性；在保持基础词汇稳定的同时，也关注吸收生命力强的新词，淘汰已经不再适应时代的词语。《对照表》修订主要涉及语法类别、用例、表述内容、《普通话常见量词、名词搭配表》等方面,保留了原有的34类典型性的语法差异,新增一类语法差异"助动词'会'",总类别由34类调整为35类。

(二)计算机辅助测试改进

计算机辅助普通话水平测试(简称"机测")自2007年实施以来,利用语音识别等现代科技成果提升了测试效率,提高了测试的客观性,但信度需要进一步提高。齐军华(2020)指出,由于机测没有等级确认环节、忽略了语感在评分中的作用、作为评分参照的基础语料采样地域不平衡等原因,人工测试结果和机测结果存在明显差异。作者认为,利用机测优势,持续优化机测的评测系统,同时充分发挥测试员的作用,促进"人机"有机融合是未来机辅测试的发展方向。作者提出四项改进建议:一是凸显机器评判的等级意识;二是提升测评系统的语音评判能力;三是进一步完善《计算机辅助普通话水平测试评分试行办法》;四是充分发挥测试员的作用,将定量评价与定性评判有机结合。

二 汉语水平考试

汉语水平考试(HSK)是一项国际汉语能力标准化考试,重点考查汉语非第一语言的考生在生活、学习和工作中运用汉语进行交际的能力。1990年启动,1991年开始走向世界。2010年以来汉语考试体系的研发和实施呈现多种类、多元化的格局,汉语水平考试被称为"新HSK",同时为适应世界各地汉语学习者对汉语考试的需求,孔子学院总部/国家汉办还研发了实用汉语水平认定考试(C.TEST)、汉语水平口语考试(HSKK)、中小学生汉语考试(YCT)、商务汉语考试(BCT)和孔子学院/课堂测试(HSKE)等。①2020年的相关研究重点探讨了两个问题:一是考试体系的分层建构问题,二是《汉语国际教育汉语水平等级标准》的创新升级问题。

(一)分级分层分类建构汉语考试体系

当前作为主体考试的"新HSK"选拔作用不足,分级分层的选拔考试存在缺失。赵琪凤(2020)指出,当前的汉语水平考试只是对来华留学生的普通汉

---

① 参见:李宇明、朱海平(2020);赵琪凤(2020)。

语水平进行测试，是以普及汉语和激发兴趣为测试目的的，而不是在为大学本科入学选拔人才。针对当前来华留学生的学习动机和专业选择来说，测量工具无法满足考生和用户（高校或录取单位）的实际需求。语言水平考试是留学生选拔质量的重要保障之一，必要的目的语水平是留学生顺利完成学历教育的前提条件。现有的汉语水平考试是必要的，但并不能当作唯一的选拔考试，而是应该作为选拔考试体系中的一部分。选拔考试体系还应当包括针对不同专业学历生（包括本科生、研究生）学能与知识水平的选拔考试与评价标准，以此提高来华学历生的招生质量和教学效果。我国在留学生学历生招生考试方面，尚未建立起标准的、统一的、服务于不同学历层次需求的分级分层选拔考试体系。

探索分层分类的研发理念是当前汉语国际教育背景下考试体系建设的核心思想。赵琪凤（2020）认为，来华学历生选拔考试体系的整体架构必须包括两个方面的基本要求：一是汉语水平的要求，也就是必须设有专门针对汉语水平方面的考试，例如HSK；二是留学生学习专业知识的学习能力方面的要求，也就是专业学能考试。在这两个基本要求的内部，进一步划分为针对本科学历的选拔考试和针对研究生学历的选拔考试，这包括对汉语水平的要求和专业学能的要求两方面。汉语水平考试的分级分类建构需要进一步调研国内高校对留学生本科生、研究生阶段的入学标准和水平要求，开展后效研究等系列实证调查，适当提高现有考试的难度和区分度，使考试的不同等级科学地对应到相应水平的考生群体，起到更好的选拔作用。

增强汉语考试的人性化和服务意识。考试作为一项测量工具，具有服务考生、服务社会的功能。赵琪凤（2020）建议，优化考试服务可从增强考试"强针对性"、加强考试体系"人性化"特征和为考生与用户答疑解惑三个方面入手。增强考试的"强针对性"，是指针对不同群体、不同考试目的研发具有强针对性的语言测试，才能满足来自用人单位（各类高校）和考生的迫切需求。加强考试体系的"人性化"特征方面，可借鉴美国SAT考试实行的"分数选择制"，考生可以根据自身情况和意愿参加任何一次考试，可以自由选择将自己的哪次成绩和哪些科目的成绩作为高校申请依据。此外，未来的汉语考试体系在研发和实施方面应进一步为考生提供解释、诊断、指导和建议等专业化服务。

（二）创新升级《汉语国际教育汉语水平等级标准》

"中国对外汉语教学——汉语国际教育不断努力探索具有中国特色的汉语

水平等级标准和等级大纲，循序渐进，综合集成创新发展，大致经历了四个阶段"，在第四个阶段，"以制订符合全球化需求的新时代国家标准作为特定目标"，项目定名为《汉语国际教育汉语水平等级标准》（以下简称《等级标准》），"这是经过反复论证、一脉相承、顺应历史之需的决定"（刘英林等，2020）。从 2017 年 5 月起，教育部中外语言交流合作中心组织北京大学、北京语言大学等科研机构的多领域专家，开发新的国际中文教育汉语水平等级标准。新标准历时 3 年多时间，经过 50 多次的集中讨论、反复论证，以及 23 个国家 4 万份问卷的调查分析，并征询美、英、法、德、日等 7 个国家 30 多所院校的 80 多位中外专家学者意见，进行修改打磨，最终于 2020 年 11 月完成研制工作。目前，国家语委语言文字规范（标准）审定委员会已通过该标准，标准将在完成最后相关程序后正式发布（马箭飞，2020）。项目组专家刘英林等（2020）介绍，《等级标准》呈现了三种实干创新设计和实践，它是《等级标准》的三大支柱。

其一，包容性混合型全方位三等九级新范式，这是适应全球化、多元化、可持续发展的顶层设计。创新《等级标准》的刚性原则和主要动因有两个：一是以国家急需为导向，满足汉语国际教育教学、测试、学习、评估四个方面全球化需求，包括来华各类留学生进入我国高校学习的汉语水平标准要求；二是充分体现汉语教学特点和中国文化特色。在新范式中，初等水平一、二、三级标准和中等水平四、五、六级标准，每一级都是相对独立的、完整的，每一级都坚持定性描述和定量分析相结合，以精准化的定量分析为准绳，着力构建一组精细化的音节、汉字、词汇、语法等级量化指标（组合），这主要是根据世界各地多样化、大众化、普及化、便捷化客观需要做出的自主选择和有效回应；高等水平七、八、九级标准，等级量化指标不再细分，是包容统合在一起的，是为以汉语为专业的外国学生和汉语水平较高的学习者准备的，是为提高服务的，是不可缺失的。

其二，每一级标准"3+5"新路径，这是新型测试与教学深度结合的新平台，是一种渐进式整合创新。"3"提炼为三个层面。第一层"言语能力"升级为"言语交际能力"，置于首要位置，是基础性准则，强调培养学习者的言语交际能力是教学与测试的中心任务，强调交际能力中语用能力的教学与应用，注重跨文化交际和交际策略等。第二层"话题内容"拓展扩充为"话题任务内容"，在"话题内容"的基础上将话题和任务并列在一起，有利于与国际上普遍认可的规则标准有效对接。这些"话题任务内容"一般都是举例性的,"中国文化"是其中的重要内容,每一级挑选较为典型、实用、例举性的条目,按难易度和实用度适度分级,与每一级标准描述有机整合在一起。第三层"语言范围"革新提炼优化为"语言量化指标",每一级开创音节、汉字、词汇、语法"四维基准"等级量化指标国际化新规则。这"3层"新理念+"5种"语言基本技能——听说读写译,系统性包容协调交织在一起,搭建一个集言语交际能力、教学(测试)内容与语言要素、语言基本技能融通为一体的新平台,推动优势互补,发挥混合叠加效应,最终具备一种更加完整、更系统、更高效的语言综合应用能力。

其三,每一级"四维基准"等级量化指标国际化新规则,它具有原创性和前瞻性,是历史发展的必然趋势。从构建精细化等级量化指标(组合)着手,对每一级标准进行精密化等级质量研究和控制。每一级标准均源于2010年的《等级划分》,由音节、汉字、词汇"三维基准"继往开来,创新拓展成为音节、汉字、词汇、语法"四维基准",它是升级换代、全方位精准化等级量化指标国际化新规则。新时代音节、汉字、词汇、语法"四维基准"新规则是教学与测试中体现汉语水平最重要的语言要素,它独具特色、互联互通、环环相扣。

同时,《等级标准》还有三个新亮点:一是引领音节整体教学、整体合读、直呼教学的新路向;二是倡导汉字认读与手写适度分离,规定汉字认读与手写汉字的合理配比;三是优化语法教学与测试,开创"语法等级大纲A类附录"(规范性)。

三 华文水平测试

华文水平测试(HSC,以下简称"华测")是专门针对海外华人华侨的祖语水平进行的测试,是基于海外华裔与一般汉语二语者的异质性而开发的标准化语言水平考试系统。"华文"之于海外华裔,不仅是交际工具,更是文化认同和民族认同的工具,因此华文教育和国际中文教学的性质不同,华文教育应有自己的考试,而不能用主要面向外国人的"汉语水平考试"替代。2010年,暨南大学华文学院启动华文水平测试的研制工作,2012年成立华文水平测试中心,2017年开展试测,2018年项目结项。在机构、人员、场地等相关基础建设稳步推进的同时，研发者也做了大量细致的研究工作。①2020年的研究主要聚焦"华文水平测试词汇大纲研制的理念与程序"；而作为一项新兴的语言测试，项目组近年来陆续发表系列成果，本节予以较系统的梳理，以便读者了解全貌，内容包括华测的总体设计与有效性验证，以及华测汉字大纲、词汇大纲、文化分级大纲的研制理念。

（一）华测的总体设计与有效性验证

华测的总体设计。王汉卫（2018）从测试对象、参照体系、特别理念、等级设计、卷面结构等方面进行了介绍。华测的直接对象是具有较好祖语（华语）水平的海外华裔，但实践上并不排斥任何海外华人。华测的参照体系确定，需要避免"常模误用"，既不能简单参照母语者标准（国内中小学语文课程标准），也不能照搬新HSK的标准，而应在母语者标准的基础上，考虑海外华人社会的实际情况，适度降低要求，使华测呈现出一个"适度偏难"的总体面貌。鉴于祖语测试的特殊性，华测有三个"特别"追求：一是命题严格区分听说和读写能力；二是强化汉字能力；三是强化中华文化背景。华测的等级结构目前根据不同年龄段分为五级，其设计主要考虑两方面因素：一是语言与认知的关系；二是"母语水平"适龄化认识，以适龄性原则定位和开发单独的语言测试。华测卷面的基本结构是"知识加能力"，具体有三个特点：一是基础知识和综合能力的双轨道发展；二是卷面设计的一致性、多样性和引导性；三是最小语境的考查模式。

华测的有效性验证。王汉卫（2018）指出，对华测的有效性验证分为内部质量分析与外部有效性证据两方面。其中内部质量分析又可分为评估过程的有效性和测试内容的信度、难度、区分度的评估两方面。外部有效性证据包括：代际差异，即华文能力通常随代际递减；华文教育体系差异，即完整的教育体系有助于保持华文能力；听说读写分技能差异，即听说读写能力的保持依次递减；所在国语言影响的差异，即所在国语言的强势或弱势对华语文能力保持的影响不同。经过对覆盖亚欧美澳九个主要华人聚居国的选点试测，初步数据显示，华测具有较好的鉴别功能和导向功能，宜作为全球海外华人祖语水平的统一标准。

---

① 参见：王汉卫（2018）；郑锦丹（2019）；王汉卫等（2013）；彭恒利（2015）。

（二）华测汉字大纲的研制理念

王汉卫、刘熹蒨（2019）介绍，汉字大纲研制的总体原则是"字量适中，向下集中，认写分开，多认少写"。其中"向下集中"是指重点增加初级字表的汉字量，以求尽早尽快扩大学生的识字量，实现汉语的自主阅读。"认写分开，多认少写"是指华测字表分为认读字表和书写字表，包含先认读后书写、多认读少书写的含义，"认读字"只要求会认、会读，"书写字"还要会写、会用。认读字表的研制原则有四条：常用性、词表关联、文化性、系统性。其中词表关联原则是调整认读字种和字级时依据的原则之一。由综合使用频度初步定下认读字级后，某字的认读级别与之所在词条在华测词表的级别需要进行核对。书写字表研制原则为"字用优先，兼顾字形"。在研制书写字表时，除了考察汉字的综合使用频度外，还需将其构字能力作为指标之一。优先掌握构字能力强的字，对学习其他汉字具有较大价值。除构字能力外，字形也是重要考虑因素。字频高而笔画、结构较为复杂的字会考虑适当降级。

（三）华测词汇大纲的研制理念

王洁（2020）认为，汉字大纲与词汇大纲的分工需要区分两个问题：一是词汇大纲中的单字条目不同于汉字大纲中的条目。汉字大纲需要从认读字和书写字的角度对条目进行收录及定级，词汇大纲则需要从单字词或语素的角度对单字条目进行收录及定级。二是无论是单字条目还是多字条目，词汇大纲对词语的收录及定级不受词语用字难度的影响。目前大纲收录的都是现代汉语普通话词汇，没有涉及海外华语特色词，是基于以下两点考虑：（1）华测是面向海外华裔群体的通用考试，并非针对某个国家地区开发，而华语特色词具有地域专用性，因此不适合作为通用条目收入大纲；（2）大纲主要服务于输入性考试（听力、阅读）的语料难度控制及考点词汇选择，当考生在输出性考试（口语、写作）中使用了华语特色词时，华测采用接受的评判标准。

（四）华测文化分级大纲的研制理念

马新钦（2019）介绍，文化分级大纲的研制原则有四条：系统性、开放性、针对性、思想教育性。系统性是贯穿于大纲研制始终的最基本原则，表现为文化内容以知识文化为主，兼及文化因素；结构框架采用"4 大类—21 小类—101

子类—371文化点—内容举例"五级形态,以树状结构呈现;文化点进行五级划分,具有初级阶段少、中高级阶段多、单一等级的文化点少、"横跨"几个等级的数量多等特征。

结　语

我国中文水平测试在研究和实践方面取得丰硕成果。相关研究主要侧重测试工具本身的研制与完善,而关于这些实践成果对语言测试理论的意义探讨较少。李宇明、朱海平(2020)指出,中国的语言测试过去交流融通十分不够,而没有交流融通,就不可能由"语言测试大国"发展为"语言测试强国"。我们感到,未来国内语言测试领域的融通发展,最为重要的是进一步加强语言测试理论与实践的融通。理论与实践的融通不仅指国内的语言测试实践需要加强对国内外理论的参考借鉴,更需要将普通话水平测试、汉语水平考试、华文水平测试等的相关实践经验理论化。比如外语界学者关注较多的效度理论、诊断性测试等相关研究不仅可以为优化中文水平测试提供新的思路,也可为探索研制"中文语言能力等级量表"提供借鉴。因此,未来中文水平测试研究的发展,需要进一步加强汉语界学者与外语界学者的交流合作,使国内外语言测试的理论工具与中文水平测试的丰富实践更紧密地融合,在不断提升中文水平测试科学性的同时,不断构建适合中文学习者特点的语言测试理论。

【本年度研究文献】

［1］陈茜,于谦,王磊.《普通话水平测试用普通话与方言常见语法差异对照表》修订思路与内容调整解析［J］.语言文字应用,2020(03):50—58.

［2］李宇明,朱海平.论中国语言测试学的发展［J］.语言文字应用,2020(03):59—68.

［3］刘朋建.《普通话水平测试实施纲要》修订的基本原则［J］.语言文字应用,2020(03):36—40.

［4］刘英林,李佩泽,李亚男.汉语国际教育汉语水平等级标准全球化之路［J］.世界汉语教学,2020,34(02):147—157.

［5］马箭飞.在"国际中文教育标准与考试研讨会"上的讲话.国际中文教

育标准与考试研讨会，2020-12-16.

［6］齐军华.计算机辅助普通话测试与人工测试对比分析［J］.语言文字应用，2020（01）：69—75.

［7］陶昱霖，孙海娜，王敏.《普通话水平测试用普通话词语表》的修订［J］.语言文字应用，2020（03）：41—49.

［8］王洁.华文水平测试词汇大纲研制的理念与程序［J］.华文教学与研究，2020（02）：55—63.

［9］赵琪凤.汉语国际教育考试体系发展研究［J］.语言战略研究，2020，5（02）：71—79.

【以往参考文献】

［1］马新钦.华文水平测试文化分级大纲研制的理念与程序［J］.华文教学与研究，2019（03）：34—41.

［2］彭恒利.华文水平测试研发的路线图及相关问题探讨［J］.华文教学与研究，2015（01）：41—46.

［3］王汉卫.华文水平测试的设计与初步验证［J］.世界汉语教学，2018，32（04）：534—545.

［4］王汉卫，黄海峰，杨万兵.华文水平测试的总体设计［J］.华文教学与研究，2013（04）：84—89.

［5］王汉卫，刘熹蒨.华文水平测试汉字大纲研制的理念与程序［J］.华文教学与研究，2019（01）：59—67.

［6］郑锦丹.华文水平测试简介［J］.华文教学与研究，2019（03）：94—95.

国际中文教育

2019年底,"孔子学院大会"改名为"国际中文教育大会"并在长沙召开,教育部发布第一批一流本科专业建设点名单,其中包括"汉语国际教育"专业;2020年以来,新冠肺炎疫情对国际中文教育的开展产生重大影响,同时加剧了国际形势的复杂变化,使中文走向国际面临的挑战更显严峻。在这些重要和特殊的背景下,2020年关于国际中文教育的研究在"国际中文教育"概念解读、疫情影响下国际中文教育发展趋势、线上线下中文教学融合发展、汉语国际教育一流本科专业建设等方面形成一系列热点话题。同时,提升中文的国际功能、推动中文国际教育本土化发展、孔子学院建设与管理等话题继续受到学界关注。围绕这些话题,学界多视角探讨了国际中文教育的发展形势和转型发展方略。

一 国际中文教育概念解读

2019年12月召开的国际中文教育大会提出了"国际中文教育"这一概念。为适应国际中文教育事业发展需求,2020年7月教育部设立中外语言交流合作中心。为什么要在"对外汉语教学""汉语国际教育"等基础上提出"国际中文教育"?其内涵是指什么?不同学者从不同视角进行了解读。

邵滨、刘帅奇(2020)认为,"国际中文教育"的出现,是对当前汉语国际教育发展现状的高度总结,并显示出对未来发展趋势的预判,涵盖了日益丰富的世界汉语学习现状。这对明确和规范国家语言名称的表述具有重要意义,[①]有利于明确"汉语国际教育"的学科归属,理顺本、硕、博三阶段专业的不同类别,使未来独立设置"国际中文教育"的本科、硕士、博士专业具有合理性。作者同时指出,"国际中文教育"中的"中文"目前大多特指汉族的语言文

---

① 指针对当前"国家通用语言文字""汉语""国语""普通话""中文"等多种表述并存且使用范畴不同的现象。本专题使用"中文",但在述介相关研究时,遵从作者使用习惯。

字；然而，随着国际中文教育在世界各国深入发展，以及世界对于深入了解中国的兴趣越来越浓，国际中文教育中"中文"的定义在未来有可能进一步拓展，如从特指标准汉语普通话到涵盖诸多汉语方言，从特指汉族语言文字扩大为中国语言文字，从特指汉语言文学扩展为中国语言文学，这些似乎都是题中应有之义。

李泉（2020a）认为，"国际中文教育"的提出是为了集成海内外中文教育力量，共同推进国际中文教育事业的发展。同时，作者认为，"中文"似乎更倾向于指书面语，"汉语"似乎更倾向于指口语；"国际中文教育"在泛指汉语口语和书面语教学的同时，也可以寓意新时代的学科建设将着力发展中文书面语教学和研究。

张华（2020）认为，从对外汉语，到汉语国际教育，再到国际中文教育，其意涵不证自明。从实践来讲，目标明确清晰，即通过语言教学与合作，实现文学、文化传播与交流；从学科建设来讲，不仅与中国语言文学取得了一致，同时也规避了跟着"英语作为第二语言"亦步亦趋的"嫌疑"。

郭熙、林瑀欢（2021）[①]认为，"国际中文教育"是一个统摄概念，是一个包含不同学科、支持多路径发展的庞大事业。根据教学地点、教学对象以及教学性质的不同，国际中文教育至少包含三个方面，即国内的对外汉语教学、海外的国际中文教学、海外华文教育。国内的"对外汉语教学"是目标语环境的、成建制的第二语言教学，对象多为成人；海外的"国际中文教学"是处于非目标语环境的、多样化的中文作为外语的教学，教学对象覆盖多个年龄段、多个层次；海外的"华文教育"，其对象主要是华人社会中学龄和学龄前的华裔子弟。它们都是国际中文教育事业的重要发展线路。

二 国际中文教育发展形势

当今世界正经历百年未有之大变局，突如其来的新冠肺炎疫情加剧了大变局的演变，国际环境日趋复杂。在此背景下，国际中文教育面临怎样的发展形势？未来会呈现什么样的可能走向？从2020年学界的相关研究中大致可以概括出以下三个特点。

---

① 本报告即将付梓时，该文发表提出重要观点，本专题予以特别关注。

（一）挑战与机遇并存

就宏观形势而言，吴勇毅（2020a）指出，国际中文教育经过十多年前所未有的大发展之后出现"高位震荡"：一方面受到单边主义抬头、逆全球化趋势加剧、国际政治格局变化、国际关系重组等多种复杂因素的影响，国际中文教育的发展遇到一定的挫折，比如出于各种原因，欧美个别国家相继关闭了一些孔子学院；另一方面也由于"构建人类命运共同体"的理念越来越深入人心，"一带一路"合作倡议下的各项行动惠及沿线各国乃至其他非沿线国家，中国政治、经济、文化在国际舞台上的影响与作用日益凸显，大多数国家的中文教育（汉语作为外语的教学）的走势持续向好，其广度和深度都有所突破，中文在国际上的认可度和接受度愈来愈高。

就新冠肺炎疫情的影响而言，初期学界不太乐观。不少学者指出，受疫情影响，国外中文项目生源减少，有的被迫中断，来华留学规模萎缩，学习者数量减少；"一带一路"沿线国家在防疫过程中面临资源短缺、资金匮乏的困难，企业中的当地员工学习汉语的动力受到抑制；在线教学的时差问题、互动性不足、资源不足等也减弱了学习动机；疫情常态化加上逆全球化和污名化中国的思潮，各国学习者的中文学习需求出现不确定性。[①] 而随着中国抗疫取得重大战略成果，学界提出"要用更长远、更开放的眼光乐观看待国际中文教育的未来发展"，总体认为，疫情的影响是机遇大于挑战。一是认为后疫情时代的人才竞争将更加激烈，中国成功抗疫的经验和经济生产的快速恢复，将吸引更多的外国留学生到中国学习；二是认为大规模网上教学的成功实施积累了经验、丰富了资源，推动了中文教学理念的更新，改变了中文学习的生态。[②] 如文秋芳、杨佳（2020）认为，对于孔子学院来说，大力发展在线教育的特殊意义不仅仅在于能够保障突发公共卫生事件下国际中文教育的正常开展，更重要的是其相对线下教学而言，抵御外部政治、经济风险的能力更强。赵杨（赵杨、张黎等，2020）认为，疫情期间孔院教学转到线上，教学效果并未受到很大影响，为未来发展指出了一条新路；近年来有些国家关闭了一些孔院，实体孔院遭遇发展

[①] 参见：《"新冠疫情对国际中文教育影响形势研判会"观点汇辑》《"新冠疫情下的汉语国际教育：挑战与对策"大家谈》等。

[②] 参见：《后疫情时代国际中文教育大家谈》、李泉等（2020）等。

障碍，但是汉语需求依然旺盛，疫情期间线上教学的广泛开展，消除了人们之前的抵触心理，为其进一步开展铺平了道路。

（二）中文的外语角色有发展但仍有很大不足

吴勇毅（2020a）指出，随着国际中文教育的发展，目前已有越来越多的国家把中文纳入其本国的国民教育体系，尤其是国民基础教育体系，包括在中小学甚至幼儿教育阶段开展中文教学（中文作为外语、双语的教学），以及中文进入中考、高考体系。这是中文"走出去"后真正"融进去"且落地生根的标志，其意义之重大，堪比英语及其他语种的教学进入我国的基础教育阶段，可以说国际中文教育进入了一个崭新的重要的发展阶段。

李宇明、唐培兰（2020）提出，某种外语对外语国所发挥的作用呈现"外事外语→领域外语→泛领域外语→基础教育外语→重要外语→语言"的外语角色梯级。决定外语角色、外语角色梯级及外语角色进/退阶的因素主要有本土国的综合实力、外语国与本土国的关系、外语国的外语教育传统和世界语言风尚等。汉语作为外语，其角色已经经历了外事外语、领域外语、泛领域外语，正在进入基础教育外语阶段。目前，已有70国把汉语纳入基础教育体系，但是其汉语教育总体上还处在初级水平。

李宝贵、庄瑶瑶（2020）发现，有25个"一带一路"沿线国家已经或即将将中文纳入国民教育体系，纳入层次集中于基础教育阶段、进入形式多为开设中文课程、课程设置以选修为主，纳入考试体系的不多，高等教育阶段中文纳入比例较低。中文纳入"一带一路"沿线国家国民教育体系面临着进度不一、教育延续性弱、教育资源适配度偏低和孔子学院/课堂的助力作用发挥不够充分等现实挑战。

柯彼德（2020）则指出，世界上只有少数人和国家真正认为在本国教育制度中汉语必须列为与英语、法语、西班牙语、意大利语、俄语等大语种具有同等地位的外语。全球一亿汉语学习者中绝大部分是初学者，并且汉字读写能力十分有限。初级阶段"汉语热"，高级阶段"汉语冷"，达到专业性汉语水平、从事高级翻译的人数从全世界的需求来看还远远不够。汉语难学是国外得出的普遍结论，不仅花费的学习时长更多，汉字更是一大障碍，绝大部分在中国长期生活和工作的外国人是汉字文盲，汉字很难真正成为重要的国际交流工具。

(三)国际中文学习需求分化明显

吴勇毅(2020a)认为,当前来华留学生中学习的专业门类增加、学历层次大幅度提高,学历生的增加和语言生的减少是未来重要发展趋势,意味着国际中文学习需求正在发生从普及化到专业型、从通用型到职场型的变化。崔永华(2020)认为,汉语学习者即汉语教学对象正在发生巨大的变化,中小学汉语教学、职业汉语教学、对社会人士的汉语教学、网络汉语教学的迅速发展可以简称为"四化":低龄化、职业化、社会化、网络化。邢欣、宫媛(2020)则指出,伴随着中资企业和民企华商"落地开花",汉语人才需求空前高涨,"一带一路"沿线国家的民众越来越意识到,学好汉语是机会;沿线国家对人才的需求不同,汉语教学越来越多样化;参与学习的年龄层次既有低龄化倾向又有成人化趋势,成人化趋势的发展主要是随着"一带一路"建设给沿线国家带来的就业岗位越来越多,带动了大量岗位成人汉语的学习。

三 国际中文教育转型发展方略

面对挑战,学界指出要"保持定力",同时深入探讨,从体制机制、路径模式、专业建设等方面提出一系列推动国际中文教育转型发展的方略。

(一)构建国际中文教育体系

完善体制机制。李宇明(陆俭明、李宇明等,2020;李宇明、李秉震等,2020)指出,我国的语言、教育、文化、外事、侨务等部门与行业,都涉及国际中文教育事业,要理顺体制、机制上的各种关系,防止出现"九龙治水"的状况;要把汉语国际教育与海外华文教育、海外中国学校、中华文化项目等协同起来,与中外各方的汉语教育者结合起来。崔希亮等(2020)指出,目前中国文化中心、孔子学院、海外华文教育三支力量所做的工作都与汉语国际教育有关,资源分散,不容易形成合力,建议做好整合。

拓展参与主体。王辉(2020)认为,海外中文教育机构可通过与当地企业、中资企业、华人社团、学校、投资机构等深度合作,形成中文教育多元投入格局。朱瑞平等(2020)建议大力发展世界汉语教学学会新会员,充分发挥其职能。崔希亮等（2020）认为，全球范围内的汉语国际教育主要应该依靠高等教育机构来实施，减少意识形态色彩。李宇明（陆俭明、李宇明等，2020；李宇明、李秉震等，2020）认为，要充分发挥民间、学术机构办学的积极性，特别是"走出去"的中国公司的作用。孟凡璧（2020）建议，吸纳政府、高等（职业）院校、行业企业、社会组织等利益主体共同参与中文人才培养，打造"人才培养共同体"，建设特征鲜明、竞争有力的中文教育产业体系，实现教育链、供需链与产业链的耦合发展。

（二）提升中文价值功能

李宇明（2020）指出，语言成功传播取决于语言背后的综合国力，但除此以外，还需要我们一方面重视中文在国际组织中的地位与应用，在国际组织、国际会议、国际贸易、国际教育、国际学术等国际事务中，千方百计地增加中文的使用价值；另一方面发展和推广中文信息技术，努力使中文软件在技术上具有领先性，在应用上能够兼容、便捷，像微信、抖音那样广受欢迎；研发以中文为"轴心语言"的多语翻译系统，让中文能够发挥轴心作用。

（三）统筹好三大领域的关系

"三大领域"指前文所述的"国内的对外汉语教学""海外的国际中文教学"和"海外华文教育"。

黄启庆（2020）建议将归属于"中国语言文学"的"汉语国际教育"专业和归属于"教育学"的华文教育专业统一归属到"中国语言文学"学科，打破学科研究疆域，扩大学科研究范畴，拓宽学者学术视野，完善专业课程设置，培养既能够胜任华文教育也能够胜任汉语国际教育的通用型教师；同时加强两大事业的协同管理。

李泉、陈天琦（2020）强调要重视国内的对外汉语教学和研究。在汉语国际化的新时代，需要重新认识国内对外汉语教学在汉语国际化过程中所应该和能够发挥的重要作用，并创造条件使其成为汉语教学与研究的重要平台，而不应计较其是否是学历教育。中国在积极支持海外汉语教学的同时，亦应加大对国内对外汉语教学的领导，重新规划国内对外汉语教学的地位、功能和学科建设方向，应该建设包含对外汉语教学范畴、跨类范畴和相关专业范畴的对外汉语教学"大学科化"结构框架。

郭熙、林瑀欢（2021）则指出，重视学科分工与事业统筹。要重视学科分工，明确分工才能发挥最大合力，并建议区分事业和学科，以"国际中文教育"事业为统摄，以事业统筹学科，引导三大学术领域根据各自的对象和目标开展工作，合作互补，科学发展。合作不等于合并，也不同于合流。区分国际中文教育的三大领域，不仅是对不同学科、不同性质、不同任务和目标的进一步明确，同时也是对学习者的学习特点、学习动机、语言背景、社会文化心理、发展路径、语言学习需求等重要因素的分类考量。三条路线明确分工，不仅有利于各项工作目标和任务的设定与推进，也有利于广大中文学习者"对号入座"，寻找符合需求的"组织"。

（四）加强孔子学院建设与管理

李泉等（2020）指出，孔子学院存在的主要问题是职能不够单一，实施过多的文化活动和交流项目挤压和影响了汉语教学，应"去多功能化"，以汉语教学为唯一职能，以不断提高教学质量为唯一宗旨。王辉（2020）也认为，孔子学院应聚焦语言教学这一核心业务，淡化文化活动，避免将国际中文教育全能化。林迎娟（2020）提出，孔子学院应积极处理公共关系，及时与办学相关主体、利益攸关方沟通，与当地教育政策制定者与教育实践者保持良好关系，与当地教育管理制度兼容。连大祥（2020）建议，面对国际负面舆情，孔子学院可借鉴英国文化协会的经验，客观、积极回应媒体声音，做好声誉管理。王辉（2020）建议修订《孔子学院章程》，遵循国际语言传播机构的运行惯例，增强管理弹性，赋予各孔子学院更多的管理权限，加强风险管控，建立健全突发事件应急响应机制，及时有效处理意外风险。

（五）推动教育模式转型与创新

李宇明（陆俭明、李宇明等，2020）强调要树立"中文＋X"理念，发展"中文＋职业"和"中文＋专业"。吴勇毅（2020a）建议大力推广"汉语＋职业技能"的培训模式，积极推动从通用型学习向"语言＋职业技能"型学习转变，口头上的"国际汉语"应该在应用或实用层面上得到彰显，汉语的价值因应用和实用才能进一步提高。吴应辉、刘帅奇（2020）区分了"汉语＋"和"＋汉语"，"汉语＋"是把汉语能力作为首要能力来培养、"＋汉语"是将汉语作为添加性能力，当前应积极推进"＋汉语"。王治敏等（2020）建议，打通国内外人才培养课程体系，保持与国外汉学、中国学专业的有效联通。邢欣、宫媛（2020）认为，面对"一带一路"建设对汉语国际化人才的多样化需求，当前的汉语人才培养模式显得较为薄弱和单一，急需培养模式的转型和创新，从泛化到精准化、从单层次到多层次、从通用型到专门化、从单一化到多样化，从而形成精准化、高科技化、专业化和速成化国际汉语人才培养机制。

（六）促进本土化发展

加大本土化教师培养力度。吴勇毅（2020a）提出，"十四五"期间应该大力培养本土汉语教师（包括华人、华侨教师）在世界各国从事中文教育工作并成为主力军，各类外派教师有规模地缩减或去做更大更多的开拓。在对方有意愿的前提下，扩大世界各国在职汉语教师的培训面（广度），并逐步发展成一个有梯度的动态的在职培训系统，形成"（不同）对象—课程（内容）—过程（持续）—证书（考核）"一体化的培训模式。

加强国别化、本土化教材开发。于海阔（2020）认为，仅依靠通用性教材无法满足海外学习者的需求，应针对不同国家、不同的文化圈、不同的民族、不同的语种，开发相应的教学材料，包括网页、视频、词典、手册等。国别化教材主要面向海外，通用性教材则更适合在国内使用，二者并不矛盾，而是互补关系。开发汉语国别化教材一方面体现"以学生为中心"的教育理念，另一方面需要在编写过程中更加重视需求调研，尤其要重视在对权威数据广泛挖掘和分析的基础上，以当地实际情况为依托，对当地的政治格局、民族宗教、经贸投资、文化教育等因素进行充分考量，进而开发适合当地培养模式和教育理念的汉语教材。

加强国别、区域研究。崔希亮（2020）指出，每个国家都有自己的特点，他们的语言政策、汉语教学传统、教学理念、学习者的需求以及对学习者职业生涯的预期都是不一样的，他们面对的困难和问题也是不一样的。因此在进行普适性的研究之外还要开展国别和区域的研究。汉语教学最大的合作伙伴在周边国家、美洲国家、欧洲各国以及"一带一路"沿线国家，对每个国家和地区都要进行专门的研究，有针对性地解决他们的问题。

推动海外华文教育本土化发展。韩晓明（2020）指出，华文教育本土化发展趋势明显。郭熙（2020）认为，海外华文教育的学习动机随家庭和国别呈现出差异化，华文教育的发展趋势也因国而异。曹云华（2020）建议从四方面发展本土化海外华文教育：一是依靠当地华侨华人的力量；二是重视市场的力量和作用；三是坚持非意识形态化和非民族主义化；四是要处理好海外华文教育与当地语文、当地民族和与中国的关系。

（七）推动线上线下融合发展

线上教学的成效、问题与改进是2020年相关研究的重要热点，很多学者基于疫情期间线上教学的实践情况，就进一步丰富线上资源、构建教学平台、提升教师信息技术素养等提出建议；同时，一致认为，线上线下混合式教学应是今后的常态。①

有学者较系统地分析了线上教学的优势和不足。如马晨（2020）认为，其优势主要体现在打破了时空局限、促进了交流合作、创新了中文国际教育模式、缓解了中文学习供不应求的局面、课程质量较高、推动了互联网经济发展；其不足主要是缺少科学的教学法和规范的教材、在线互动教学平台设计和运营组织不够成熟、缺少健全的法律法规和市场监管机制、教师的权益没有相应的保障、难以形成沉浸式教学环境。为此建议，建立健全教师任职、保障、发展制度，详细划分课程类型，完善系统建设、为线上线下教学结合提供技术支持，重视教材的编写与创新性开发，各类平台应具有高度社会责任感、加强企业文化建设。

更有学者关注到，应该从疫情期间线上教学这种"应急之举"中及时总结提升，加强研究，推动教学理念和教学模式的创新。如李泉（2020a）指出，应考虑如何引进线上教学的一些理念和做法，探索如何基于线上教学的特点和经验，拓展和延伸线下课堂教学的空间和内容；建议将2020年确定为国际中文教育学科建设转型之元年，呼吁后疫情时代的学科建设应抓住这次线上教学的机遇，对国际汉语教学和研究进行长远的、全方位的规划和设计，促使学科建设向着网络化转型和升级，促使未来仍以线下教学为主的国际汉语教学走上高质高效的现代化发展之路。作者提出，应重新规划学科建设的取向与内涵，应重新规划课程设置体系与教学方式，线下线上混合式教学应成为常态化模式，线上教学技能应成为教师发展的重要取向，网络时代的教材编写应有线上教学环节，教学理论和学习理论的研究应转型升级。崔希亮（2020）也提出，要探索

---

① 具体内容参见本报告"线上语言教学"专题。

网络环境下的语言教学规律，加强网络语言教学的理论和实践研究。

（八）坚持语文分开教学模式

"语文并进"模式存在的问题和"语文分开"模式的优势。李泉（2020b）认为，"语文并进"的教学路子不符合汉语教学的实际，没有充分认识到汉字不表语音等特点及其给口语学习带来的巨大障碍，没有充分认识到拼音在口语教学中可以发挥准文字的功能，也没有规避汉字的短处，没有发挥拼音的长处。由于入门阶段套用了拼音文字二语教学的路子，不仅使该阶段的汉语教学方枘圆凿、效率低下，也影响后续汉语教学与研究的走向，乃至影响整个汉语国际化进程。"语文分开"既考虑到了汉字学习的困难及其对口语教学的制约，又考虑到了汉语拼音在汉语教学初期的优势，是基于语言文字特点而建构的汉语独有的教学模式。"语文分开"对初级汉语教学来说，规避了通过汉字教口语的弊端，分解了入门阶段的难点；发挥了用拼音教口语的便利和长处，是教学内容和教学资源避短扬长的合理配置。

重视汉语阅读文本分级与难度测查。王鸿滨（2020）认为，当前国际中文教育仍存在分级读物数量不足，缺乏可行的读物难易度评价体系，分级阅读推荐的书目较少等问题，尤其是商务汉语中分级阅读应用还相对较少。如能建立一套基于文本难易度，适用于汉语国际教育用商务汉语分级体系，为不同水平的学习者推荐符合其水平的读物，可帮助学习者高效提高阅读能力。作者建议借鉴现有资源编写平台文本分级定量评价方法的基础上，重点研究动态、开放的备选素材获取、分析及加工方法，并且探索以"学"为导向的学习资源生成方法，建立一个基于文本难易度，适用于汉语国际教育的商务汉语学习资源文本库，能够借助移动互联技术、学习分析技术，捕获、汇聚、分析各类信息，构建学习者信息模型，为学习者提供突破时空限制的智慧教育服务。

充分发挥汉语拼音的功能。李泉（2020b）认为，外国人对拼音大都不陌生，比学汉字容易得多。常规的汉语教学完全可以"先语后文"，利用拼音教授词汇、语法和口语，学习者具备了一定的听说能力再教汉字。对于只想学口语的学习者来说，可以全程用拼音来教授，当他们基本掌握了汉语口语乃至能说一口流利的口语，再想学汉字的话，那将事半功倍。柯彼德（2020）认为，应更加重视汉语拼音在中文国际传播中的作用，按学习者的目标区分教汉字（比如针对汉学学生）或只教汉语拼音（比如针对驻中国的外籍商人、外交人员、记者、专家等），减轻大多数学习者的负担。

（九）加强汉语国际教育一流本科专业建设

为全面振兴本科教育，教育部启动一流本科专业建设"双万计划"，即在2019—2021年建设国家级和省级一流本科专业点各10 000个左右。2019年12月，教育部公布第一批一流本科专业建设点名单，其中"汉语国际教育"国家级建设点4个、省级建设点20个。在此背景下，如何加强汉语国际教育一流本科建设成为2020年相关研究的热点话题。

培养卓越人才。吴勇毅（2020b）认为，本科卓越人才不应该只有扎实的知识基础，还应具有宽阔的国际视野以及良好的学术视野和学术情怀，尤其应具备一定的研究能力（具有潜力和上升空间）和很好的实践创新能力。汉语国际教育的本科专业建设应根据学校性质与专业的特点进行分类，设定不同的培养目标，按照学科核心素养考虑学生的知识结构和能力结构，并配以更具针对性的课程设置与实践活动，以实现既定的培养目标和毕业要求。

探索复合型多语拔尖人才培养模式。高育花（2020）认为，汉语国际教育本科专业下的复合型多语拔尖人才培养是高校教育改革的一种试验。该模式的人才培养的目标是：整合汉语国际教育与外语学科的优势教学资源，共同培养具备系统的汉语言文学文化专业知识，具备专门用途英语能力和人文通识英语能力，并能熟练运用另一种联合国工作语言进行汉语教学或中外文化交流工作的拔尖人才。该模式采取"专业优先，英语把关""综合评价，公平公开""动态管理，建立退出机制"的选拔模式和选拔机制，以及"英语+法语/俄语/西班牙语/阿拉伯语+专业"的课程设置和"小班授课+导师制"的培养方式，旨在使汉语国际教育本科专业成为一个专注于培养复合型、国际型人才的专业，使所培养的学生能真正拥有"中国情怀、世界眼光"。

加强本科课程体系建设。刘珣（2020）认为，汉语国际教育专业涉及语言、文学、文化、外语、教育、心理、现代教育技术等学科，对学习者知识的要求繁多，课程设置比较庞杂，与其他专业相比，课时也一直偏多。学习者在本科阶段要重点学好的是汉语、文学、文化及外语等基础课程，而教学方面的课程除了教育学和心理学外，设置教学概论和课堂教学法两门就基本可以了。更多的教育教学和其他方面的课程（包括二语习得等）主要应该在硕博研究生阶段学，这样才更有针对性。学习者在本科阶段不必学得太深、太细。

加强师范类专业认证。原新梅（2020）认为，汉语国际教育专业的性质不统一，汉语国际教育专业（师范）缺少对应的认证标准，为汉语国际教育专业的师范类专业认证带来困难；明确汉语国际教育专业认证的归属，出台汉语国际教育专业认证标准，明确认证工作的程序是当务之急。

（十）发展海外华文教育

郭熙（2020）认为，海外华文教育是培养国家急需语言人才的海外"实景课堂"，是中文走向世界的重要抓手，是两岸和平统一进程的助推剂，海外华文教育及其能力既是中国国家语言能力的一部分，也是提升国家语言能力的独特的、重要的路径。作者建议通过五方面举措发展海外华文教育：第一，加强华文教育智库建设，研究如何充分发挥华文教育的功能，服务国家建设；第二，让华文教育回归本原，重视华文媒体的作用，发展"华语＋专业／职业"；第三，积极推进新时代的侨民教育，应把华侨子女的母语教育纳入国民教育中通盘考虑；第四，利用海外华校服务"一带一路"建设；第五，重视海外汉语方言在华文教育中的作用。

结　语

基于事业发展和学科支撑，国际中文教育每年都会产生大量研究，限于篇幅，本专题聚焦2020年特殊背景下的热点话题，简介学界的观察、思考和争鸣。这些研究显示，国内学界对新形势下国际中文教育面临的问题及因应之策的探讨越来越全面和深入。一方面，学界对未来一个时期国际中文教育面临挑战的复杂性与艰巨性有着清醒的认识；另一方面，学界在对下一步发展方略深入讨论的过程中，不断坚定信心、明确方向、明晰思路。

【本时段研究文献】

［1］曹云华.全球化、区域化与本土化视野下的东南亚华文教育［J］.八桂侨刊，2020（01）：3—14+36.

［2］崔希亮.全球突发公共卫生事件背景下的汉语教学［J］.世界汉语教学，2020，34（03）：291—299.

［3］崔永华.试说汉语国际教育的新局面、新课题［J］.国际汉语教学研究，2020（04）：3—8.

［4］高育花.基于复合型多语拔尖人才的汉语国际教育本科培养模式探索［J］.国际汉语教育（中英文），2020，5（02）：17—24.

［5］郭熙.新时代的海外华文教育与中国国家语言能力的提升［J］.语言文字应用，2020（04）：16—25.

［6］郭熙，林瑀欢.明确"国际中文教育"的内涵和外延［N］.中国社会科学报，2021-03-16（003）.

［7］韩晓明.从"再中国化"到"再华化"——百年间东南亚华人的身份重构及其对华文教育的影响［J］.东南亚研究，2020（03）：133—151+157.

［8］黄启庆.新形势下看汉语国际教育与华文教育的双流合一［J］.云南师范大学学报（对外汉语教学与研究版），2020，18（05）：80—86.

［9］柯彼德.汉语国际化的若干问题［J］.语言教学与研究，2020（03）：1—9.

［10］李宝贵，庄瑶瑶.中文纳入"一带一路"沿线国家国民教育体系的特征、挑战与对策［J］.语言文字应用，2020（02）：89—98.

［11］李泉.2020：国际中文教育转型之元年［J］.海外华文教育，2020a（03）：3—10.

［12］李泉.新时代对外汉语教学研究：取向与问题［J］.语言教学与研究，2020b（01）：1—10.

［13］李泉，陈天琦.论新时代对外汉语教学的"大学科化"之路［J］.语言文字应用，2020（02）：79—88.

［14］李宇明.中文怎样才能成为世界通用第二语言［N］.光明日报，2020-01-04（10）.

［15］李宇明，李秉震，宋晖，白乐桑，刘乐宁，吴勇毅，李泉，温晓虹，陈闻，任鹰，苏英霞，刘荣艳，陈默."新冠疫情下的汉语国际教育：挑战与对策"大家谈（上）［J］.语言教学与研究，2020（04）：1—11.

［16］李宇明，唐培兰.论汉语的外语角色［J］.语言教学与研究，2020（05）：17—30.

［17］连大祥.序《西方主流媒体孔子学院报道的批评话语分析》［A］//

刘程等.西方主流媒体孔子学院报道的批评话语分析［M］.北京：华夏出版社，2020.

［18］林迎娟.美国孔子学院发展与教育议题安全化：解析误解的生成机制［J］.前沿，2020（02）：19—26.

［19］刘珣.浅议汉语国际教育专业［J］.国际汉语教学研究，2020（01）：4—9.

［20］陆俭明，崔希亮，张旺熹，张鹏，梁霞，郑艳群，冯丽萍，孙瑞，郝美玲，古川裕，金海燕，司甜，程红，王辰，项英，季晶晶，赵杨，张黎，包亮，曹秀玲，李先银."新冠疫情下的汉语国际教育：挑战与对策"大家谈（下）［J］.语言教学与研究，2020（05）：1—16.

［21］陆俭明，李宇明，贾益民，崔永华，李泉，赵杨，朱瑞平，王治敏，张博，姜丽萍，崔希亮."新冠疫情对国际中文教育影响形势研判会"观点汇辑［J］.世界汉语教学，2020，34（04）：435—450.

［22］马晨.国际中文在线教育及相关思考［J］.海外华文教育，2020（03）：49—57.

［23］孟凡璧.后疫情时代东盟国际中文教育的着力点［N］.中国教育报，2020-08-24（03）.

［24］邵滨，刘帅奇.说说"国际中文教育"［N］.语言文字报，2020-12-02（002）.

［25］王鸿滨.汉语国际教育汉语文本分级及难度测查对比研究［J］.云南师范大学学报（对外汉语教学与研究版），2020，18（06）：1—14.

［26］王辉.国际中文教育面对疫情影响的应对策略［N］.中国社会科学网，2020-04-17.

［27］文秋芳，杨佳.从新冠疫情下的语言国际教育比较看国际中文在线教育的战略价值［J］.语言教学与研究，2020（06）：1—8.

［28］吴应辉，刘帅奇.孔子学院发展中的"汉语+"和"+汉语"［J］.国际汉语教学研究，2020（01）：34—37+62.

［29］吴勇毅.国际中文教育"十四五"展望［J］.国际汉语教学研究，2020a（04）：9—15.

［30］吴勇毅.汉语国际教育本科专业建设刍议［J］.国际汉语教育（中英

文），2020b，5（03）：5—11.

［31］邢欣，宫媛."一带一路"倡议下的汉语国际化人才培养模式的转型与发展［J］.世界汉语教学，2020，34（01）：3—12.

［32］于海阔.汉语国际教育中教材研发的多元化与国别化［J］.中国大学教学，2020（09）：91—96.

［33］原新梅.师范类专业认证与汉语国际教育专业培养方案的修订［J］.国际汉语教育（中英文），2020，5（02）：25—32.

［34］张华.从"汉语国际教育"到"国际中文教育"［J］.美文（上半月），2020（08）：98.

新文科背景下的高校外语教育

2019年4月,教育部和科技部等13个部门联合启动"六卓越一拔尖"计划2.0,要求全面推进新工科、新医科、新农科、新文科建设,全面实现高等教育内涵式发展,提高高校服务经济社会发展的能力。2020年11月,教育部发布《新文科建设宣言》,提出构建世界水平、中国特色的文科人才培养体系。新文科背景下,高校外语教育应如何改革创新、高质量发展?2019年以来,学界思考解析新文科的概念与特征,提出高校外语教育创新发展的基本思路,并深入探讨了新文科背景下的外语教育跨学科发展、外语人才培养和公共外语教育改革等问题。

一 大外语发展方略

"新文科"概念于2017年由美国希拉姆学院率先提出,主张文科专业应进行专业重组,把以数字技术、计算机技术和信息技术为代表的新技术融入哲学、文学和语言学等课程,以打破专业壁垒,进行综合性的跨学科学习。我国推进新文科建设的内涵与要求是什么?高校外语教育改革与发展如何与之对接?相关研究进行了方略性思考与探讨。

(一)新文科的内涵与特征

王铭玉、张涛(2019)认为,新文科是相对于传统文科而言的,是以全球新科技革命、新经济发展、中国特色社会主义新时代为背景,突破传统文科的思维模式,以继承与创新、交叉与融合、协同与共享为主要途径,促进多学科交叉与深度融合,推动传统文科的更新升级,从学科导向转向以需求为导向,从专业分割转向交叉融合,从适应服务转向支撑引领。新文科体现了人文社会科学的一般特征,同时又具有战略性、创新性、融合性、发展性等自身典型特征。新文科建设重点要把握人文社会科学新的研究对象、新的研究范式和新的社会需求，突破传统思维定势，做好观念重构、结构改造、模式再生、平台垒筑、类型分布。

安丰存、王铭玉（2019）认为，新文科建设是国家对学科建设为适应新时代发展而提出的要求，新文科建设不是对传统文科建设的否定，而是对文科学科内涵定位及人才培养模式的全新设想。新文科建设应尊重文科的本质特征，遵循学科建设的客观逻辑，以战略性、创新性、开放性、系统性及针对性作为学科内涵式发展建设的指导，以"大、新、融、通、特"等作为新文科形态构建特征，并通过相应的专业设置和课程安排完成具有家国情怀及国际化视野的复合型人才的培养任务。

樊丽明（2020）认为，新文科建设是一项外部正效益极强的工程，也是具有其自身特点和规律性的工程。中国建设"新文科"的核心要义是，顺应新科技革命和产业变革的大趋势，着眼实现传统文化的创造性转化、创新性发展的新任务，立足中国特色社会主义进入新时代的新节点，基于坚持推动构建人类命运共同体的新主张，促进文科发展的融合化、时代性、中国化、国际化，服务人的现代化目标。新文科建设的重点在于新专业或新方向、新模式、新课程、新理论的探索与实践。

胡开宝（2020）认为，新文科是指对传统文科进行学科重组，实现文科内部以及文科与自然科学学科之间交叉与融合之后形成的文科。新文科一方面强调采用科技手段研究人文社会科学，另一方面关注与科技发展相关的人文社科问题，主张从文科视角分析科技发展的前景。本质上，新文科是对现代高等教育知识精细化、专业化和学科化的反拨，试图打破学科和专业之间的壁垒，培养知识结构实现交叉复合尤其是文理交叉的人才，推进学科之间的交叉与融合。新文科的特征主要表现为问题导向、交叉融合、新技术应用和创新性发展。

（二）新文科建设为高校外语教育改革发展带来的机遇

郭英剑（2020）认为，"新文科"与"大外语"的并列提出，将中国高等外语教育提高到关系中国同世界各国交流互鉴、中国参与全球治理体系改革建设的高度去认识，凸显了外语教育的重要性，意味着在新文科时代，外语教育变得与以往不同，要承担更加重要的社会责任。"新文科"的发展，离不开外语学科的帮助，而"大外语"想做大做强，也需要文科各学科的大力支持。"新文科"与"大外语"相辅相成，或许能够走在携手创新的最前列。

王宁（2020）认为，新文科理念的提出赋予外国语言文学学者一个广阔的多学科和跨学科视野。外语学科隶属于人文学科，但长期以来却游离于中国的人文学科主流，又远未达到推进中国人文学术国际化的水平，因而一直处于中国人文学科的边缘地位。新文科概念的提出就是要改变这一既定的格局，使外语学科跻身人文学科的主流，尤其是在推进中国人文学术国际化和引领国际前沿学术潮流方面，外语学科的学者应该大有作为。

（三）新文科背景下高校外语教育改革发展的任务与方略

吴岩（2019）提出"新使命、大格局、新文科、大外语"，指出高校要建设新文科，做强大外语，培养"一精多会""一专多能"的国际化复合型人才，也就是要培养精通一门外语、会用多门外语沟通交流，掌握一种专业、具有多种外语能力的复合型人才。

王铭玉、张涛（2019）的方略构想主要包括：积极设计人文类课程与语言类课程之间相互强化的课程体系，拓展相应的政治、文化、社会、历史等通识类课程，打通跨专业的学习机制，发展学生在某类学科上"交叉复合+"的专业领域能力；以具体的国别区域为抓手，发挥多语种优势，通过深入综合化的跨学科知识建构实现服务国家、区域和组织（或企业）的决策咨询功能；构建计算科学、神经科学、数据科学与语言科学的文理交叉，引发学生的深度学习，促进外语教学的深度变革，将新文科的内涵理念落实到教育质量上。

宁琦主张，外语学科应该从专业内部、跨学科层面、全校的外语教育层面寻求人才培养模式的转变，实现从以语种为导向向以区域为导向的培养模式的转换，推动专业与外语的深度融合。杨连瑞认为，应将外语学科与外语专业融合起来，构建教学与科研互动、本硕博贯通的完整人才培养体系。[①]

邓世平、王雪梅（2020）提出，以国别区域为导向，破除学科壁垒，加强学科交叉融合，形成以外语为根基的新的融合型专业方向，推进外语人才的分层分类培养，突出复合和复语的外语人才培养特色。此外，还要应对师资队伍、课程设置、课程开发、科研创新等多方面的挑战，也需要回应来自社会、家长、学生的期待和诉求。

---

① 宁琦、杨连瑞观点参见：邓世平、王雪梅（2020）。

二 跨学科发展路径

新文科倡导学科专业间的交叉与融合，为语言学研究、学科发展、专业建设等提供了重要机遇。新文科背景下的外语教育跨学科发展不仅拓展了语言学研究的外延，丰富了外语教育的内涵，而且契合我国高校内涵式发展、分类卓越的需求。相关研究就外语教育跨学科发展为什么、跨什么、怎么跨等问题进行了探讨。

（一）外语教育跨学科发展的重要性和必要性

王初明等（2020）指出，语言学跨学科研究是对人类智慧集大成的再探索，必定促进人类社会的发展和进步。长期以来，我国外语界语言学的跨学科研究意识相对薄弱。高校的语言学研究团队少有真正从跨学科研究的需求出发进行优化配置，语言学学者在其他学科，特别是在硬科学的学术活动中参与度不高，研究成果的转化率和对社会的贡献度不够凸显；外语各语种之间的学术合作也显得呆滞，研究手段的更新、开发和借鉴有待加强。这种不利于语言学发展的局面亟须打破。

文秋芳等（2020）指出，我国语言学的发展不仅在学科正名上面临重重困难，而且在学科作用认同上需要获得充分重视与支持。与理工科研究者相比，文科研究者缺乏大科学工程意识，经常孤军奋战，研究课题碎片化，难以产出具有高显示度、高影响力的研究成果，需要加强顶层设计，提出系统主张、重点攻克方向和重大工程，调动全国优质资源，推动语言学跨学科发展。

（二）外语教育跨学科发展的对象

戴炜栋等（2020）、李宇明等（2020）、黄国文等（2020）、胡开宝（2020）等诸多学者都指出，新文科背景下的语言学研究不仅要进一步探索语言学内部的融合，还要探索语言学与自然科学、社会科学的交叉融合。李宇明等（2020）特别强调语言学跨学科研究要关注新基建和数字经济，指出，语言已经不仅仅是人文现象，而是拥有声光电三大媒介，为人类与机器两个"物种"共享，应用于社会、信息、物理三大空间的事物；语言学作为"研究语言及其相关问题"的科学,应当是横跨文理工、依照"新文科"思路发展的综合学科,是能够促进新基建、数字经济发展的学科,新基建、数字经济的谋划者应当充分重视语言学,获取语言学的学科红利。胡开宝(2020)特别强调外语学科与自然学科的交叉,以及语料库方法和技术在跨学科研究中的运用,建议大力推进计算语言学、神经语言学、大数据智能等领域的语言科学研究。景飞龙、李红丽(2020)提出加强外语教育政策规划、拓展学科专业内涵,建议推进外语学科与传播学、文艺学、历史学等的交叉融合,创新外宣翻译、区域国别研究以及多语种智库的建设,构建以中华文化为载体的具有中国特色、国际影响、时代精神的外语学术研究体系。杨丹(2020)从外语院校的中文学科建设的角度,强调要打破汉语、外语之间的学科隔阂。

(三)外语教育跨学科发展的模式

戴炜栋等(2020)指出,推动外语学科跨学科发展,涉及研究团队建设和研究路径开拓等问题。新文科建设不仅应推动中外文学科团队的合作,也应加强文、理、农、工、医等学科领域学者之间的协同。具有重大理论和实践价值的论题或者项目是跨学科研究的有力抓手,国际学术论坛、学术工作坊、学术论文大赛等是跨学科研究成果的有效传播方式。如果能将跨学科研究与人才培养、社会服务有机结合,特别是与高端语言学人才培养有机融合,将切实有助于语言学跨学科研究落地和持续发展。目前各高校正在实施的书院制、本研贯通模式、中外合作培养、跨校跨院系培养、校企合作培养等,包括双学士学位复合型人才培养、微专业等均是积极的探索。语言学本体课程和跨学科一流课程打造,教材资源库、语料库建设,语言学跨学科研究方法的应用等都值得探讨,线下、线上、混合式等课程模式的探索亦有其应用价值。

(四)外语教育跨学科发展应注意的问题

王文斌等(2020)强调要正确处理语言学的独立性与跨科性的关系,以及语言学的学科交叉性与融合性的关系,"学科融合的提法需要谨慎待之"。黄国文等(2020)也指出,"一方面要看到跨学科研究的作用(其中之一是能够解决单一学科无法解决的问题),另一方面也要看到各个单一学科在跨学科框架中的不同地位和功能"。戴炜栋等(2020)也强调,语言学跨学科研究应坚持自身发展的原则,基于问题导向,突出学科特色,发挥自身的语言特色与学科优势,协同其他学科解决国家和社会亟须解决的问题。

胡壮麟等（2020）、黄国文等（2020）等则关注了跨学科研究的本土化问题，强调外语教育跨学科发展要坚持中国特色，解决我们自己的问题。

（五）外语教育跨学科发展的人才基础

胡开宝（2020）提出，应着力建设能够对接新文科发展的外语学科师资队伍。一是根据新文科建设的目标，有序引进复合型外语专业人才。二是加强现有师资的培养，使他们具备科学分析思维，习惯并擅长运用新技术对人文社科类问题进行再发现、再解析，真正实现文理交叉、多学科交融。三是对现有教学院系进行重组，组建跨学科教学团队和研究团队。四是探索建立符合新文科建设所需要的科研评价体系和教师职务职称评聘制度，实现教师评价的多元化，鼓励教师把更多精力放在复合型外语专业人才培养上，引导教师重视交叉学科研究，及时将科研成果转化为教学内容。

三　专业外语人才培养

相关研究根据"建设一流本科教育，加快推进新文科建设，培养高素质外语人才"[①]的要求，探讨新文科背景下外语人才培养的目标与理念，述介相关外语院校落实新理念的实践模式。

（一）培养目标与理念

姜智彬（2019）提出新文科背景下外语人才培养的战略定位：一是培养坚定的"以德为先"政治素养；二是培养夯实的"多种语言+"人文素养；三是打造立体的"国别区域+"综合能力；四是发展精湛的"交叉领域+"专业能力；五是拓展前沿的"语言智能+"科技能力。

向明友（2020）将新文科背景下的外语人才区分为专业人才、高级通才和就业创业人才三类，并基于"3才"规格，提出新文科背景下外语人才培养新理念：以"5语"[②]为底色，多语为特色，专业方向为抓手，辅之以饱满的人文、社

[①] 参见：吴岩（2019）。
[②] 指汉语、英语、数学（科学的语言）、计算机（工程技术的语言）和音乐（愉悦身心的语言）等五门语言。

科、科技素养的精英语、会多语、有专业、懂科技、晓文史、善思辨、能创新的卓越人才。强调夯实学生的通识素养，加强外语学生汉语、英语、数学、计算机的技能和素质，解决复合型外语人才的复合专业间的接口问题，变复合为融合。

胡开宝（2020）认为，外语专业人才培养应当以语言文化教育与研究为本，培养体现学科交叉尤其是知识结构实现文理交融的复合型外语专业人才，强调新文科视域下外语专业人才培养应当重视新技术的应用，尤其是信息技术和人工智能技术的应用。

（二）因校制宜的实践模式

姜智彬、王会花（2019）介绍了上海外国语大学在外语人才培养方面的创新实践，即以"立德树人"为核心，培养坚实的"多语种+"人文素养，打造立体的"区域国别+"综合能力，发展精湛的"交叉复合+"专业能力，整合信息技术走向"语言科技"等五个战略要素的主要内涵及其创新路径；并指出，新型外语人才培养应该以立德树人为战略核心，以"会语言、通国家、精领域"为战略支柱，以信息技术的整合为战略加速器提升学习成效，并以战略保障机制推动实现各战略要素之间的协同契合。

王军哲（2020）介绍了以西安外国语大学开展一流本科建设的探索与实践：一是对照《普通高校本科专业类教学质量国家标准》，改革人才培养模式和课程体系；二是力推二"+"一"全"模式，做强一流专业；三是强化内培外引机制，打造一流师资队伍；四是聚焦"两化""一研"工程，建设一流课程；五是关切国家需要，开展卓越拔尖人才培养；六是注重实践教学环节，开设暑期学校与实践周；七是集聚各方力量，振兴西部高等外语教育。

王钢（2020）以大连外国语大学复合型俄语人才培养模式为例，探讨了"俄语+区域学"人才培养的影响因素和发展对策，建议：充分发挥外教的作用，鼓励教师教学和科研方向转型；积极进行招生宣传，采取必要措施吸引优秀生源；建立以区域学知识为内容、俄语言语训练为形式的课堂教学模式；相关高校联合攻关，共同编写俄语区域学教材；充分利用信息技术成果，以技术推动课程建设。

张欣（2020）以广东外语外贸大学英语专业为例，介绍了该校由"英语拔尖人才""英语专业人才"和"英语复合型人才"构成的"一拔尖、四方向、一复合"（简称"141"）的人才分类卓越培养体系，提出要增强大文科意识和跨学科意识，扭转英语专业人才培养模式"千校一面"的状态，认为根据校情确立专业"校标"是英语专业院系挂图作战的关键。

四 公共外语教育改革

公共外语，尤其是英语教育在我国大学教育体系内量大面广，为我国高等教育做出重要贡献，相关研究就"新文科、大外语"背景下公共外语教育改革的理念与思路进行了初步探讨。同时，近年来我国颁布多个语种的大学外语教学指南，为公共外语教育改革提供了基本遵循，有研究分别进行了介绍和解读。

（一）公共外语教育改革理念与思路

向明友（2020）指出，公共外语教育兼具工具性和人文性两重使命。它既是新文科建设的有机组成部分，又是全面实施新工科、新医科、新农科建设的有力推手。从大学外语对新工科、新医科、新农科建设的推动作用来看，其改革方向应往教学精细化、语种选择多元化发展。从弥补传统的理、工、农、医类院校人才培养过程中人文学养和文化素养缺乏的方面来看，大学外语教育应当调整教学内容，更新教学观念，探索人文与技能融合的新模式。

郭英剑（2020）认为，培养"一精多会""一专多能"的国际化复合型人才，[①]其实主要就是指那些非外语专业的人才。因此要抓紧抓好公共外语教学，把非外语专业的外语教育落到实处，以便培养出更多的懂外语的一流人才。在"新文科、大外语"背景下，公共外语教育和外语专业教育正在形成竞争态势，这既是严峻挑战，也是外语（各个）专业改革与发展的绝佳时机。

（二）大学外语教学指南内容与要求

何莲珍（2020）介绍，《大学英语教学指南》（2020版）总体保留了2015版的整体框架，主要继承了以下关键部分：大学英语课程性质，兼具工具性和人文性；大学英语教学目标，分为基础、提高、发展三个级别；大学英语课程设置，包括通用英语、专门用途英语、跨文化交际三大类课程。同时，2020版明

---

① 参见：教育部高等教育司司长吴岩在第四届全国高等学校外语教育改革与发展高端论坛（2019）上的主旨报告。

确提出大学英语课程思政的要求；教学要求有机融合了《中国英语能力等级量表》的相关内容；对大学英语教材的编写、选用等提出了指导性意见；突显了信息技术和智能技术在大学英语教学中的应用；对高校大学英语教师提出了五个方面的素养提升要求，即育人素养、学科素养、教学素养、信息素养和科研素养，并对高校推动大学英语教师发展提出了指导性意见。何莲珍（2020）指出，大学英语作为高校大多数非英语专业学生在本科教育阶段必修的公共基础课程和核心通识课程，在人才培养方面具有不可替代的重要作用，应该全面落实立德树人的根本任务；同时，随着中国与世界各国和地区在经济、科技、人文等领域的交流日益频繁，对外开放进一步扩大与持续深化，英语在可预见的未来仍将是全球通用语言和开展国际交往的重要工具。大学英语课程教学应努力实现工具性和人文性的有机统一，满足学生成长成才需求和国家战略发展需求。

赵劲、张雄（2020）就《大学德语教学指南》进行了全面解读，并指出，大学德语、法语、日语和俄语等非英语类大学外语具有多重共性，面临作为零起点课程课时不足、课程类别层次相对单一、教学管理部门不够重视、师资力量和科研力量相对薄弱、教学评价与测试缺乏统一规划等相同或相似问题；认为公共外语教学的各语种教学应在大学外语教学指导委员会的指导下，在改革实践和创新发展过程中主动识变、应变、求变，加强沟通交流，借鉴成功的教学实践经验，探寻教学实践的多样、有效途径，为国家培养和储备"一精多会、一专多能"的国际化复合型人才。

结　语

新文科建设自开展以来，在高校外语界引起强烈反响，2019 年以来关于新文科背景下高校外语教育改革创新、高质量发展的研究，既有理论意义也有实践价值，取得积极成效。围绕新文科建设，高校外语教育的理论建构、学科定位、实施方法、实践操作等方面还有极大的探讨空间，需要学界持续关注，为开创一个满足国家战略需求、适应社会经济发展、符合人才培养规律的高等外语教育发展新格局提供学术支持。

【本时段研究文献】

［1］安丰存，王铭玉. 新文科建设的本质、地位及体系［J］. 学术交流，2019（11）：5—14+191.

［2］戴炜栋，胡壮麟，王初明，李宇明，文秋芳，黄国文，王文斌. 新文科背景下的语言学跨学科发展［J］. 外语界，2020（04）：2—9+27.

［3］邓世平，王雪梅. 探索新文科背景下外语人才培养新路径——新文科背景下的"多语种+"卓越国际化人才培养论坛述评［J］. 山东外语教学，2020，41（02）：133—135.

［4］樊丽明. "新文科"：时代需求与建设重点［J］. 中国大学教学，2020（05）：4—8.

［5］郭英剑. 对"新文科、大外语"时代外语教育几个重大问题的思考［J］. 中国外语，2020，17（01）：4—12.

［6］何莲珍. 新时代大学英语教学的新要求——《大学英语教学指南》修订依据与要点［J］. 外语界，2020（04）：13—18.

［7］胡开宝. 新文科视域下外语学科的建设与发展——理念与路径［J］. 中国外语，2020，17（03）：14—19.

［8］姜智彬. 新文科背景下外语人才培养的定位［N］. 社会科学报，2019-04-04（005）.

［9］姜智彬，王会花. 新文科背景下中国外语人才培养的战略创新——基于上海外国语大学的实践探索［J］. 外语电化教学，2019（05）：3—6.

［10］景飞龙，李红丽. 我国中西部高等外语教育规划与发展：供给侧改革视角［J］. 外语教学，2020，41（05）：55—59.

［11］王钢. 新文科视域下复合型外语人才培养态势分析——以大连外国语大学俄语+区域学人才培养为例［J］. 东北亚外语研究，2020，8（02）：74—79.

［12］王军哲. 新文科背景下外语类院校一流本科建设探索与实践［J］. 外语教学，2020，41（01）：3—6.

［13］王铭玉，张涛. 高校"新文科"建设：概念与行动［N］. 中国社会科学报，2019-03-21（004）.

［14］王宁. 新文科视野下的外语学科建设［J］. 中国外语，2020，17（03）：

4—10.

　　［15］吴岩.新使命 大格局 新文科 大外语［J］.外语教育研究前沿，2019，2（02）：3—7+90.

　　［16］向明友.新学科背景下大学外语教育改革刍议［J］.中国外语，2020，17（01）：19—24.

　　［17］杨丹.外语院校，为什么要发展中文学科［N］.光明日报，2020-12-22（14）.

　　［18］张欣.新文科、大外语与英语专业"全人教育"培养路径［J］.外国语文，2020，36（05）：14—18.

　　［19］赵劲，张雄.公共外语教学改革背景下《大学德语教学指南》的解读［J］.外语界，2020（05）：24—30.

论点摘编

推动新时代语言文字事业转型发展

当今世界风云变幻，许多新的发展和偶然变故都深刻地影响着语言、语言生活和语言应用，既有新的需求和发展机遇，也有难题和严峻挑战，迫切需要我国语言文字事业与时俱进，转型发展、创新发展，全力打造中国语言文字事业的2.0，不断提升国家语言能力，以更好地因应世界变局和国家发展的需求。一是从"工作"转向"事业"，打开视野，放开手脚，按照"事业"来提高定位，提升格局，完善体系，创新发展，以满足日益多样化的语言文字需求。二是从筑基转向拓展，积极对接国家总体发展战略和教育、文化、科技、经济、安全等相关领域的语言文字需求，把准切入口、着力点和抓手，将语言文字事业深度融入国家战略大局和发展全局，以融入促发展，以贡献赢重视。三是从监管转向服务，以服务获支持，以服务促发展，加快构建语言服务体系，提升语言服务能力，立足社会语言生活实际，紧盯单位、地区、行业领域、社会大众和国家战略的各种语言需求，积极提供切实有效的语言服务。四是从事务管理转向能力建设，不断增强为国家和社会提供各种语言保障、以国民语言能力为基础的国家语言能力。五是从管理转向治理，更新治理理念，调整和完善语言文字治理体制（尤其需要改变我国语言文字治理碎片化现状，加强中央统筹、力量整合和部门协同），健全和优化治理机制，促进治理手段的法制化和智能化，全面提升治理能力，确保语言文字事业的健康发展和国家治理的语言保障。六是从着眼国内转向统筹内外，"一带一路"建设的推进和人类命运共同体的构建，国际权益的维护和国际责任的担当，疫后世界秩序的重塑，都需要国家语言文字事业规划和建设具有国际意识和全球视野，统筹好国内和国外两个大局，以保障国家在海内外的任何语言需求。

摘自：赵世举. 新时代我国语言文字事业转型发展刍议［J］. 社会科学家，2020（10）.

面向两个共同体建设提升国家语言能力

国家语言能力建设是服务国家发展战略、构建中华民族共同体与人类命运共同体的"软基建"工程。国家语言能力可分为国家语言治理能力、国家语言核心能力、国家语言战略能力三个维度。国家语言治理能力具有全局性和统领性特点,国家语言核心能力和国家语言战略能力则分别与中华民族共同体和人类命运共同体的构建密切相关,可直接推动两个共同体的发展。新中国成立以来,国家语言能力得到了迅速发展,为两个共同体建设做出了巨大贡献,但与强大的经济实力还很不相称,需要深刻把握命运共同体的丰富内涵,进一步提升国家语言能力,助推两个共同体建设。一是以促进更高水平的普惠发展为目标,充分开发利用国家通用语言文字的资源价值,让更多民众共享社会经济发展红利,推动各民族共同繁荣发展;同时,继续扩大国际中文教育的覆盖面,帮助不同国家和地区的人们通过学习中文从日益频繁的中外经济文化交流中获益。二是以实现更深层次的多元互通为基础,进一步处理好推广国家通用语言文字与科学保护各民族语言文字之间的关系,传承弘扬中华优秀语言文化;同时,继续加大外语教育的改革力度,根据国家战略发展需求更有针对性地培养外语人才。三是以更加坚定的文化自信力为支撑,以语言为纽带和工具,增强中华民族共同体的号召力与向心力;同时,主动向世界传播当代中国的价值体系与建设成就,促进中外文明交流互鉴,提升中文的影响力,彻底打破西方的话语垄断。

摘自:文秋芳,杨佳.提升国家语言能力,助推两个共同体建设[J].语言文字应用,2020(04).

密切关注语言国情

语言国情调查是对一个国家的语言使用情况和使用特点进行科学的、全面的、深入的调查,并得出规律性的认识。语言国情调查具有重要的应用价值和理论意义,它是国家治理语言文字问题的依据,是推动语言学科建设的有力手段,是培养、造就语言学家的大熔炉,是科学语言观的表现。语言是人类生活一刻也不能缺少的,附着在人类生活的方方面面,语言存在的方式及演变都受人类生活的制约、因人类的需要而改变。语言国情调查能使研究者切实地感受到语言文字在使用中出现的问题，了解到语言工作的需要，促使研究者将研究工作更贴近社会实际。了解国情是治国之本，语言国情是国情的一部分，语言治理、语言规划也必须了解语言国情。语言国情调查是长期的，时做时新。进入新时代，我国的语言国情状况如何，有什么变化，如何应对，都需要语言文字工作者密切关心。

摘自：戴庆厦.语言国情调查的再认识［J］.语言文字应用，2020（02）.

我国语言保护工作令世界刮目相看

面对语言生态环境出现的种种问题，国家及时出台了保护语言的政策法规。为了贯彻落实这些政策，政府采取了一系列措施，业已取得令人瞩目的成绩。当前，我国开展的语言保护工作，遵循五大原则：完整性原则，指被保护对象在谱系分类、地理分布、濒危状况、调查点多少、规模大小等方面具有整体性和完好性；活态原则，即语言有活力、有生命力、有人使用；固态/标本原则，指利用现代化技术手段，记录、整理和存储语言、方言和口语文化，将其作为该语言、方言或语言文化的样品，长久保存，以便进行展览、示范、教育鉴定、考证及其他各种研究；尊重原则，即尊重各民族使用和发展自己的语言文字的自由；传承原则，语言传承包括社会大众成员的家庭母语传承和语言文化遗产传承人的语言文化遗产传承。我国当前开展的语言保护工作的措施包括四大类：一是语言资源保存、少数民族濒危语言抢救措施，主要包括收集整理、建库、展示、编典、宣传；二是一般语言文化遗产保存措施，包括调查、认定、记录、建档；三是优秀语言文化遗产保护措施，包括入录、入区、传承、传播、宣传、展示；四是语言使用权利保障措施，即依法行政，通过法律法规及行政措施保障各民族特别是少数民族享有语言选择自由，享有学习使用和发展本民族语言文字的权利。语言濒危和语言消亡尚未在中国大面积发生，但政府已经及时制定了语言保护政策，实施了世界上规模最大的语言资源保护工程，开展了语言文化遗产保护、少数民族濒危语言抢救和保护工作，尽管还存在一些难以避免的问题，但现有成绩已经令世界刮目相看。

摘自：周庆生.我国语言保护工作的原则和措施［N］.语言文字报，2020-02-12（002）.

海外华语资源的整理和保护意义重大

海外华语资源，包括世界各地的华语以及使用这些华语产生的言语作品、文献、语言景观等。海外华语资源整理和保护有助于拓宽汉语研究的内容和视角，加强华语研究的历时纵深；有助于提升华语研究的应用价值，可为中国语言文化传播、海外华人祖语文化传承、跨境语言规划制定，提供富有参考价值的资料；有助于提升全球华人的华语资源意识，促进语言资源的保护和市场开发；有助于中国利用地缘优势开展近邻外交，及时了解周边国家的舆情动态，更好地推进"一带一路"倡议和人类命运共同体建构。海外华语资源库建设具有开创性，需要本着迫切性、效益最大化、共享性、真实性、操作规范化五大原则，通过访谈、观察、网络数据挖掘、问卷调查等方法，做好海外华语有形资源和无形资源的收集整理工作。海外华语资源的搜集和整理面临一些理论和实践上的困难：一是华语和方言关系的处理；二是文化差异和敏感问题；三是文献的展示或呈现方式以及散落文献的保护；四是访谈人的健康状况和情绪控制。海外华语研究方兴未艾，海外华语资源的搜集、整理及资源库建设，将极大地拓展海外华语研究的学术空间。

摘自：郭熙，刘慧，李计伟. 论海外华语资源的抢救性整理和保护［J］. 云南师范大学学报（哲学社会科学版），2020，52（02）.

建构中小学语文教材话语体系

中小学语文教材是一种典型的话语体系，且是代表国家以教育者身份出现的话语体系，有着权威性、系统性、全面性、强制性等特点。中小学语文教材话语体系的话语单位清晰、结构层级分明、功能分工明确，话语形式与话语内容紧密结合，功能多样综合。语文教材话语体系包括课程大纲、教材、课文、教材语言四个层级，每一层级都有着丰富的话语内容，特别是在课文这一典型语篇身上，充分展示了语文教材的话语形式、话语内容、话语功能的多样性。中小学语文教材话语体系的建构对提高教材研究的科学性、理论性有重要意义。一是可以将语文教材的语言文字使用与习得，与有关语言文字类知识、社会历

史人民文化类知识、思想道德情感态度类观念知识，通过话语形式与话语内容、话语单位与话语功能，整合为密不可分、融为一体的话语体系。二是可以将教材的语言表现功能、知识传输功能、思想教育功能整合为话语功能，提升到国家话语体系的高度。三是可以为解决语文课程的工具性与人文性之争提供理论契机。四是可以为编纂高水平的语文教材，为语文教材更加科学的完整研究提供强有力的理论指导。

摘自：苏新春，龙东华．中小学语文教材话语体系的建构及意义［J］．厦门大学学报（哲学社会科学版），2020（06）．

重视听障儿童的家庭语言规划

我国拥有世界上最大的听力障碍群体，大部分听障儿童早期在家庭中的语言习得过程与健听儿童的差别巨大，家长对听障儿童的语言管理和健听儿童家庭也完全不同。一般认为，家庭语言规划比社会语言规划相对更加隐性，但对听障儿童家庭来说，家庭语言规划不但更为显性，也有更为直接、重大的现实影响。听障儿童家长在面临手语、口语、书面语等各种语言选择时，其语言态度和观念决定着孩子语言习得的内容和方式，决定着家庭内部语言活动方式，他们的语言管理决策也影响着儿童语言、认知能力的发展方向。这种家庭语言规划的微观现实是国家语言规划的重要基础，所折射的语言观念也是社会语言观念的直接反映。调查发现，各年龄段的听障儿童家长做出的语言规划都有明显的一致性，即选择进行听力康复获得口语能力，并高度关注康复效果，手语受重视程度低，对手语学习的重要性评价不高。社会对聋人群体和手语缺乏正确认识，并将这种认识传导给听障儿童家庭，给听障儿童家庭带来巨大的精神和社会压力。当前我国颁布了《国家通用手语常用词表》，发布一系列手语相关的发展规划和行动计划，从政策层面明确了手语作为独立语言的地位。随着国家语言政策的宏观引导，社会对多元交流方式的包容，社会援助体系的完善，将逐渐影响听障儿童家庭在家庭语言规划中做出调整，使听障儿童家庭在进行家庭语言管理、语言教育决策时做出更切合实际和多元化的选择。

摘自：倪兰，雷红波．重视听力障碍儿童的家庭语言规划［N］．中国社会科学报，2020-11-10（004）．

社会语言问题是语言学发展的本源问题

驱动语言学发展的问题有学科问题和社会语言问题，社会语言问题是语言学发展的本源问题，所谓"问题意识"主要应突出本源问题意识。语言学应注意发现语言生活中的问题，发现这些问题的着眼点和入手处：语言热点和语言冲突，国际、国家、省域、县域、社会终端等语言生活的不同层级，行政、教育、新闻出版、社会公共服务等语言生活的不同领域，汉族语言、少数民族语言、外国语言、特殊人群的语言，语言资源、语言权利、语言技术等不同语言话题，还有语言病理、多学科关心的语言问题等。问题的"问题化"，就是将所发现的问题"学术化"。所谓学术化，就是将所发现的问题置入一定的学科体系，施之以合适的研究方法，得出一定的学术成果。要科学评价研究成果，并首先将成果用到学科建设和人才培养上；要反哺社会解决语言问题，并由此验证学术的有效性；要向相关学科进行学术辐射，帮助相关学科解决语言问题。中国语言学界为增强学科穿透力，必须冲破语种和小学科对语言学的"蜂巢状"分割，并在促进中国学科共同体的形成中起带头作用。

摘自：李宇明. 语言学研究：问题的"问题化"[J]. 东北师大学报（哲学社会科学版），2020（05）.

语言本体研究应走数字化之路

数字化是科技发展的大趋势。数字技术的发展和应用已经成为驱动当今社会经济和科技文化发展的新动能，可以预见，数字化将进一步引发一场范围更为广泛的产品革命、生活革命。各个学科领域都必须顺应这一发展大趋势，使学术研究逐步走上数字化之路，语言研究也不例外。语言研究在"数字化"方面已经起步，但目前发展较快的是语言应用研究方面，而语言本体研究，大多还只是运用和借助于语料库、语言资源库来开展语言研究，亟待加快走上数字化之路。当今人工智能飞速发展，而其发展需要有众多学科的支撑，语言学却在人工智能的发展中有被边缘化的倾向。这既引发语言学人的反思，也让语言学人从中看到了语言研究和语言学发展的曙光。语言学要逐步走上数字化之路，

首先要树立起"交叉融合"和"数字化"这两大理念和意识。"学科的交叉融合"和"学科的数字化"是互相影响、相互促进的。具体来说,就是要按"语言学+"的模式走与其他学科交叉融合之路。一是要搞好语言自身的研究,同时对语言自身的研究需要有新的认识,认真思考语言研究新的发展方向和语言学科发展的新的增长点;二是要进一步加强语言各层面的特征研究;三是同时要积极解决语言学学科体制问题,促进跨学科发展。

摘自:陆俭明.顺应科技发展的大趋势语言研究必须逐步走上数字化之路[J].外国语,2020(04).

加速我国应用语言学国际化进程

我国应用语言学的发展起步只比西方晚十几年,但目前仍处在"跟跑"阶段。我国应用语言学研究者创新意识低,对我国自己的理论和实践信心不足,同时缺乏国际化战略,未充分发挥我国制度优势在全国范围内调动人力资源,国际化程度低。缺乏学术创新组织力和与国际学界的互动机制是阻碍我国应用语言学国际化的两个宏观问题。中国应用语言学国际化要素由人才、路径、标准三部分组成。其中,人才是第一要素,指由学科带头人领衔、由学术骨干组成的一流学术团队。在路径上,我国应用语言学研究应该以我国外语教育中的真实问题为出发点,为解决中国外语教育中亟待解决的问题而研究,在理论、实践和方法三个层面进行创新。标准应包括本土化、创新性、国际理解度三个方面,本土化的本质要求就是要解决本土问题,创新性的核心就是要能体现所创新知一定要与古今中外智慧有不同点,国际理解度则是国际化的关键。加速我国应用语言学国际化进程,可以借鉴"大科学计划"的战略思路:一是利用互联网5G技术,建立虚拟专业学习共同体;二是定期召开国内外专题学术会议,加强互动交流。

摘自:文秋芳.加速我国应用语言学国际化进程:思考与建议[J].现代外语,2020,43(05).

语言规划要重视语言经济学角度的检视

语言竞争和语言规划是广义社会语言学研究的重要内容。传统的研究路径基本是从语言学、社会学和政治学的角度进行的,较少考虑经济因素这一重要变量。随着当今时代人口流动、信息化、智能化进程的不断加快,语言与经济的关系日益凸显,语言研究"必须意识到语言的经济学属性"。作为一门新兴的交叉学科,语言经济学为语言竞争和语言规划研究提供了全新视角。运用语言经济学相关理论对我国的语言政策和语言规划进行检视会带来诸多启示,比如强化语言的资本观念,努力提高国民语言能力;加强投入与产出研究,注重语言教育实际效益;正确认识语言竞争的动态发展,合理布局语言资源;遵循语言经济运行规律,克服语言政策的随意性。

摘自:付慧敏,洪爱英.语言经济学视域下的语言竞争与语言规划[J].东北师大学报(哲学社会科学版),2020(02).

语言能力在区域国别研究能力体系中具有重要地位

区域国别研究因自身的目标、内涵和特点而与语言具有天然的联系。区域国别研究和(外国)语言教育相得益彰,共同发展,但二者又各有侧重:前者注重知识创新,后者旨在培养语言能力、扩大信息来源。"专业+语言"是区域国别研究的理想能力模型,也是目前区域国别研究人才培养中课程设置的基本目标。语言贯穿区域国别研究的整个能力体系,但在不同类型、不同层面区域国别研究中,语言功能、语言能力的权重和侧重也有所差别。区域国别研究所需的语言能力包括多语能力和交际能力:前者强调对不同语言及变体的掌握能力,包括学术语言能力和信息源语言能力;后者指对具体语言的应用能力,涵盖语言学能力、社会语言学能力、话语能力和策略能力。外国语言文学学科框架下的区域国别研究及其人才培养须在明确语言能力地位的前提下做好结构设计,有序整合人类中心论研究范式与语言教育和研究,有机结合语言能力和研究能力培养,有力推动相关研究和人才培养工作迈入新阶段。

摘自:赵蓉晖,冯健高.区域国别研究视角下的语言能力:地位与内涵[J].外语界,2020(03).

语言韧力研究大有可为

语言活力概念及评估要素源自民族语言活力的相关研究,旨在提出一套评估语言生命力的框架,以辅助制定语言政策和恰当的语言保护措施。语言活力评估方法存在一些问题:语言活力概念适用面窄;单语思维;过于重视母语者人数;缺乏历史深度,预测性弱;忽视了语言认同等主观因素的作用。为了优化语言生态评估理念,一些学者提出语言韧力概念,认为语言活力仅着眼于当前状态,而语言韧力着眼于长远趋势。语言与语言比较,不是比谁的使用者人口多,也不是比谁的地位和声望高,而是比谁在历史长河中更有抗压力,更能够渡过困难,更具生存力。语言韧力概念有两个优点:一是可用于描述语言活力的长期变化;二是可用于描述一种语言在逆境下适应甚至茁壮成长的抗压力。当前,语言韧力的研究主要集中在两个方面:一是心理韧力,即与民族精神、文化传统、语言意识形态、语言忠诚度等因素相关的主观语言活力;二是生态韧力,即流动群体,如移民、客居劳工群体、长期流浪民族对语言环境的抗压力。语言韧力概念的提出从更广的时间和空间上评估语言活力,有助于更全面地观察语言竞争现象,从更多维度描述语言的动态活力状态。目前语言韧力的研究刚刚起步,其概念内涵还有待进一步充实,用来研究主观语言活力的指标的可靠性和有效性还存在争议,生态韧力的指标也需要在实践中进一步完善。但可以展望,在语言资源调查与保护的理论探讨与调查实践中,与语言韧力相关的研究大有可为。

摘自:方小兵.从语言活力到语言韧力:语言生态评估理念的优化[J].云南师范大学学报(哲学社会科学版),2020,52(01).

附 录
国家语委科研规划优秀项目成果简介

【编者按】 国家语委科研规划是新世纪以来国家语委为科学推进国家语言文字事业各项任务、资助各有关方面开展高质量语言文字科学研究而设立的专项科研规划。从本年度起，本报告设专栏介绍当年在结项评审中获"优秀"等级的项目成果。2020年获"优秀"等级的项目共15项。

社会主义新农村推普模式建构与实施研究

项目调查了农村民众普通话水平、普通话使用状况、对普通话的态度、学习普通话的积极性等情况，以标语和村规民约为切入点调查了农村公共空间可视化语言文化建设状况，开展普通话学习资源建设并编写了适用于初学者的农村推普读本《轻松说好普通话》。

项目调研发现，农村民众普通话水平整体介于一般和良好之间，对普通话水平的期望值较高，但对参加培训班学习普通话或在手机上学习普通话的意愿都不高；农村劳动者收入水平与其对普通话的积极认知具有正相关性；农村公共空间可视化语言文化建设整体上适应了农村社会发展的需要，其内容以宣传文明道德、脱贫攻坚、扫黑除恶、环境保护、家庭关系、反腐倡廉等为主，既有传统文化的内容，也有紧跟国家政策的内容。

项目建议，农村推普要精准分类目标人群，以农村公职人员和青壮年劳动力为主要对象；要依托基层教学单位构建长效推普机制，调动广大农村中小学教师和大学生志愿者的推普积极性；要建立线上线下相结合的推普模式，为学习者提供便捷的学习方式；要加强村规民约建设，内容上切合当地实际、针对各村的实际情况，形式上不可"以言害意"、不可过于追求语言形式的美观而忽略了实质内容的锤炼，用词应通俗朴实、表述应体现温情，以通俗易懂的现代白话文为主，多用劝导型话语少用禁令型话语，以实现引导规劝的目的。

项目提出，农村民众普通话学习资源建设应该轻理论讲解、重实际操练，话题式教学是一种比较可行的方法,所选话题和词汇应该贴近农民现实生活,特别在词汇使用上要少用文学性强的书面词语。

项目拓宽了社会语言学的研究范围,为科普读物的编写做出了有益的理论和实践探索,为农村推普探寻了一些切实可行的路径,有益于推动农村语言文化建设。

(项目编号:ZDI135-45;项目负责人:刘楚群;所在单位:江西师范大学)

广播电视领域贯彻落实语言文字规范标准情况调查研究

项目梳理了广电领域规范使用国家通用语言文字的法律法规和规范标准,分析了广电领域在语言文字规范化标准化建设中的地位作用,对全国广电领域贯彻执行语言文字规范标准情况、省地两级广播电视台语言文字规范制度建设情况进行了全面调研,从语音、文字、语法等方面对广电领域语言文字应用中常见的失范现象进行了整理分析,并在此基础上出版了指导广电领域执行语言文字规范标准的实用工具书《播音员主持人语言文字规范手册》(两册)和《广播电视规范手册》。

项目调研发现,广电领域贯彻执行语言文字规范标准的顶层设计、专门立法有待加强;专门针对广电领域的语言文字规范标准建设有待完善;从业人员普遍认同在工作中遵守执行语言文字规范标准的重要性,但对标准的具体内容比较模糊,规范能力有待提升;各单位语言文字应用监督监测制度较为落实,而奖励和培训较为欠缺;从业人员对语言文字规范标准的直观感受是多变、模糊、陈旧,有待改进。

项目建议推动广电领域贯彻执行语言文字规范标准的专门立法,完善广电领域语言文字规范标准体系,加强对广电领域新词语、网络语、流行语、外来语等规范问题的专题研究,建设语言文字规范标准检索查询平台,建立广电领域语言文字规范质量检查机制,加强对播音员、主持人、编辑、记者等从业人员的规范知识和规范能力培训。

项目对完善国家语言文字规范标准体系、加强语言文字社会应用管理具有积极的现实意义,同时也有助于推进媒体语言学、社会语言学等向纵深发展。

(项目编号:ZDI135-23;项目负责人:王建军;所在单位:上海广播电视台)

国家语委科研规划优秀项目成果简介

少数民族地区外语教育现状调研与对策研究

项目调查了我国少数民族地区外语教育现状，特别是基础外语教育的状况，包括学生外语学习状况、外语课程开设状况、师资状况、教学效果等，在此基础上开展了1200多节次外语教育课堂实践，形成民族地区外语教育复合路径和非对称双语模式的实践对策。

项目调研发现，民族地区外语教育面临的困难主要表现为学生的外语能力与其自身发展需求存在很大差距、教师外语能力和外语教育能力与外语教育需求存在较大差距、外语语言环境与外语教育需求存在较大差距；民族地区外语教育面临的发展机遇主要包括国家对发展学生包括外语能力在内的核心素养高度重视，学生具有一定的外语学习策略和近邻外语语种优势，互联网尤其是移动互联网技术的发展与普及改善了外语教育环境。

项目凝练形成复合形态外语教育路径。教师基于学生外语学习目的、学习动机、学习风格、学习基础、学习条件的群体与个体差异构成的群体和个体层面的复合特性，甚至一个学生一节课之内表现出的差异而构成的复合特性，采用选择不同的学习内容，设计不同的学习过程、任务与活动，开展不同的评价。项目还呈现了这一路径的主要实践模式——非对称双语模式，即以民族语言或学生已掌握语言设定主题学习，辅助于目标语言的发展性学习，主要形态包括学习内容非对称、学习目标非对称、学习活动非对称、学习评价非对称、语言非对称的认知对称等。

项目的大量实践案例验证了复合路径与非对称双语实践模式的有效性和可操作性，显示了其在民族地区外语教育中的应用价值，形成了较好的社会效益。

（项目编号：ZDI135-50；项目负责人：鲁子问；所在单位：兴义民族师范学院）

《汉字部首表》修订

项目以现行汉字的形体为依据，以附形部首增补、拟定部首名称为核心任务，在建立相关属性信息库、与其他相关规范标准协调推进、开展应用领域调

研等工作基础上,研制完成了《〈汉字部首表〉规范文本修订建议稿》。遵循"以《汉字部首表》(2009)为基础,研制'规范、科学、实用、便利'的部首表"的总原则,按照继承性原则、系统性原则、便利性原则,《修订建议稿》提出25处修订点,包括:增加6个附形部首;调整部分部首形体;修订原"附录A 25组同笔顺部首排序情况表",增改为"附录一 28组同笔顺部首排序情况表";增补附录二"主要部首名称表";增补附录三"部首编码表";"前言"等文本修订。

项目建成了多属性关联数据库。收集《通用规范汉字表》《GB13000.1字符集汉字部首归部规范》《GB13000.1字符集汉字字序(笔画序)规范》《现代汉字常用部件及部件名称规范》等相关规范标准,《康熙字典》《汉语大字典》《中华大字典》《辞源》《辞海》以及《现代汉语词典》《新华字典》各个版本等多部辞书的部首表立部信息,建立数据库。数据库收录汉字字形、笔画、笔顺、部首、归部、结构、部件、区位码及术语名称、构件频次等汉字属性,为综合考虑修订原则提供充分的参考信息,在方正超大字符集范围内对汉字部首进行排序、比较及规则检验。

项目在研制过程中综合运用汉字学研究、汉字教学研究等理论,在系统阐释现行汉字部首的设立与使用方面,有所创新。项目调查和征求意见的范围重点关注了部首应用的主要领域,与现实需求结合度高,研究成果具有较高的实用性,为解决应用领域的具体问题提供了较好的解决方案。研制过程中,始终注意使项目的研究路向不脱离应用实践,多次为辞书编纂和汉字教学提供咨询意见,为其他有关课题研究提供建议等,同时也将规范标准研究的成果及时传递到应用领域,实现良性互动。项目充实了汉字部首研究的基础数据,拓展了汉字部首研究的学术视野,产生了新的、有待深入的研究话题。

(项目编号:ZDI135-15;项目负责人:王敏;所在单位:教育部语言文字应用研究所)

从语文辞书比照与词汇实地调查看两岸词汇整合

项目旨在从根本上解决一些实质性问题,结合国家"一带一路"的总体构想,把握两岸汉语未来的发展走向,遏制住海峡两岸人民共有的母语在台湾岛内的离心力趋势,增强其向心力。项目主要开展了三方面的工作:一是从两岸辞典对比（主要是大陆的《现代汉语词典》和台湾的《新编国语日报辞典》），研究两岸收词的不同情况、词格的不同情况、语义色彩的不同情况、称谓的不同情况；二是将台湾20世纪后出版的《重编国语辞典》与在祖国大陆出版的母本《国语辞典》进行研究，初步看出该辞典到台后的变化轨迹；三是对岛内的一些重要报纸进行统计分析，尤其是对其中的外语词中文译写情况进行研究。

项目研究了两岸词汇雅俗的不同，研究了对待外来文化态度的不同，研究了对待民族共同语态度上的不同。项目分出了词语分化的时代层次，把握了脉络，也看清了发展走向。1949年前中国汉语词汇和汉语语文工具书同受中国传统小学和西方传教士词典影响，证明了台海汉语同源共本的事实；从《国语辞典》到《重编国语辞典》，分明地勾勒出时代层次，也辨识出岛内一些人将《国语辞典》"小化""去中化"的图谋和野心。项目显示了中央和地方的不同情况，《现代汉语词典》和《新编国语日报辞典》的收条、释义等问题反映出整个祖国大陆的语文情况和台湾岛内的语文情况。项目也试图描绘出祖国统一后语文工作的一些蓝图，台湾的几大报纸的外语词的译写情况，既反映出台湾受外来文化影响之深，台湾一些人殖民心态之重，也可看出台湾与祖国大陆在处理外语词译写方面的异同，为日后的工作提供了一些值得参考的意见。

项目希望通过研究向岛内青年人传递一个重要事实：台湾与大陆所用的汉语原本就是同一个，其差异是历史造成的；差异比起相同点来说，虽非微不足道，却也完全没有必要人为夸大；弥合这个差异是同为炎黄子孙的两岸人民的共同任务。

（项目编号：HQ135-29；项目负责人：周荐；所在单位：南开大学）

上海博物馆藏战国楚简集释

项目以文献考察法为基础，同时运用二重证据法、字形比较法、偏旁分析法、辞例归纳法等常用的古文字考释方法，以及常用的训诂方法，对上海博物馆藏战国楚简文本进行文字、训诂学研究。项目全面考察相关文献及相关研究成果，对沪简诸篇做出通篇释文与字词集释，并对部分疑难字词提出考释新意见。

研究具有全、简、慎、新的特点。成果收录的沪简文献齐全，是目前唯一的对全部已刊沪简文献做出全面、系统的再整理的著作，收录、征引的沪简字词考释成果也很齐全，是迄今为止收录沪简字词考释成果最为齐全的著作。内容简洁，收录的学者字词考释成果，一般是提要式的辑录，而不是通篇抄录。按断取舍谨慎，对于许多疑难字词往往并列诸说，有时宁可存疑而不做强断，以便研究者使用该成果能够有效避免因误识沪简文字而产生谬说的现象。同时，积极吸收最新研究成果以及自己的学术创新。

项目成果释文分 A、B 两种。A 白文书写，便于读者观览简文内容全貌；B 保留严格的隶定字形，并括注通行汉字，便于读者观览楚简字形、字用特点。项目成果是首次全面考察沪简及其研究成果，在对其字词训诂及竹简编联成果进行全面清理的基础上，做出集成性文本集释，对沪简中字词考释提出己说六七百例。

在大力弘扬传统文化的背景下，项目对沪简研究论著进行清理，有利于这批宝贵的竹简材料更好地助力于传统学术与文化研究、传承。成果能够为传统文史哲诸学科学者更加方便、快捷、正确、有效地使用沪简材料进行相关研究提供极大的方便，从而推动、促进古文字学、普通汉字学、汉语语言学以及以简帛学为基础的文史哲诸学科的发展。项目也有助于弘扬与发展民族传统学术文化，助力国民传统学术文化素养的提高，促进传统学术文化事业的繁荣与发展。

（项目编号：HQ135-35；项目负责人：俞绍宏；所在单位：郑州大学）

世界语言生活观测与分析

项目是一项综合性语言生活观测研究，对世界语言生活进行及时的、持续的动态观测和分析，并参照我国国情，将学术研究与对策性研究结合起来，为国家的语言战略服务。项目密切关注世界范围内的语言生活各层面的动态，随时予以简报；在广泛关注世界语言生活动态的基础上，进一步对世界范围内语言生活的重点、热点和敏感问题进行专题性的深入研究；紧密联系国家战略，特别关注世界范围内与中国及汉语有关的语言动态；依据搜集到的世界语言动态内容，进行进一步的分析和研究，并形成有实践价值的资政报告。

项目搭建了一个持续跟踪、观测国外语言生活状况和动态的平台，完成《世界语言生活动态》和《世界语言生活报告》黄皮书系列，并针对世界语言政策和生活异动撰写出系列研究报告和论文。通过项目成果（书稿、报告及论文），项目向政府部门和学界提供了鲜活的世界语言生活动态信息及热点启示，为政府机构制定我国语言政策，为学界完善相关领域学科，提供了借鉴和参考。

项目关注世界语言生活状况，考察世界语言动态，为我国调整语言战略、修订语言政策、实施更为科学合理的语言规划，尤其是外语规划，提供了直接、及时、准确的信息和资讯，也为我国语言战略、语言政策与规划、语言教育研究提供了第一手资料，拓宽了语言应用研究的范围与层面。

（项目编号：ZDI135-33；项目负责人：王克非；所在单位：北京外国语大学）

"一带一路"话语构建研究

项目从现实问题出发，以解决问题为目标，广泛调研和整理"一带一路"话语现状及存在的问题，深入分析当今国际"一带一路"话语动态，根据我国"一带一路"愿景的基本思想，探讨如何构建他人能听懂、易接受的"一带一路"话语，提出相应的原则和对策，从而为国家和参与"一带一路"建设的有关单位的话语构建提供参考。

项目厘清了"一带一路"的理念、内容和目标，并以之为研究"一带一路"话语构建的基础和依据。根据"一带一路"话语构建的需要，研究了中外话语理论和"一带一路"话语构建研究现状，分析了"一带一路"话语现状及突出问题，提出了"一带一路"话语构建的对策建议。

项目提出，"一带一路"需要合适的话语体系，尤其是对外话语体系，要重视对内对外话语体系的对接；中外媒体"一带一路"话语存在较大差异，应根据"一带一路"国外话语现状做出相应话语调整和应对；美国"一带一路"话语存在动态变化，要加强对美建构性、转换性和解释性话语建设；把企业的语言能力建设列入企业建设的重要内容，要重视企业话语能力在"一带一路"话语构建中的重要作用；注重各国语言文化产品的翻译；加强相关智库建设，积极资政建言。

项目成果有助于重新审视关于"一带一路"的各种话语表达，调整不尽合适的话语和言语策略，以避免引起他人对"一带一路"构想的误解和担忧，为"一带一路"建设的顺利推进，营造良好的话语环境和人文环境，促进"一带一路"建设的顺利实施；有助于针对国际上有关话语反馈，进行及时、灵活、有效的应对，争取主动，避免被动，增强"一带一路"话语权，为中国构建国际话语体系、争取国际话语权积累经验,提供借鉴;有助于讲好"一带一路"故事,更多地争取国际社会的理解和支持,借以改善中国的国际形象,提升国际影响力;有助于深入探讨"一带一路"沿线国家的文化差异,优化和创新国际合作,对跨文化交际研究、话语研究和国际关系研究都具有重要的理论意义。

(项目编号:ZDI135-24;项目负责人:赫琳;所在单位:武汉大学)

"一带一路"语言生态研究
——以敦煌文化对外传播的语言生态研究为例

项目以敦煌文化对外传播的语言生态为主要研究内容,从理论研究、翻译实践和敦煌文化术语中英文释义三个维度展开,成果包括编著《敦煌文化关键词(中英对照)》和译著"敦煌文化·译丛"。

在理论研究方面,项目将敦煌文化的对外传播和语言生态理论相结合,阐释了文化传播的语言生态研究领域的核心概念,规划了文化传播的研究框架、研究内容和研究意义。同时,通过敦煌文化的翻译实践以及对实践的理论总结,为后续的敦煌文化翻译提供了翻译方法和参考文本。

在翻译实践方面,项目成果丰富了敦煌文化对外传播的内容和载体,优化了语言表达的精准度,提升了敦煌文化外译作品的可读性,增强了敦煌文化外译内容的系统性,也为后续的敦煌文化对外传播提供了可参照的文本。

在敦煌文化术语标准化建设方面,项目对敦煌文化中石窟建筑、壁画雕塑、音乐舞蹈、图案装饰、文学文献和宗教文化六大领域的文化术语及其中英文释义进行了规范化、标准化的编写,并产出了高质量的、可供参考的双语文本。

项目成果对推动中国文化走出去、促进敦煌学这一国际性显学的跨文化传播和交流,具有重要意义。

(项目编号:YB135-87;项目负责人:姜秋霞;所在单位:兰州城市学院)

网络言语特征刻画与身份识别方法研究

项目基于网络言语分析理论,利用互联网海量数据优势,研究了网络言语特征刻画技术及身份识别方法,提出了基于用户网络言语特征和其他网络行为特征的多特征融合的身份特征识别算法。项目还设计实现了一套开源的针对中文语言的身份识别系统，可以对用户性别、地理位置、用户 ID 等身份特征进行有效识别。

项目积极探索了基于言语特征对用户身份信息进行识别这一研究方向，特别是在用户身份信息识别流程中提出了身份信息可预测性这一度量指标，设计实现了可预测性的有效度量方法。可预测性这一指标为相关学术研究提供了崭新视角，可进一步分析不同国家、种族、性别、年龄等的用户在其身份信息识别上的难易程度，了解较难进行身份识别的人群，从而有针对性地改进身份识别算法。项目利用文本挖掘等方法自动生成网络言语特征词库，既节省了传统人工构建语料词库的高额成本，又可持续服务于其他相关学术研究。

项目构建的系统能直接、长期地服务于各级公安部门，为确定刑事侦查方向、缩小侦查范围提供直接可使用的工具，具有打击非法分子、维护社会稳定的实践价值。利用该身份识别系统分析用户实施犯罪行为前的语料信息，可有效协助警方防范非法行为于未然，从而减少因非法行为所导致的经济损失，具有一定的经济效益。

（项目编号：ZDI135-18；项目负责人：韩潇；所在单位：上海财经大学）

网络语言使用者的关联挖掘及其情感分析研究

项目从关联挖掘、知识表示、情感评价三个层面深入探讨了网络媒体监测问题，主要研究了复杂群体关联机制挖掘、网络媒体信息的知识表示和网络语言使用者的情感评价，开展了基于聚类算法、基于判别路径的知识图谱表示学习、基于结构和实体类别信息的联合表示学习、网络用户的关联分析及情感倾向分析。

项目立足于"群体关联"视角，挖掘网络媒体中蕴含的复杂群体关联关系，以补充其关联机理；着眼于"联合表示"视角，融合异质信息中结构特征、语义特征、图特征等多维度特征，构建知识联合表示模型；落脚于"情感偏好"视角，分析用户群的情感偏好及趋势变化，给出其情感评价度量方法。同时，项目以网络媒体信息为研究对象，以人工智能等技术手段，对关联挖掘、知识表示、情感评价三方面进行量化分析研究。在研究视角和研究手段上都具有一定的创新性，在理论和实践方面都具有重要意义。

项目认为，差异度矩阵描绘了网络社区中节点衡量系数、多级邻居等信息，可作为用户与其他用户之间的关联衡量指标；网络事件的发生并不是孤立的，关联事件的受关注程度及发展趋势具有相似性；知识图谱的知识表示模型不仅要关注结构化信息，还应考虑蕴含于实体类别的语义信息；在网络产品评论中，喜悦的情感强度与产品评论的扩散热度有显著的正相关性。为此，项目建议对网络社区的关联用户加强监测和管理，采取有效手段抓好网络媒体的舆情关联监测，建立融合异质信息的网络媒体知识表示模型，加强跨学科的网络媒体情感分析研究。

（项目编号：YB135-40；项目负责人：张茂元；所在单位：华中师范大学）

面向21世纪海上丝绸之路的稀缺语言资源建设及应用研究

项目从21世纪海上丝绸之路关键小语种到汉语的平行语言资源建设入手，深入探索了大规模语言资源建设及精准机器翻译方法。项目研发了可比资源对齐算法、中间语桥接对齐算法、主动学习对齐算法等先进计算算法，并围绕21世纪海上丝绸之路关键小语种，实施了小语种到汉语的平行语言资源构建工程。项目利用小规模高质量种子资源和大规模非结构化资源分别建成28 053词条印度尼西亚语-汉语词库、35 226词条马来语-汉语词库、39 367词条越南语-汉语词库，同时建成每种语言到汉语的50 000句对句库。项目还探究了小语种到汉语的高效机器翻译方法，利用有限的词句库资源设计了先进的神经机器翻译算法，构建了BLEU值大于40的机器翻译应用系统，支持印度尼西亚语、马来语、越南语到汉语的高效机器翻译。

在学术价值方面，项目研究了印度尼西亚语、马来语、越南语资源半监督构建方法，创新了语言资源结构化理论；研究了资源稀缺语言的形式化语义转换计算方法，创新了语义转换智能化理论。在应用和社会价值方面，项目实施了小语种到汉语的平行语言资源构建工程，填补了相关外汉语言资源空白，支持了更多的自然语言处理应用，提升了21世纪海上丝绸之路语言资源服务能力；研发了神经机器翻译算法，消除了小语种机器翻译应用盲区，增强了21世纪海上丝绸之路全语言翻译服务能力。研究成果还具有军用价值，扩大了网络侦控的语言覆盖面，增强了语种混杂大数据情报融合能力，提升了战略支援部队的网络空间预警能力，促进了军民两用技术的研发和应用。

（项目编号：ZDI135-26；项目负责人：刘伍颖；所在单位：广东外语外贸大学）

国家语委科研规划优秀项目成果简介

面向深度学习的汉语歧义结构句法语义知识库建设研究

项目构建了 29 种歧义结构句法语义知识库，并研究了如何运用知识库中的信息去判定歧义结构的句法关系。原始语料 800 250 条，最终合格语料 370 526 条，全部合格语料的歧义结构均标注了词性、语义编码、句法关系等相关信息。

项目将人工智能领域中的计算方法与语言学领域中的语法语义理论相结合，使用歧义结构中词语之间的语义相似度来判定短语结构的句法关系。项目建成的知识库针对歧义结构的句法语义功能，能够提供更多深层次的动态信息，适合深度学习、贝叶斯大脑等新兴人工智能方法进行学习，对于语言学、计算机、心理学、人工智能相关领域中句法语义研究都具有重要的学术价值。项目建成的歧义结构知识库也是提高计算机消歧水平的迫切需求，具有重要的实用价值。

（项目编号：YB135-91；项目负责人：杨泉；所在单位：北京师范大学）

少数民族语句法树库建设（藏语）

项目主要开展了藏语句法标注理论研究，并研制和完善了不同层次的标注规范和标准。完善分词和词性标注规范，确定词性标注符号 54 类；制定短语标注规范，确定短语标注符号 20 类；确定句法成分标注体系 7 类和语义角色标注体系 22 类。项目标注了一定规模的藏语短语结构句法树，研制短语结构辅助标注工具和自动标注模型，优化了分词和标注工具。项目还开展了短语结构树向依存树转换研究，完成了 5000 句依存格式转换，并撰写了相关文章。

项目的创新之处在于一体化处理。句法分析的各个环节是相互关联的，涉及分词、词性标注、短语识别和标注以及句子结构分析。项目充分考虑了语言成分之间相互关联的特点，采用了从整体到局部，从局部返回整体的分析方法。句法分析中对前期分词和标注结果进行修正，然后利用修正的材料训练更优的分词标注和句法分析模型。

项目的研究巩固了藏语自然语言处理研究基础，对低资源语言的数据资源积累和建设有一定的作用，数据资源库对训练藏语自然语言处理的基础工具发挥了重要作用，研制的"藏语分词与词性标注一体化工具"经第三方评测，准确率最高且公开使用,已经为多个个人和单位切分标注语料。藏语短语结构树库是藏语中唯一具有一定规模的句法树库,虽然数量还比较少,自动分析全句准确度不是很高,但填补了藏语短语结构树库的空白,丰富了藏语句法研究。项目成果也受到国外学者的关注,产生了国际影响。

(项目编号:ZDI135-17;项目负责人:龙从军;所在单位:社科院民族学与人类学研究所)

国家语委语言资源服务平台建设一期

项目主要开展"国家语委语言资源服务平台"(国家语委语言资源网)的一期建设工作。目前已建成上线的网站主要包括"语言资源""软件服务""书籍期刊""语言学专家""法规标准""友情链接"等栏目。项目采用"先内后外、逐步优化、分期进行、边建设边完善"的指导原则,已收录国家语委科研机构及其他研究机构或个人开放的各类语言资源及相关软件服务360余种,相关书籍和期刊资源330余个、法规标准240余条,以及语言学专家580余人。

项目首次在国家语委的统筹指导下建成了一个具有整合性、公益性、开放性的语言资源聚合平台。该平台汇聚了包含国家语委各科研机构在内的一系列语言资源及服务,而不单单是一个受众面相对较窄的语言资源库或数据库。此外,平台还融合了基于自然语言处理技术的资源管理、资源检索与资源服务等机制,显著提升了用户获取各类资源的效率和易用性。项目成果将为提升各类语言资源的价值及利用率发挥重要的推动作用,通过设计实现一站式的资源聚合平台并提供有效的资源组织方式及多元化的信息检索模式,可有效地提升资源共享的广度和深度,降低用户全网搜寻语言资源的成本,从而更好地挖掘各类资源的科学价值和社会价值。

(项目编号:WT135-11;项目负责人:胡珀;所在单位:华中师范大学)

三大科研基金语言学课题立项情况

三大科研基金①分别指"国家哲学社会科学基金项目""教育部哲学（人文）社会科学研究项目""国家语委科研规划项目"，下文简称为"国社科""教育部""国家语委"。三大科研基金关注点各有侧重，代表社会科学领域内语言学研究的最高水平。通过调查分析三大科研基金2020年立项情况，并纵向对比近五年相关数据，有助于把握本年度语言学研究领域的热点与新动向，了解"十三五"期间语言学学科的发展动态与趋势。

一 立项课题概况

三大科研基金2020年共立项资助语言学及相关课题938项，其中：国社科在"语言学"科目下资助617项，包括未标示学科但内容属于语言学研究范畴的重大项目、冷门绝学专项、优秀博士论文出版项目、中华学术外译项目；②教育部在"语言学"及与其相关的"交叉学科／综合研究"科目下资助235项；③国家语委资助86项。④"十三五"以来，三大科研基金立项资助的语言学课题数量逐年增长，2020年国社科立项数较上年大幅提升，教育部、国家语委立项数量稍有减少。

（一）三大基金立项趋势变化及特点

1. 国社科立项特点

国社科资助的课题中，年度项目最多，占39.71%，含重点项目24项、一般项目221项；中华学术外译项目居次，占31.6%；第三为后期资助项目，占9.56%，含优秀博士论文出版项目5项、重点项目6项、一般项目48项。有两个趋势值得关注：（1）中华学术外译项目与后期资助项目两类资助力度逐年加大，其中外译项目本年度共资助195项，立项数量远超前四年该类立项总和（38项）；（2）分类条目不断细化，其中后期资助项目在2019年新增"优博""重点""一般"的分类，包含语言学内容的专项工程之冷门绝学研究专项；本年度新增"学术团队项目"和"学者个人项目"的分类。这里体现国社科在基金立项中发挥示范引导作用，一方面扩大中国学术的国际影响力，提升国际学术话语权，一方面拓宽资助面，提高基金对各个层次研究者的资助针对性。具体见表1。

表1　2020年国社科语言学相关课题立项情况

类别	重大项目	年度项目	青年项目	西部项目	专项工程	后期资助项目	中华学术外译项目	合计
数量	19	245	53	33	13	59	195	617
占比	3.08%	39.71%	8.59%	5.35%	2.11%	9.56%	31.60%	100%

2. 教育部立项特点

教育部资助的课题中，青年基金项目约占一半（52.34%），其次为规划基金项目、占35.75%。"十三五"期间，教育部资助的各类课题配比相对稳定，其中本年度青年基金、规划基金占比与上年相比几无变化，后期资助项目、西部和边疆地区项目、西藏项目立项数与上年持平，重大课题攻关项目较上年增加两项，重点研究基地重大项目均为新课题（上年资助的7项均为延期项目），新疆项目无立项。这里体现教育部立项聚焦全局、重点突出、结构明确，从地域、研究重要性、研究延续性、研究者层次等多方面考量，全面资助各地、各类型、各阶段的语言学研究。具体见表2。

表2　2020年教育部语言学相关课题立项情况

类别	规划基金项目	后期资助项目	青年基金项目	西部和边疆地区项目	西藏项目	新疆项目	重大课题攻关项目	重点研究基地重大项目	合计
数量	84	6	123	15	1	0	4	2	235
占比	35.75%	2.55%	52.34%	6.38%	0.43%	0.00%	1.70%	0.85%	100%

3. 国家语委立项特点

国家语委课题中数量最多的两项为重点项目和一般项目，占比分别为

36.05%和33.72%,与上年基本持平,两项下设有语言教育专项(重点2项、一般1项)、科研中心项目(重点12项)与中青班项目(重点2项、一般14项)。"十三五"期间,国家语委不断调整完善立项形式,增设后期资助项目、中青班项目、"一带一路"专项、信息化专项、语言教育专项与科研中心项目,其中后两类为本年度新增项。可以看出国家语委灵活调整资助形式,充分利用语委科研机构资源,以多样化、更有针对性的资助形式推动我国语言文字事业和语言文字研究工作不断向前发展。具体见表3。

表3 2020年国家语委语言学相关课题立项情况

类别	重大项目	重点项目	一般项目	后期资助项目	委托项目	合计
数量	5	31	29	4	17	86
占比	5.81%	36.05%	33.72%	4.65%	19.77%	100%

(二)立项课题内容分布

内容分布主要考察立项课题涉及的语种、研究时间与研究问题。

1. 语种分布

统计的语种指课题研究对象的语种,或研究对象主要使用、关涉的语种,分为普通语言(以下简称"普语")、汉语、少数民族语言(以下简称"民语")、外语、手语(盲文)与多语六类,分布情况见表4。

表4 语种分布

	普语	汉语	民语	外语	手语(盲文)	多语	合计(比例)
国社科	15(2.43%)	228(36.95%)	39(6.32%)	45(7.30%)	1(0.16%)	289(46.84%)	617(100%)
教育部	13(5.53%)	100(42.55%)	9(3.83%)	43(18.30%)	3(1.28%)	67(28.51%)	235(100%)
国家语委	11(12.79%)	53(61.63%)	3(3.49%)	3(3.49%)	1(1.16%)	15(17.44%)	86(100%)
合计(比例)	39(4.16%)	381(40.62%)	51(5.44%)	91(9.70%)	5(0.53%)	371(39.55%)	938(100%)

表4显示,三大基金对不同语种关注重点不同。本年度普语和汉语类课题

占比最高的均为国家语委；民语、多语类课题占比最高的是国社科；外语类课题占比最高的是教育部；手语（盲文）类课题共5项，其中教育部3项，国社科、国家语委各1项。与上年相比，三大基金对汉语、民语、外语类课题相对关注度的排序不变，国家语委对普语类课题的资助比例增加，国社科对多语类课题的资助比例增加明显。从"十三五"立项的整体情况来看，民语类课题在国社科立项中占有相对优势，外语类课题在教育部项目中优势相对突出，而汉语类课题在国家语委课题中相对最受关注。

从合计项各语种占比来看，汉语类研究最多，其后依次为多语、外语、民语、普语和手语（盲文）。"十三五"期间，各语种占比位序保持一致，其中汉语、外语、民语三类占比均有逐年微降的趋势，而普语、多语类研究数量整体上呈现出上升趋势。本年度普语课题中10项涉及理论研究，29项关注应用研究，改变了往年以普通语言学理论研究为主的格局，其中应用研究多从宏观角度探讨语言规划、语言服务的具体对策，如"服务国家治理的语言安全评估与预警体系建构研究""面向语言弱势群体的应急语言服务机制研究"。多语课题占比达39.55%，已接近同年度汉语研究的比例，这是由于国社科本年度大量资助外译项目，除翻译相关研究，本类研究内容还涉及汉语、外语、民语的多种组合式研究，如"汉英表动量结构的语法化及认知动因研究""汉藏语动量范畴的类型学研究""非洲国家语言状况与语言政策研究""蒙古文、藏文、维吾尔文分词与技术评测标准研究""回鹘语和粟特语语法对比研究"等。手语（盲文）类立项数量稍有减少，但内容上更趋深入、广泛，具体关注了手语教学与习得、手语语法以及手语资源保护等内容，如"认知视角下手语作为第二语言的习得与教学研究""基于自然手语语料库的手语疑问句研究""地方手语资源调查和保护研究——京沪老年聋人手语采集与保护"。汉语、外语、民语研究比例整体稳定而普语、多语研究比例上升表明，国内语言学研究目标正在由揭示特殊规律向揭示普遍规律转化，更加注重探讨人类语言的整体面貌，研究视野不断扩宽，研究的服务意识不断增强。

2. 研究时间的分布

时间维度既包括从研究对象（材料）的时间角度划分的（近）现代与古代，又包括从研究方法的时间角度划分的共时、历时和综合，统计结果见表5。

表 5　研究时间的分布

	研究对象（材料）的时间角度			研究方法的时间角度			
	（近）现代	古代	合计（比例）	共时	历时	综合	合计（比例）
国社科	526(85.25%)	91(14.75%)	617(100%)	582(94.33%)	30(4.86%)	5(0.81%)	617(100%)
教育部	195(82.98%)	40(17.02%)	235(100%)	210(89.36%)	23(9.79%)	2(0.85%)	235(100%)
国家语委	79(91.86%)	7(8.14%)	86(100%)	79(91.86%)	7(8.14%)	0(0%)	86(100%)
合计（比例）	800(85.29%)	138(14.71%)	938(100%)	871(92.86%)	60(6.40%)	7(0.74%)	938(100%)

表 5 合计栏中，"（近）现代"的 85.29%，"共时"的 92.86%，比上年的相应占比又有提高，且两类占比在"十三五"期间呈现出逐年增长的趋势，显示出三大基金资助的重心一直放在当下的、现实的语言问题与对策研究上。本年度（近）现代研究占比最高的为国家语委，共时研究占比最高的为国社科；古代研究、历时研究占比最高的是教育部。各类占比排序与近几年的相关数据相比稍有变动，但国家语委在（近）现代研究中的相对高占比以及教育部、国社科在古代研究中的相对高占比不变，体现了三大基金较为稳定的资助倾向：国家语委最为关注现实语言问题，重视运用语言学相关理论方法解决实际问题，在社科研究领域内不断拓宽应用语言学学科的边界；国社科、教育部相对更为重视基础理论研究，助力于完善语言学学科构架、增加学科厚度。

3. 研究问题的分布

根据研究问题的不同，这里将立项课题分为本体研究、应用研究和综合研究三类。本体研究是旨在揭示语言文字本身结构规律特点的研究，应用研究指将语言文字研究成果应用于社会生活的研究，综合研究是兼有上述两类的研究，分类统计结果见表 6。

表 6　研究问题的分布

	本体研究	应用研究	综合研究	合计（比例）
国社科	246(39.87%)	367(59.48%)	4(0.65%)	617(100%)
教育部	102(43.40%)	131(55.75%)	2(0.85%)	235(100%)
国家语委	7(8.14%)	77(89.53%)	2(2.33%)	86(100%)
合计（比例）	355(37.85%)	575(61.30%)	8(0.85%)	938(100%)

根据表6的统计，本体研究在资助课题总数中占到37.85%，教育部和国社科本类占比较高；应用研究类占61.30%，其中国家语委占比最高。对比往年数据，三大基金本体研究占比均有减少，应用研究类占比均有增加，其中国社科的两组比例数据变动最大，国家语委两组比例数据变化相对最小。国社科的较大变动与其中华学术外译项目的大量立项有关，但纳入大量外译项目后，以上数据仍能体现与上文一致的、由研究对象（材料）的时间分类情况反映出的三大基金的资助倾向——国家语委重点关注语言学及相关学科的应用研究，国社科、教育部相对较为重视语言学本体研究；同时，以上数据也反映了三大基金较为同步的由本体研究向应用研究转化的趋势。

二 本体研究热点问题分析

在本体研究的355项课题中，我们依据课题的核心研究内容进行具体研究领域的划分，按照各领域总占比从高到低排列（并以"↑""↓""-"标示与上年的位序对比）。具体见表7。

表7 本体研究类课题的研究领域分布

研究领域	国社科	教育部	国家语委	合计	（较上年）位序变化
语法	51(20.73%)	35(34.31%)	0(0%)	86(24.23%)	-
文字、音韵、训诂	57(23.17%)	11(10.79%)	1(14.28%)	69(19.44%)	-
方言	33(13.42%)	8(7.84%)	0(0%)	41(11.55%)	↑2
语用	23(9.35%)	13(12.75%)	2(28.57%)	38(10.70%)	↓1
词汇（辞书）	22(8.94%)	15(14.71%)	1(14.28%)	38(10.70%)	-
语言描写、语言接触	25(10.16%)	3(2.94%)	0(0%)	28(7.89%)	↑1
语音	12(4.88%)	5(4.90%)	0(0%)	17(4.79%)	↑3
语言与文化	6(2.44%)	7(6.86%)	2(28.57%)	15(4.22%)	↓2
语言理论及学科史	9(3.66%)	2(1.96%)	1(14.29%)	12(3.38%)	↓1
语义	8(3.25%)	3(2.94%)	0(0%)	11(3.10%)	↓1
合计	246(100%)	102(100%)	7(100%)	355(100%)	

根据表7数据，占比最高的五个本体研究领域分别为"语法""文字、音韵、训诂""方言""语用"和"词汇（辞书）"。"十三五"期间，上述领域在三大基金本体研究中始终居于占比最高的前五位，反映了本体研究内容的稳定性，其中"语法""语用""词汇（辞书）"为普通语言学研究的基本组成部分，其高占比体现了语言研究的普遍性，而"文字、音韵、训诂"和"方言"研究占比较高则体现了我国语言研究重视小学传统、重视方言资源的特点，即语言研究的民族性。

表中还可以看出：（1）国社科、教育部资助的立项对本体研究各个领域都有涉及，国家语委则关注其中的"文字、音韵、训诂""语用""词汇（辞书）""语言与文化""语言理论及学科史"五类；（2）五大高占比领域中，横向对比来看，国社科相对最为关注"文字、音韵、训诂"与"语法"，教育部相对最为关注"语法"与"语言与文化"，国家语委相对最为关注"语用"；（3）除高占比领域外，本年度国社科较为关注"语言描写、语言接触""语音"，教育部较为关注"语言与文化""语音"，国家语委较为关注"语言与文化"。这是因为，国社科和教育部立项更重视语言研究的学科属性，因而涉及的研究领域较全面，国家语委立项以服务国家语言文字事业发展需求为核心，重视语言研究的服务属性，因而显示出更强的针对性。

本年度本体研究领域值得关注的变化与趋势有三点：第一，语言接触、语音两类研究数量明显增多，且研究的多语视角显明，其中语言接触研究开始重视双向、多向接触研究（如"保安语与汉藏语接触研究""基于八思巴字文献资料的蒙、汉、藏语接触研究"），并将研究立足点由语言拓展到社区、地域（如"新兴工业区的方言接触与语言变化研究"）；语音研究不同于往年聚焦语音演变与音系研究，研究面向的语种更广，具体内容多涉及语音接触、语音对比，注重突出方言、民语语音的类型学特点。第二，语言与文化研究更加偏重文化，纳入了更多种类的文化研究（如"甲骨文的祭祀思想与文化价值研究""古代职官词集类辨考及相关制度研究"），进一步丰富了语言学研究的内涵。第三，类型学研究开始由传统的语法类型学、语音类型学向词汇类型学领域拓展（如"汉语人体部位词的词汇类型学研究""类型学视阈下汉语常用词的跨域演变模式研究"），这也与国外相关研究趋势一致。

三 应用研究热点问题分析

应用研究类课题有575项，分为"翻译""计算语言学""神经语言学""语言规划""语言教育""语言生活""应用词典学"七类，按照各领域总占比从高到低排列，并以"↑""↓""-"标示与上年的位序对比情况，详见表8。

表8 应用研究类课题的研究领域分布

研究领域	国社科	教育部	国家语委	合计	（较上年）位序变化
翻译	234(63.76%)	29(22.14%)	0(0%)	263(45.74%)	↑1
语言教育	64(17.44%)	51(38.93%)	23(29.87%)	138(24.00%)	↓1
语言生活	34(9.26%)	16(12.21%)	14(18.18%)	64(11.13%)	-
语言规划	19(5.18%)	14(10.69%)	25(32.47%)	58(10.09%)	↑1
计算语言学	11(3.00%)	12(9.16%)	13(16.88%)	36(6.26%)	↓1
神经语言学	4(1.09%)	6(4.58%)	0(0%)	10(1.74%)	-
应用词典学	1(0.27%)	3(2.29%)	2(2.60%)	6(1.04%)	-
合计	367(100%)	131(100%)	77(100%)	575(100%)	

表8显示，"翻译""语言教育""语言生活"三类占比最高，这三类研究近年来也始终居于应用研究热门领域的前三位。与上年相比，"翻译""语言规划"类占比增加，其他各类均有减少。

从三大基金对应用研究的资助倾向来看，国社科、教育部优先鼓励文科传统领域的项目，本年度资助力度较大的领域仍为应用语言学社会科学方面的两大传统领域——翻译和语言教育，其中国社科翻译类占比较上年增加31.92%，教育部语言教育类较上年增加2.26%，与往年一致的是，国社科更关注翻译研究，而教育部相对重视语言教育研究，本年度两大基金研究优势趋增。国家语委关注应用语言学服务于社会生活的领域，研究内容聚焦语言规划、语言教育、语言生活、计算语言学四类，并少量涉及应用词典学研究，与上年相比，语言规划、语言教育研究增多，一方面得益于国家语委本年度的专门立项支持（语言教育专项），一方面也表明国家语委立项支持的应用类研究正在进入新的研究阶段（资助重心由语言生活研究转向语言规划研究）。

应用研究类立项课题反映语言学界对社会生活的关注，也最能体现语言学科发展的阶段性特点，以下将具体分析各领域研究热点与趋势。

（一）翻译

本年度翻译研究在应用研究中数量最多，内容可分为翻译理论与翻译实践两类。理论研究除对翻译理论的纵深探讨外，还涵盖翻译思想、翻译史、翻译路径、翻译模式、翻译心理、翻译接受与评价、翻译者等多角度的研究内容，与往年研究相比更为关注翻译史的梳理，较为重视翻译者角度的考察。实践研究以专书翻译为主，并少量涉及翻译资源建设和翻译教育的内容。其中专书翻译仍以英文、外译为主，共涉及17个翻译文种，外译内容较为全面地涵盖了传统文化艺术成果，政治、经济、法律、社会等各领域的前沿研究，中国道路与中国经验的阐释，以及人类共同关注话题、重大国际和地区问题研究的优秀成果，如彭林《中国古代礼仪文明》、赵丰《中国丝绸设计（精选版）》、黄群慧《理解中国制造》、麻国庆《人类学的全球意识与学术自觉》等。

本年度外译项目的数量、语种均超过近几年同类立项的总和，翻译内容也大大丰富于往年，向国外大量推介体现中华文化精髓、代表中国哲学社会科学研究水准的学术精品。"十三五"期间，外译实践研究由"重古轻今"到面向一定数量的现当代文学作品以及语言学论著，再到本年度关注各类中国当代哲学社会科学优秀成果，这一由古向今、由文学语言学论著向各领域成果拓展的趋势，体现了"文化自信"，有助于让世界了解当今"哲学社会科学中的中国"，深化中外学术交流，进一步提升中国的国际学术话语权。

（二）语言教育

本类课题在应用类课题中数量仅次于翻译类，研究内容广泛涉及教育环境、教师、学习者、教学资源、教育行为、语言能力评测等语言教育领域的各个环节，其中学习者相关研究数量最多，约占本类研究的一半，体现"以学生为中心"的教育理念在科研中的具体落实。

各环节体现出的研究特点如下：（1）教育环境研究重点关注国内外汉语教育环境，如"我国小学语言教育现状及改革对策研究""'一带一路'沿线国家汉语教育比较研究";（2）教师研究聚焦外语教师能力培养，如"英语教师课堂互动能力发展研究""高校外语教师信息化教学能力发展路径研究";（3）教育资源研究既重视搜集整理不同时期、不同地区的汉外教材，也致力于探索教育与意识形态及文化的关系，而研究涉及的教育资源形式也较为多样，包括了词表、在线学习平台等，如"中国外语教材百年发展史的整理与研究""华文教育用分类分级词表研究""智能化汉语语音学习平台的标准建设及应用";（4）教育行为研究仍重点考察外语教学模式（英语、西班牙语），但少量涉及了汉语教学相关内容，如"基于续论的外语教学法理论构建与应用研究""基于语料库的中国西班牙语学生语法体习得与教学策略研究""面向东南亚的汉语'互联网+'在线教学模式研究";（5）语言能力评测研究数量增加，研究角度更为多样、细致，相较于往年集中探讨英语能力评测相关问题，本年度的研究同时关注了面向基础教育阶段母语者（中小学生）以及汉语作为第二语言学习者的汉语能力评测问题，其英语能力评测研究也将英语能力细化为学术交流能力、语用能力、写作能力、阅读能力、思维能力、核心素养等，除此之外，本年度还首次出现了针对语言测试公平性的研究，如"面向基础教育的语言文字应用能力评价标准研究""留学生汉语水平快速测试开发研究""基于《中国英语能力等级量表》的学生英语阅读自评研究""教育公平背景下的语言测试公平性研究"。

（三）语言生活

本类研究主要探讨社会生活中的语言问题，考察我国境内各语言、方言的使用情况，调研重点地区、重点行业领域、虚拟空间、跨境民族以及不同人群的语言生活。本年度考察的语种具体包括北京话、粤方言、湘西乡话、东乡话、松林语、满通古斯语、境内使用的小语种以及手语；调研的重点地区包括粤港澳大湾区、港澳地区、青海藏区、云南跨境民族地区；调研的重点行业领域包括新闻媒体、法律、政务、社会治安、体育、旅游，其中媒体语言研究较多，以外媒涉华报道语言研究为主，同时也涵盖了少数民族地区媒体语言的研究；虚拟空间语言生活研究关注微博语料、分析网络语言暴力现象；调研的跨境民族为跨境独龙族；调研的人群则涉及美国华人（华裔）、中美上市公司管理层、语言障碍者（老人、儿童）、孤独症/自闭症患者、阿尔茨海默病患者。

研究聚焦三个主题：（1）语言康复，具体考察语言障碍者、孤独症/自闭症患者、阿尔茨海默病患者的语言习得与使用特点，部分研究提出了治疗方案,如"基于二语习得的养老机构老年轻度认知障碍患者认知训练方案构建研究""基于发声诱导的自闭症谱系障碍儿童前语言沟通能力提升研究";(2)语言保护,关注少数民族语言文化、方言、手语的利用、保护与开发,如"语言经济学视角下西藏地名文化资源的保护与开发研究""基于多模态语料库的东乡语智能化保护与开发研究";(3)语言服务,聚焦面向不同群体的应急语言服务研究,如"公共卫生事件风险沟通话语研究""特殊人群应急语言服务研究"。

(四)语言规划

本年度语言规划研究的特点可归纳如下:(1)聚焦国内研究,区别于往年的国内外语言规划研究并重,本年度研究重点关注国内各地区、行业、语种的语言规划、政策以及规范研究,如"海峡两岸统一进程中的语言政策研究""藏文科学技术术语规范的原则和方法研究";(2)重视语言规划史的梳理,出现了多项历时研究,且研究视域开始向古代拓展,如"中国共产党建党百年历程中语言文字政策及实践研究""明代语言规划史研究";(3)对外话语体系研究成为新的研究热点,既有宏观的国内外对比研究,也有具体到外交、法律、中医药、武术等各行业学科领域内的配套研究,如"中国——北极五国之北极话语体系比较研究""'一带一路'视域下中医药对外话语的构建、翻译与传播研究";(4)国外研究内容更具体、切入视角更为多样,研究具体关注了国外语言政策中的汉字政策("朝鲜半岛汉字政策百年流变研究")以及国际组织的语言政策("国际组织语言政策和语言生活研究")。

从以上特点可以看出,语言规划研究密切跟进国家战略方针,研究的全面性、系统性不断加强,助力于国家语言文字事业具体工作的落实,如不考虑本年度国社科外译项目的增量,三大基金本类占比较上年均有较大提升,这也表明应用类研究正在进入由重点关注调查描写类的语言生活研究转向聚焦更进一步的对策咨询类语言规划研究的新阶段。

(五)计算语言学

本年度本类研究未纳入国自然的相关立项数据,因而能够较为准确地反映社科领域内计算语言学这一交叉学科的研究特点与热点。

立项内容可分为语言文字信息处理基础理论研究、应用技术研究、综合研究以及技术评测研究四类。其中基础理论研究关注大数据分析、机器深度学习、语言智能辅助学习、汉字数字化等技术研发中的汉语汉字问题，如"中文信息处理用动词槽关系研究""融合知识库与语料库的汉语词义消歧研究"。应用技术研究可进一步区分为两类：（1）语义资源建设、语言知识获取及语言分析研究，重点关注民语资源建设，并少量涉及面向汉语的知识获取及分析研究，如"'计算机领域蒙古文术语'整理及其知识图谱构建研究""融合多粒度语义表征与交互计算的汉语复述识别研究""基于'词库-构式'互动理论的复杂述谓结构自动分析研究"；（2）语言理解、语言生成和语言评价的智能化理论和技术研究，紧密衔接语言服务、语言教育、辞书编纂的应用需求，支持机器翻译、智能辅助汉语学习系统和外语语音识别关键技术等研究，如"融合语言学知识的蒙汉无监督机器翻译关键技术研究""智能辅助汉语应用文写作研究""中西亚语言语音关键词搜索技术研究"。另有少量综合研究与技术评测研究，如"后深度学习时代低资源语言机器翻译理论与实践研究""蒙古文、藏文、维吾尔文分词与技术评测标准研究"。

从研究内容来看，社科领域内计算语言学研究已形成较为完善的结构体系（理论-应用-评测），相较于自然科学领域内的相关研究又凸显出语言学理论层面的基础研究优势，可与自然科学领域内的研究相互补充，共同推动语言文字信息技术的发展，解决更多语言应用难题。

（六）神经语言学

对照往年课题，本年度本类研究体现出两个趋势、一个特点：（1）由方法、技术引入向内容研究转化的趋势，往年研究多借助事件相关电位（ERPs）、眼动技术进行语言行为神经层面的观察描写，本年度研究则更注重对神经机制与语言关系的解答，相关课题如"外国留学生汉字学习的认知神经机制跟踪研究及预测模型构建""汉语韵律与句法、语义互动关系的认知神经机制研究"；（2）研究语种由外语（或汉外双语）向汉语转化的趋势，往年研究多面向外语或汉外语码转化过程，本年度课题则聚焦汉语，探究、对比母语及二语学习者汉语学习/习得与运用过程中的神经机制差异，相关课题如"汉语二语语法加工的神经认知与个体差异研究""汉语一语和二语体范畴加工的ERPs研究"；（3）全面关注汉语学习/习得的各个内容模块，研究涵盖语法、语义、语用（语篇结构、语体范畴）、汉字、语音与声调等。上述趋势与特点表明，社科研究领域的神经语言学研究日趋成熟，汉语研究特色凸显，问题导向意识更加鲜明，研究内容不断深入。

（七）应用词典学

从涉及语种来看，三项为汉语类，两项为双语（英-汉，日-汉），一项为民语（东巴文）。从研究内容来看，三项为服务于外语学习者的学习型词典的编纂理论与应用研究，两项为面向母语者的普通语文辞书的编纂研究，一项为面向医学领域的专科辞书编纂研究。

结　语

2020年三大科研基金语言学课题中，多语研究备受重视，本体研究与应用研究对当下、现实语言问题与对策研究的关注度持续加大，并表现出由本体研究向应用研究转化的趋势。本体领域内语言接触与语音研究数量明显增多，且研究的多语视角显明；应用领域内翻译（外译实践）与语言规划成为研究热点，语言教育研究的关注重心开始向汉语教育研究转移，语言生活研究重点关注语言康复、语言保护与语言服务，社科领域内的计算语言学、神经语言学研究形成较为科学、自洽的结构体系。上述研究热点、特点与趋势的出现，一方面体现了三大基金面向应用需求，实时跟进国家政策，依托各自的优势科研力量，通过课题指南的提示、专门项目的设立等方式引导研究内容，提高语言学研究的站位和覆盖面，以更好地服务社会，服务国家语言文字事业改革发展；一方面反映了国内语言学研究正在由揭示特殊规律向揭示普遍规律转化，研究视野不断拓宽，服务意识不断增强，服务对象更为明确，服务（国民、汉语）能力不断提升，而研究内容也越来越具有中国特色、中国气派。

注　释

① 2020年自然科学基金语言学相关课题数据暂不纳入。
② 资料来源：全国哲学社会科学规划办公室官网，http://www.npopss-cn.gov.cn。

③资料来源：中国高校人文社会科学信息网，https://www.sinoss.net。

④资料来源：国家语委科研项目数据库，http://www.ywky.org/prjquery.aspx。

【以往参考文献】

[1] 国家语言文字工作委员会.中国语言政策研究报告［R］//田静，苏新春.2019年四大科研基金语言学课题立项情况调查.北京：商务印书馆，2020：275—295.

[2] 苏新春，陈文革.五大科研基金语言学课题十年［J］.语言战略研究，2016，1（03）：83—90.

[3] 苏新春，刘锐.国家社科基金语言学立项课题分析［J］.新疆师范大学学报（哲学社会科学版），2015，36（03）：118—123+2.

[4] 田静，苏新春.2017年四大科研基金语言学课题立项情况调查［J］.江西科技师范大学学报，2018（04）：1—10+25.

语言政策研究主要学术会议

1月12日，2020中青年语言学者沙龙，主办单位：中国社会科学院语言研究所、北京语言大学、商务印书馆。

1月18日，语言与国际治理论坛，主办单位：首都师范大学国际文化学院。

6月8—9日，第二届华文教育互联网教学研讨会，主办单位：中国华文教育基金会。

6月27日，中美俄语言服务高峰论坛，主办单位：中国语言服务40人论坛。

7月18—19日，第二届汉字理论与汉字史专题研讨会·青年学者论坛（2020），主办单位：国家语委汉字文明研究中心（郑州大学）。

7月22日，"语言与社会"暨外语学科智库建设高端论坛，主办单位：山东师范大学外国语学院。

8月12日，新文科背景下外国语言文学学科与专业建设高层论坛，主办单位：武汉科技大学外国语学院。

8月16—19日，2020国际英语教育中国大会，主办单位：中国日报社、上海外国语大学、美国世界英语教师协会。

8月22日，多语教育与多语习得论坛，主办单位：中国二语习得研究会、上海财经大学外国语学院。

8月22—23日，第十二届中国语言经济学论坛，主办单位：山东大学经济研究院、山东大学语言经济研究中心、《经济学动态》编辑部。

8月22—23日，第五届全国生态语言学研讨会，主办单位：中国英汉语比较研究会生态语言学专业委员会、北京外国语大学。

9月12日，外国语言学及应用语言学学科前沿高层论坛，主办单位：深圳大学外国语学院。

9月18—20日，第16届语言智能教学国际会议，主办单位：北京外国语大学、中国英汉语比较研究会语言智能教学专业委员会。

9月18—20日，山东大学外国语学院90周年院庆系列论坛，主办单位：

山东大学外国语学院。

9月18—20日，国际应用语言学前沿问题研究高端论坛，主办单位：北京外国语大学。

9月20日，中国高校外语学科发展联盟第二届师范类院校外语学科发展高端论坛，主办单位：中国高校外语学科发展联盟。

9月26—27日，第六届中国语言政策与语言规划学术研讨会，主办单位：中国语言学会语言政策与规划专业委员会、吉林大学。

10月10—11日，第三届中国智能教育大会（CIEC 2020），主办单位：中国人工智能学会、中国教育技术协会、国家语委语言智能研究中心（首都师范大学）、中国职业技术教育学会。

10月19—21日，第二届社会语言学高端国际论坛，主办单位：中国语言学会社会语言学分会。

10月24日，第二届语言智能研究学术研讨会，主办单位：上海外国语大学语料库研究院。

10月24日，话语与社会变迁2020话语研究前沿国际会议，主办单位：上海交通大学外国语学院/中国形象研究中心。

10月24日，第二届话语、认知与社会高端论坛，主办单位：北京外国语大学中国外语与教育研究中心、国家语言能力发展研究中心。

11月7日，"中国语言生活皮书"编纂十五周年暨第三届中国语言生活学术研讨会，主办单位：北京语言大学、商务印书馆。

11月15日，中国特色话语对外传播论坛，主办单位：上海外国语大学语料库研究院。

11月21—22日，第五届语言服务高级论坛暨青年学者论坛，主办单位：广州大学、教育部语言文字应用研究所。

11月21—22日，第八届全国国际中文教育人才培养论坛暨专业硕士培养工作研讨会，主办单位：北京师范大学汉语文化学院、北京师范大学未来教育学院。

11月28—29日，第六届中国语言产业论坛，主办单位：首都师范大学中国语言产业研究院。

12月5—6日，第四届国际汉字汉语文化研讨会，主办单位：北京师范大学文学院、塔夫茨大学文理学院、俄克拉荷马大学文理学院。

12月9日，首届应急语言服务发展论坛，主办单位：天津外国语大学。

12月16日，国际中文教育标准与考试研讨会，主办单位：教育部中外语言交流合作中心、汉考国际教育科技（北京）有限公司。

12月18日，汉语辞书国际化发展研讨会，主办单位：鲁东大学国际教育学院、国家语委汉语辞书研究中心。

12月19—20日，第六届全国话语研究高层论坛，主办单位：中国英汉语比较研究会话语研究专业委员会、北京师范大学外国语言文学学院。

12月26日，第12届中国社会语言学国际学术研讨会，主办单位：中国语言学会社会语言学分会、中山大学语言研究所、国际韩礼德语言学研究会。

语言政策相关学术著作选目

一 中国语言规划

《汉语国际教育与语文教育研究论集》，王建军、缪葵慈、陶家骏主编，苏州大学出版社。

《汉语国际教育专业建设与教学研究》，陈学广、陈莉主编，东南大学出版社。

《抗疫应急外语服务的思考与实践》，殷奇主编，天津教育出版社。

《跨文化交际与国际中文教育》，任晓霏、刘锋、余红艳等编著，东南大学出版社。

《我国语言创意产业发展态势研究》，彭爽著，吉林大学出版社。

《新时期语言文字规范化问题研究》，李宇明主编，语文出版社。

《应急语言问题研究》，李宇明主编，商务印书馆。

《语言扶贫问题研究》（第二辑），李宇明主编，商务印书馆。

《语言文字督导工作改革创新研究》，王伟、郑一晴著，九州出版社。

《云南少数民族语言文字资源库调查手册》，和丽峰著，民族出版社。

《"战疫"应急语言服务报告》，王立非主编，对外经济贸易大学出版社。

《中国网络语言发展研究报告》，李玮主编，人民出版社。

《中国语言服务产业研究》，罗慧芳、蒙永业著，中国人民大学出版社。

二 国别与区域语言政策

《国家安全视野下的美国语言教育规划研究》，刘美兰著，中国社会科学出版社。

《欧亚国家语言状况和语言政策》，张宏莉著，社会科学文献出版社。

《"一带一路"共建国家语言教育政策研究》，宋红波、沈国环主编，武汉大学出版社。

《中国与东盟国家民族语言政策对比研究》，王晋军、施黎辉著，社会科学文献出版社。

三 社会语言学与应用语言学

《基于语言学理据的语言决策研究》，王睿著，清华大学出版社。

《社会语言学研究在中国》，付义荣主编，南京大学出版社。

《双语和多语现象研究方法指南》，[英]李嵬、[西班牙]梅丽莎·G.莫耶主编，关辛秋、董秀玲、耿兴岩译，商务印书馆。

《语言的可持续性》，常晨光、喻常森主编，中山大学出版社。

《中国现代学术史·文学、语言学分卷》，吴汉全著，百花洲文艺出版社。

《中国应用语言学创新研究探索》，文秋芳著，人民出版社。

四 语言教育

《高校语文教育教学研究》，刘俊司著，吉林文史出版社。

《古文字与语文教育》，张素凤著，社会科学文献出版社。

《汉语融合与华文教学》，[新加坡]周清海著，社会科学文献出版社。

《基于汉语能力培养的语文教育探究》，司全胜著，延边大学出版社。

《基于情景感知技术的语言学习服务研究》，田嵩著，社会科学文献出版社。

《双语教育的国际视野：政策·实践·争议》，[美]约翰·彼得洛维奇编，袁梅、张莞、吴迪译，中央民族大学出版社。

《系统功能语言学与外语教育研究》，张德禄著，上海外语教育出版社。

《现代小学语文教育教学探索研究》，南燕著，东北师范大学出版社。

《语文教育问题与改革》，陈先云著，天津教育出版社。

《语言教学中技术创新的实施与研究》，[法]肖纳·怀特著，上海外语教育出版社。

《语言与学习者》，[美]海伦娜·柯顿、[美]卡罗尔·安·达尔伯格著，北京语言大学出版社。

《中国语文教育发展报告》，顾之川、汪锋、蒋承、毕英春主编，社会科学文献出版社。

《中国职业教育外语教育发展报告》，常红梅主编，高等教育出版社。

五　语言生活

《北京市语言景观多样性调查研究》，徐茗著，上海三联书店。

《城镇化语言生活状况研究——以湖南长沙、郴州为例》，邓红华著，天津大学出版社。

《国际化社区语言景观研究》，聂平俊著，河海大学出版社。

《启微·新语往还：中日近代语言交涉史》，沈国威著，社会科学文献出版社。

《浅析社会对语言的影响》，佟利功著，吉林大学出版社。

《青岛市国际化进程中城市外语语言环境的构建与优化研究》，韩淑芹、淳柳、付丽燕著，外语教学与研究出版社。

《吐鲁番地区民族交往与语言接触》，曹利华著，社会科学文献出版社。

《语言　民族　国家　历史》，[日] 村田雄二郎著，杨伟译，重庆出版社。

《政务新媒体语言表达模式建构研究》，王建华等著，浙江大学出版社。

《中国语言文字事业发展报告(2021)》目录

特稿

  进一步贯彻实施国家通用语言文字法 铸牢中华民族共同体意识

    ——写在《中华人民共和国国家通用语言文字法》颁布20周年之际

第一部分 重大专题

  全国语言文字会议召开

  努力开创新时代语言文字事业发展新局面

第二部分 重点工作

  推普助力脱贫攻坚

    一 围绕决战决胜加强统筹部署

    二 整合多方资源推进协同攻坚

    三 面向重点人群强化示范培训

    四 聚焦重点地区推动学前学普

    五 研发应用多样化学习教辅资源

    六 组织开展大学生社会实践志愿服务活动

    七 强化对口支援与定点帮扶

    八 推动成果巩固及政策接续

  国家通用语言文字推广普及

    一 全国普通话普及情况抽样调查

    二 第23届全国推广普通话宣传周

    三 国家通用语言文字水平测试体系建设

    四 民族地区各级各类学校国家通用语言文字教育

    五 国家语言文字推广基地建设

  语言文字规范化标准化信息化建设

    一 国家语委语言文字规范制定发布

    二 语言文字国家标准制定发布

    三 外语词中文译名研制发布

    四 科技名词审定公布及规范名词宣传推广

    五 重大突发事件和新事物命名

    六 地名标准化建设

    七 语言文字信息化建设

  语言文字服务能力提升

    一 应急语言服务研究与实践

    二 冬奥会语言服务行动计划推进

    三 语言文字科研服务国家战略与事业发展

    四 特定人群语言文字服务

五　社会语言生活服务引导
中华优秀语言文化传承传播
　　一　中华经典诵读工程
　　二　中国语言资源保护工程
　　三　古文字与中华文明传承发展工程
　　四　中华思想文化术语传播工程
　　五　全球中文学习平台建设
　　六　国际中文教育
　　七　海外华文教育
　　八　其他行业领域的中华优秀语言文化传承传播工作
语言文字应用依法管理
　　一　语言文字法律修订与规章制定
　　二　行业语言文字依法管理
　　三　地方语言文字依法管理

第三部分　年度统计
　　语言文字规范标准
　　科技名词审定公布
　　我国南海部分岛礁和海底地名审定公布
　　普通话水平测试（PSC）
　　汉字应用水平测试（HZC）
　　中国少数民族汉语水平等级考试（MHK）
　　中国汉语水平考试（HSK）
　　中央文献对外翻译
　　手语盲文设施
　　语言康复服务
　　高等院校新增语言类本科专业
　　语言类专业学位授予
　　国家语委科研规划项目
　　国家语委科研机构科研成果
　　国家语言文字推广基地建设项目
　　省级语言文字工作机构与人员
　　省级以下语言文字工作机构与人员

第四部分　地方特色
　　天津组织大学生支援民族地区国家通用语言和职业技能教学
　　河北开展"迎冬奥"社会用字专项治理
　　安徽全面完成县域语言文字专项督导评估
　　山东开展甲骨文特色学校建设
　　河南全面推进甲骨文研究与保护
　　广东践行"语言服务"理念将语言文字工作做深做实

贵州持续加大语言文字助力脱贫攻坚工作力度
云南落实抓细学前儿童普通话教育
西藏全面推进国家通用语言文字工作
甘肃结合省情聚焦重点扎实推进语言文字事业发展
青海深入开展推普助力脱贫攻坚
新疆加强青壮年农牧民国家通用语言文字培训

附录

2020年语言文字工作大事记

《中国语言生活状况报告（2021）》目录

第一部分 专题篇
　　全国语言文字会议召开
　　努力开创新时代语言文字事业发展新局面

第二部分 工作篇
　　中共中央、全国人大常委会、国务院及相关部委公文中有关语言文字的内容
　　国家通用语言文字工作
　　少数民族语言文字工作

第三部分 领域篇
　　脱贫攻坚收官年的语言扶贫
　　抗疫中的语言服务实践与思考
　　新冠疫情期间语言生活观察
　　浦东国际社区的语言生活
　　粤港澳大湾区医疗领域语言能力需求调查
　　云南高校南亚东南亚语专业教育现状
　　《民法典》语言运用考察
　　融媒体中的"智能主播"
　　长三角制造企业的语言景观
　　冬奥会语言服务在行动
　　厦门就业台胞的语言生活
　　国际中文教育（2020）
　　华文线上教学的海外需求和国内供给
　　深圳读书月——努力打造全民阅读品牌

第四部分 热点篇
　　"武汉加油"吼出中国精神
　　南海部分岛礁标准地名闪亮登场
　　高考作文不能"生活在树上"
　　疫情防控中的那些标语

第五部分 字词语篇
　　2020，年度字词刻入时光年轮
　　2020，新词语里的社会记忆
　　2020，流行语里的中国与世界
　　2020，网络用语中的草根百态
　　词述武汉"封城"76天
　　"新冠肺炎"得名的前前后后

第六部分　港澳台篇

　　香港语言景观中的语言使用状况
　　澳门报纸媒体中语言话题调查
　　台湾语文生活状况（2020）
　　台湾地区颁布历史新课纲

第七部分　参考篇

　　国外应急语言服务状况
　　新冠疫情催生的英语新词新义
　　德国高等教育组织机构语言政策
　　语言政策与规划国际会议主题（2019—2020）
　　语言政策与规划类国际期刊扫描（2020）

附录

　　2020年语言生活大事记
　　2020年度媒体用字总表
　　2020年度媒体高频词语表
　　2020年度媒体成语表
　　2020年度媒体新词语表
　　图表目录
　　术语索引

后记

《世界语言生活状况报告（2021）》目录

第一部分　政策篇

　　印度《联邦公务领域落实印地语使用计划（2020—2021）》
　　柬埔寨《国家高棉语政策》
　　蒙古国《国家传统蒙古文大纲（三）》
　　卡塔尔《阿拉伯语保护法》
　　日本颁布《日语教育推进法》
　　法国《国际外语教育计划》
　　摩洛哥《51.17号框架法》中的语言条款
　　联合国"国际本土语言年"

第二部分　动态篇

　　缅甸文编码趋向统一
　　俄罗斯加强国家语言的保护和发展
　　德语语言性别平等新举措引热议
　　法兰西学术院发布《职业与职务名词阴性形式报告》
　　法国《全球法语大词典》上线
　　挪威公布新版《语言法》提案
　　意大利秕糠学会工作新进展
　　西班牙瓦伦西亚大区《多语教育法》引抗议
　　埃塞俄比亚拟增加四种政府工作语言

第三部分　专题篇

　　韩国新冠肺炎疫情下的语言服务
　　日本灾害应急语言服务
　　德国应急救援中的语言服务
　　俄罗斯应急语言服务
　　法国应急语言服务
　　英国的语言应急管理
　　美国疫情期间的语言服务
　　智利应急语言服务

第四部分　报告篇

　　韩国世宗学堂财团年度报告（2019）
　　日本国际交流基金会年度报告（2019—2020）
　　俄罗斯世界基金会年度报告（2019）
　　德国歌德学院年度报告（2019）
　　法国法语联盟年度报告（2019）
　　西班牙塞万提斯学院年度报告（2019—2020）

全球英语熟练度指标报告（2020）
西班牙语编年史（2020）
全球德语学习情况报告（2020）
阿拉伯教科文组织《阿拉伯语的前途系于全体阿拉伯人》

第五部分　语词篇

韩国年度网络热词与新词（2019—2020）
日本年度热词与年度汉字（2019—2020）
奥地利年度词语（2019—2020）
德国年度词语（2019—2020）
俄罗斯年度词语（2019—2020）
法国年度词语（2019—2020）
西班牙年度热词（2019—2020）
全球英语年度热词（2019—2020）

附录

中国媒体有关世界语言生活文章选目（2019—2020）
国外语言生活大事记（2019—2020）

后记

图书在版编目(CIP)数据

中国语言政策研究报告.2021/国家语言文字工作委员会组编;张日培主编.—北京:商务印书馆,2021
(语言生活皮书)
ISBN 978-7-100-19882-0

Ⅰ.①中… Ⅱ.①国…②张… Ⅲ.①汉语—语言政策—研究报告—中国—2021 Ⅳ.①H102

中国版本图书馆 CIP 数据核字(2021)第 079006 号

权利保留,侵权必究。

本报告是教育部哲学社会科学重大课题攻关项目"新时代国家语言文字事业的新使命与发展方略研究"(18JZD015)之子课题六"面向未来的语言文字规范化标准化研究"、国家语委"十三五"科研规划 2020 年度重点项目"新中国语言规划术语研究"(ZDI135-120)和国家语委"十三五"科研规划 2020 年度重点项目"应急语言服务中人机协作的多语交际研究"(ZDI135-137)的阶段性成果。

中国语言政策研究报告(2021)
国家语言文字工作委员会 组编
张日培 主编

商 务 印 书 馆 出 版
(北京王府井大街 36 号 邮政编码 100710)
商 务 印 书 馆 发 行
北京中科印刷有限公司印刷
ISBN 978-7-100-19882-0

2021 年 5 月第 1 版　　开本 787×1092　1/16
2021 年 5 月北京第 1 次印刷　印张 16
定价:69.00 元